R. von Liliencron

Deutsches Leben im Volkslied um 1530

R. von Liliencron

Deutsches Leben im Volkslied um 1530

ISBN/EAN: 9783743419650

Hergestellt in Europa, USA, Kanada, Australien, Japan

Cover: Foto ©ninafisch / pixelio.de

Manufactured and distributed by brebook publishing software (www.brebook.com)

R. von Liliencron

Deutsches Leben im Volkslied um 1530

Die Familie Buchholz.

Aus dem Leben der Hauptstadt

von

Julius Stinde.

Berlin 1887.
Verlag von Freund & Jeckel.
(Carl Freund.)

Druck von Julius Sittenfeld in Berlin.

Inhalt

	Seite
Von Außen	1
Ein Geburtstag	5
Musikalischer Bräutigamsfang	10
Auf der Ausstellung	19
Herr Buchholz hat Zahnschmerzen	27
Spukgeschichten	33
Bei der Sylvester-Bowle	39
Ein magnetischer Thee	44
Im Kremser	51
Ein Polterabend in der dritten Etage	59
Warum wir ins Bad müssen	66
Badeleben	79
Wieder ein Jahresanfang	85
Herrn Bergfeldt's Unglück	88
Der Erstgeborene	101
Auf einen Löffel Suppe	109
Taufe	115
Eine Pfingsttour	125
Sommerfrische	132
Erntefest	143

Seite

Geheimnisse 150

Emmi's Trousseau 160

Der letzte Kaffee 165

Auf dem Bock 171

Hochzeit 177

Nach der Hochzeit 190

Die erste Gesellschaft 193

Onkel Fritzens Weihnachten 203

Von Außen.

In der Landsbergerstraße, welche vom Alexanderplatz nach dem Friedrichshain führt, und zum Postbezirk Nordost der Reichshauptstadt gehört, steht ein Haus, das sich von seinen Nachbarn rechts und links, gerade und schräg gegenüber dadurch unterscheidet, daß es keine Ladenschaufenster hat und an seiner Façade ein Paar Pilaster aufweist, die ein Architekt ersonnen hat, der einmal griechisch bauen wollte und aus Versehen falsche Vorlageblätter in die Hand bekam, als er den Aufriß zu Papier brachte.

Aber diese beiden Wandpfeiler, welche von der ersten Etage bis fast an das Dach reichen und den zweiten Stock durchschneiden, geben dem Hause trotzdem ein gewisses feierliches Aussehen, so daß es sich vortheilhaft von den modernen Miethskasernen abhebt, denen die kleinen Gebäude Alt-Berlins allmälig zum Opfer fielen, die dort im Nordost noch hin und wieder anzutreffen sind und nur auf das Weggerissenwerden zu warten scheinen. Sie werden sich auch wohl nicht lange mehr halten, denn die Pferdebahn, die schon so manches Alte aus früherer Zeit zu Grabe geläutet hat, klingelt bereits an ihnen vorbei.

Das Haus mit den mißverstandenen griechischen Pilastern wird sich aber noch eine Weile halten, denn als es entstand, schüttelten die Leute die Köpfe über den gewaltigen und prunkvollen Bau, der viel zu sehr gegen seine Umgebung abstach. Sollte vielleicht ein Prinz darin wohnen oder ein Graf? Die Vornehmen zögen nicht nach der Landsbergerstraße, die blieben unter den Linden oder in der Wilhelm-

straße, wo die anderen Paläste stehen und die Kinder nicht
in Pantinen herumlaufen. So sagten die Leute damals,
und jetzt nach kaum einem Menschenalter paßt jenes Haus
nur noch eben in das moderne Berlin hinein, weil es seiner
Zeit auf den Nachwuchs gebaut wurde, wie der Sonntags-
rock für den Dreizehnjährigen, dem die Arme und Beine
quartalsweise länger werden. Aus dem vermeintlichen
Palaste ist mittlerweile ein gut bürgerliches Haus geworden,
und wer jetzt vom Alexanderplatze kommt, den Bahnhof der
Stadtbahn, das schloßartige Hotel, die Markthalle und die
anderen himmelanstrebenden Neubauten bewundert, der
wird, wenn er die Landsbergerstraße durchschreitet, nichts
merkwürdig finden als das für die Nachwelt in Stuck erhalten gebliebene Gelüste des Architekten, einmal das Antlitz
eines modernen Wohnhauses mit griechischen Motiven zu
tättowiren.

Der eine Flügel des Hausthores, dem der übliche Rund-
bogen nicht fehlt, ist am Tage meistens geöffnet, so daß
man auf den Flur sehen kann und auf die Glasthüre,
welche zum Hofe führt. Durch die mattgemusterten Glasscheiben schimmert es im Sommer grün, denn hinter dem
Hause liegt ein kleiner Garten, in dem ein Apfelbaum und
einige Fliederbüsche nach Luft und Licht ringen. Wenn der
Steinkohlenrauch von der benachbarten Fabrik von feuchten
Winden in den Hof hinabgedrückt wird, färbt er die spär-
lichen Apfelblüthen schwarz und dringt in die zarten Kelch-
röhren des Flieders, dem deshalb stets ein Beigeruch nach
dem Schornstein anhaftet. Es wird auch jedes Jahr versucht, ein wenig Rasen anzusäen, aber die langen Keime,
welche im Schatten unter dem Baume aufsprießen, bringen
es nicht weit, denn was die Spatzen übrig lassen, scharren
die Hühner aus der Erde. Wenn aber ein linder Mai-
regen gefallen ist und die Jungens in den überflutheten
Rinnsteinen der Straße Papierkähne schwimmen lassen oder
in Ermangelung derselben ihre Mützen, dann sieht der
Garten hinter dem Hause aus als wäre der Frühling darin
zu Gast. Und das ist schon sehr viel in dem großen, weiten
Berlin.

Groß und weit ist die Stadt geworden, so groß, daß
der einzelne Mensch darin verschwindet. Wie ganz anders ist

es dagegen in einer kleinen Stadt. Da kennt Einer den Andern, wenn auch nicht näher, so doch vom Ansehen, und wenn einmal ein Fremder durch die Straßen geht, so weiß Jeder, der ihn sieht, daß es wirklich ein Fremder ist. Es kann Jemand durch ganz Berlin wandern, Straße für Straße, ohne daß man ihn beachtet; er muß es für einen glücklichen Zufall halten, wenn ihm ein Bekannter oder Freund begegnet. Tausende hasten an ihm vorbei, sie sind ihm fremd, er ist ihnen fremd; fremd sind ihm die Mitfahrenden in dem Omnibus, in dem Pferdebahnwagen, im Waggon der Stadtbahn. Es überkommt ihn das Gefühl der Einsamkeit mitten in dem lauten Treiben des Tages und in dem Gedränge der Menschen. Die Einsamkeit ist nicht allein draußen im Walde daheim, auf dem Meere und in der Oede, sie hat ihre Stätte auch in der Millionenstadt.

Und doch ist jedes Haus dieser großen Stadt eine Heimath für die, welche darin wohnen, und die Straße, in der das Haus liegt, ist ein Bezirk, in dem es Nachbarn giebt wie in einer kleinen Stadt, in der man sich persönlich nahe steht oder doch wenigstens vom Ansehen kennt. Die Familien in den Häusern haben Verwandte und Bekannte, ganz so wie in einer kleinen Stadt, man hat seine Kreise ganz so wie dort und redet von den Angehörigen dieser Kreise ebensoviel Gutes und ebensoviel Böses, wie anderwärts. Der Unterschied besteht nur darin, daß es in der großen Stadt mehr Kreise giebt, als in der kleinen und daß sie schärfer von einander getrennt sind, weil sich die Einsamkeit der Großstadt dazwischen drängt. Sie gleichen jenem Garten, den die hohen Mauern der Nachbarhäuser einschließen, dessen grünen Schimmer der Vorübergehende nur gewahrt, wenn das Hausthor offen steht. Der Fliederbaum blüht nicht für Jedermann, wie in den Anlagen des Lustgartens, wo die weißschäumenden Strahlen der Springbrunnen sich hoch in die Luft erheben und das blühende Gebüsch netzen, das sie umhegt, wenn der Wind mit den glitzernden Tropfen spielt.

Ueber das öffentliche Leben der Großstadt wird täglich von den Zeitungen Protokoll geführt. Wir erfahren gewissenhaft, wann die ersten Knospen im Thiergarten sich entfalten, aber über die ersten Blüthen jenes Apfelbaumes

wird keine Zeile gedruckt, denn er ist ein privater Apfelbaum
und hat als solcher kein Anrecht an der Druckerschwärze, es
sei denn, daß er irgend etwas Außerordentliches leiste, im
Herbste noch einmal wieder anfängt jung zu werden, oder
vor Altersschwäche stürzt und dabei Unheil anrichtet. Und so
ist es auch mit dem Privatleben in den Häusern und mit dem
Thun und Treiben in den vielen Kreisen. Nur außergewöhn-
liche Vorkommnisse gelangen an die Oeffentlichkeit: ein Ein-
bruch, eine Feuersbrunst, ein besonderes Unglück oder ein
fröhliches Ereigniß seltener Art. Von Tausenden und aber
Tausenden erfährt die Welt nichts, die wandeln ihren Weg
von der Geburt bis zum Tode mitten in der großen Stadt
wie in stiller Verborgenheit, und doch schlägt ihnen ein Herz
in der Brust, das liebt und haßt, Freude empfindet und Leid,
weil es ein Menschenherz ist.

Auch die Familie Buchholz in der Landsbergerstraße
würde zu jenen Tausenden gehören, wenn nicht ein Erlebniß
ärgerlicher Natur der Frau Wilhelmine Buchholz die Ver-
anlassung gegeben hätte, ihre Entrüstung der Oeffentlichkeit
zu unterbreiten und aus der Verborgenheit hervorzutreten.
Mit dem ersten Briefe, den sie an die Redaktion einer Berliner
Wochenschrift sandte, war sie der Presse verfallen, denn
ein Brief folgte dem andern und jeder gewährte einen Ein-
blick in das Privatleben der Familie und in den Kreis ihres
Verkehres. Frau Wilhelmine öffnete nicht allein das Garten-
thor, sondern sie schnitt auch, wenn es an der Zeit war, eine
Handvoll von dem Flieder für solche Leute ab, die der Schorn-
steingeruch nicht störte. Sie meinte: „Orchideen wüchsen nicht
in der Landsbergerstraße; einfache Bürgersleute hätten kein
Treibhaus.“

Sie hat Recht. Wem die Schilderung des kleinbürger-
lichen Lebens der Reichshauptstadt nicht gefällt, dem bleibt
es unbenommen, sich einen Roman zu kaufen, in denen
Grafen und Comtessen gebildete Conversation führen. Wen
es aber interessirt, zu erfahren, wie sich intimes Familienleben in der Einsamkeit der großen Stadt gestaltet, der wird
an den Sorgen und den Freuden der Frau Wilhelmine Antheil nehmen und ihre Briefe als Skizzen aus dem Leben
der Hauptstadt betrachten, die nicht blos aus Asphaltstraßen
und langen Häuserreihen besteht, sondern aus vielen, vielen

Heimstätten, deren Thüren dem Fremden verschlossen bleiben. Eine von diesen Heimstätten ist das Haus Buchholz in der Landsbergerstraße, und was Frau Buchholz dazu trieb, die Thür zu öffnen, war der Aerger. Wie das kam, lassen wir sie selbst erzählen.

❋ ❋

Ein Geburtstag.

Ich bin nur eine einfache Frau, Herr Redakteur, und das Schreiben ist meine Sache durchaus nicht, aber da in Ihrem Blatte, welches ich so gerne lese, doch auch manch- mal Gegenstände zur Sprache kommen, die nur von Frauen richtig erfaßt und behandelt werden können, so wage ich es, als vorsorgliche Mutter, Ihnen mein Herz auszuschütten und bitte Sie, den Stil, wo er reparaturbedürftig ist, gütigst aus- bessern zu wollen. Es wäre mir nämlich peinlich, wenn meine Töchter Fehler in meinem Schreiben entdecken sollten, so etwas würde meine bisherige Autorität schädigen. Sie glauben gar nicht, wie die Kinder heut zu Tage es weit in der Schule bringen.

Nun aber zur Sache.

Vor zwei Weihnachten schenkte Onkel Fritz den Kindern ein Puppentheater, womit wir auch ganz einverstanden waren, weil sie ruhig sind, wenn sie sich damit beschäftigen. Selbst wenn der kleine Krause zu Besuch kommt und Heimreichs Dreie aus der Müllerstraße, geht es ohne Lärm her, sobald sie das Puppentheater vorhaben. Sonst spielten sie immer: „Wie gefällt dir dein Nachbar", oder „Räuber und Soldat", wobei es nie ohne Spektakel abging und einmal sogar die Scheibe von der Servante eingestoßen wurde, worin das gute Porzellan steht, das Gott sei Dank unversehrt blieb. Mein Mann schenkt den Mädchen daher auch hin und wieder einige Groschen, damit sie sich Bilderbogen kaufen und neue Figuren für das Theater zurechtpappen können, es ist das immer noch vortheilhafter, als wenn etwas entzweigebrochen wird. Die Scheibe vom Spinde kostete baar acht Mark. Neulich war nun Emmi's Geburtstag, und weil es doch ein Aufwaschen war, so bat ich die Alten auch, während

Emmi, wie wir das so gewohnt sind, ihre Kindergesellschaft hatte.

Den Kindern war das Eßzimmer überlassen, und nachdem sie ihre Chokolade bekommen hatten (notabene mit der nöthigen Portion Kuchen), bauten sie das Puppentheater auf und stellten Stühle davor, ordentlich wie im Theater. Dann kam der kleine Krause und lud uns Großen ein, die Vorstellung zu besuchen, und wir gingen denn auch Alle hin, um den Kindern den Gefallen zu thun. Wir Damen saßen gleich vorne an, die Herren mußten aber an der Wand stehen, denn das Geschlepp mit den Plüschstühlen aus der guten Stube dulde ich nicht.

Als wir nun so sitzen und der Dinge harren, die da kommen sollen, sagt Frau Heimreich zu mir, daß sie im Ganzen nicht sehr dafür wäre, daß die Kinder sich mit Komödie beschäftigten, es machte sie so phantasiereich. Ich erwiderte ihr darauf: „Im Gegentheil, es bildet Herz und Gemüth und ist eine bessere Beschäftigung, als das Skandalmachen, wobei leicht Spiegelscheiben von Schränken eingerannt werden." — Den Stich hatte sie weg, denn ihre Agnes war damals Schuld an dem Malheur gewesen, und so schwieg sie denn auch still.

Endlich ging der Vorhang auf. Onkel Fritz fing an zu applaudiren, obgleich noch kein Wort gesprochen war; er mußte wohl meinen, im Viktoriatheater zu sein, wo die Dekorationen immer den meisten Beifall bekommen. Hier war jedoch gar nichts zu beklatschen, denn die Szenerie stellte ein einfaches Zimmer dar, an dem unsereins nichts Bemerkenswerthes finden konnte. Aber Onkel Fritz will einmal als Kenner gelten.

Nun fingen die Kinder an zu sprechen. Meine Emmi schob eine der auf dem Theater befindlichen weiblichen Figuren nach vorne und sagte ganz laut und vernehmlich:

„Guten Morgen, meine Damen. Nee, ich kann nicht anders, als Ihnen mein Herz ausschütten. Denken Sie sich, die Rosalie, das leichtsinnige Geschöpf, kokettirt nun auch schon mit meinem Wachtmeister."

„Das fängt ja sehr nett an!" flüsterte Frau Heimreich mir zu. — „Wer wird denn gleich Alles auf die Goldwage legen!" sagte ich. Ein bischen sonderbar war mir aber doch zu Muthe geworden, allein der Heimreichen gegenüber wollte ich mir keine Schwäche anmerken lassen.

Die Kinder spielten weiter und Emmi fuhr fort:

„Na es ist auch kein gutes Haar an dem Frauenzimmer. Hat sie Ihnen nicht auch Ihre Liebhaber abspenstig zu machen gesucht, das fatale Ding?"

„Ja freilich! Ja freilich!" antworteten die anderen Kinder im Chor und bewegten die Puppen an ihren Drähten, als wenn die gesprochen hätten. Sogar der kleine Krause stimmte mit ein, weshalb er vom Theater weggewiesen wurde und weinerlich hinter dem Bettschirm hervorkam, mit dem die Kinder das Puppentheater auf der Seite verstellt hatten, damit man sie nicht sehen konnte.

„Mir scheint, die Sache wird immer heiterer!" sagte Frau Heimreich ziemlich laut. Ich that, als wenn ich nicht merkte, was sie meinte, und sagte deshalb zum kleinen Krause: „Komm nur zu mir, Eduard, von hier siehst Du's am allerbesten!" — „Ich denke, das Kind thäte gut, wenn es von solcher Art Komödie gar nichts sähe," bemerkte Frau Heimreich spitz. Ich schwieg. Nun erschienen auf der Bühne zwei Puppen, die davon redeten, daß sie heimlich verheirathet seien, einen Sohn hätten, von dem die Eltern nichts wüßten, und dergleichen Anzüglichkeiten mehr. Hierauf kam ein alter Sünder, welcher der Rosalie die Cour machen wollte und zwei Flaschen Champagner mitbrachte, auf die er zwei Zehnthalerscheine geklebt hatte. Frau Heimreich machte in einem fort spöttische Bemerkungen. „Das bildet wohl Herz und Gemüth?" gab sie mir zurück. „Besser ist denn doch, die Glasscheiben nehmen Schaden, als die jungen Kinderseelen!" — Konnte ich ihr Recht geben? Ich hätte es wohl eigentlich müssen, allein sie war zu impertinent, so daß ich nur sagte: „So etwas wie auf der Bühne kommt im Leben oft genug vor!" — „Derlei Erfahrungen habe ich nicht gemacht!" höhnte sie. — Ich hätte ihr dies und das anthun können, aber Recht sollte sie doch nicht haben. „Wenn man sich blind und taub stellt, sieht und hört man natürlich nichts von der Welt!" erwiderte ich. Zum Glück fiel der Vorhang und der erste Akt war vorbei. Onkel Fritz und der kleine Krause waren die einzigen, die applaudirten, ich klatschte natürlich auch mit, blos um Frau Heimreich zu zeigen, daß ich mich an ihr Geschwätz durchaus nicht kehrte.

. Nun kam der zweite Akt. Es wurde ein Kind ausgesetzt, die Rosalie findet es, ein Mann sagt ihr auf den Kopf, es wäre das ihre. — „Ich bin Stickmamsell, wie käme ich denn zu so was!" ruft meine Emmi, welche die Rolle der Rosalie zu sprechen hatte.

Mir war es schon zu verschiedenen Malen heiß und kalt übergelaufen und jetzt konnte ich nicht länger an mir halten. — „Nun ist's aus mit der Komödie!" rief ich, „das geht mir denn doch über allen Spaß!" und sprang auf. „In Ihrem Hause lernen die Kinder allerliebste Dinge!" rief Frau Heimreich. „Ha, ha! Herz und Gemüth! Ja die finden ihre Rechnung. Das muß man sagen!" Hierauf rief sie: „Agnes, Paula, Martha, Ihr kommt zu mir, von solchem Unfug will ich nichts wissen. Wir sind eine respektable Familie, Euer Großpapa, mein seliger Vater, hatte den rothen Adlerorden."

„Aber man blos vierter," warf ich ein, denn wenn sie nur irgend kann, bringt sie den alten Mann mit seinem Orden auf's Tapet. — Die Kinder kamen hinter dem Bettschirm mit trübseligen Gesichtern hervor. Meine weinten laut und der kleine Krause fing mit an zu heulen. Es war das reine unterbrochene Opferfest. — „Was haben wir denn gethan, daß Du so böse bist, Mama?" flennte Emmi. — „Ach was!" sagte ich, „wie könnt Ihr so dummes Zeug aufführen!" — „Blos dumm?" fragte die Heimreich. — „Wo habt Ihr das Stück her?" inquirirte ich. — „Vom Buchbinder!" antwortete Emmi und brachte mir ein Büchlein, dessen Titel lautete: „Eine leichte Person. Posse in drei Akten von Büttner und Pohl. Für Kindertheater bearbeitet von Dr. Sperzius. Neu-Ruppin, Verlag von Oehmigke und Riemschneider." — „Das mag ein schöner Doktor sein, der Spuzius oder Sperenzius," sagte Frau Heimreich. „Schämen sollte er sich." — Nun mischte Onkel Fritz sich dazwischen. „Eine sehr gute Posse," sagte er, „sie ist unzählige Male auf großen Bühnen gegeben." „Ja wohl!" rief ich, „eine Posse für einzelne Herren. Aber was Dir als ledigem Junggesellen gefällt, braucht deshalb noch immer nicht gut zu sein. Ich hoffe nicht, daß Du sie gesehen hast, Karl?" fragte ich meinen Mann. Er erinnerte sich nicht genau.

Nun bohrte Frau Heimreich wieder nach. Ich, als Mutter, hätte nicht dulden müssen, daß solche Bücher in mein Haus kämen, worauf ich sagte, daß ich mehr zu thun hätte, als darauf zu achten; in meinem Hause könnten die Leute, die zu Besuch kämen, ihren Namen nicht anstatt der Visitenkarte in den Staub schreiben, der fingerdick auf den Möbeln läge. Ein Wort gab das andere und sie verließ uns, indem sie sagte, sie würde nie wiederkommen, ebensowenig wie sie ihren Kindern ferner gestattete, ein solches Gomorrha wieder zu betreten, wie unser Haus sei. Das war mir ganz recht, denn meine beiden sind eigentlich schon zu groß für Heimreich's drei Jüngsten und wenn die Heimreichen sich auch mit ihrer Moral brüstet, so bin ich doch der festen Meinung, daß sie nur so lange fromm ist, als sie Sonntags in der Kirche sitzt.

Die Kinder weinten schrecklich, als die Heimreichs davongingen. Ich gab ihnen Chokolade und Kuchen, obgleich sie erst vor Kurzem genug gehabt hatten, aber Kinder haben immer noch Platz und das war in diesem Fall sehr gut, denn so wurden die wenigstens ruhig. Wir hatten zwar ziemlich lange Umgang mit Heimreichs gehabt, aber des Menschen Wille ist ja sein Himmelreich. Sie wollte es einmal nicht anders. Außerdem wohnen sie ganz hinten in der Müllerstraße, und das ist von uns ein entsetzliches Ende. Krauses blieben noch und als wir wieder in der guten Stube saßen, kam die Rede natürlich auf das infame Buch, das soviel Unheil angerichtet hatte. Herr Krause meinte, es sei unverantwortlich, solches Zeug den Kindern in die Hände zu geben. Onkel Fritz entgegnete, die seien viel zu dumm, als daß sie wüßten, warum es sich eigentlich handelte. „Aus kleinen Kindern werden große!" sagte mein Mann. „Jugendeindrücke haften fürs ganze Leben!" sagte Frau Krause. „Die Kinder hätten ja nur ‚Schneewittchen' oder ‚Rübezahl' oder Derartiges aufführen können," rief ich, „daß ihnen auch gerade solche Dummheit in die Hände gerathen mußte, wie die leichte Person."

Onkel Fritz meinte, wir hätten die Komödie ruhig zu Ende spielen lassen sollen, das wäre besser gewesen, als un-

nützes Aufsehen zu machen. — Ich wusch ihm aber nicht
schlecht den Kopf, denn Onkel Fritz ist mein jüngster Bruder.
Sein albernes Theater sei an Allem Schuld, behauptete ich.
Er wälzte sie jedoch von sich ab auf den Buchbinder und den
Dr. Sperrenzius oder wie er heißt. Es gab eine allgemeine
Verstimmung.

Nun frage ich Sie, Herr Redakteur, ist es zu verantworten, daß Fabrikanten und Händler unter der harmlosen
Bezeichnung „für Kindertheater bearbeitet" Schriften zum Ver-
kauf bringen, die für die Kinderwelt passen, wie die Faust
aufs Auge? Wo ist ein Gesundheitsamt für die Verfälschung
der geistigen Nahrungsmittel?

Das Geburtstagsfest war allerdings gründlich gestört —
Schuld hatte die Heimreich auch . . . . . aber das habe ich als
Lehre daraus genommen, die Lektüre meiner Beiden wird
von heute ab von mir und meinem Manne überwacht, in das
Paradies ihrer Kindheit kommt mir ein solches Giftgethier
nicht wieder. Krausens sind ganz meiner Meinung und vielleicht sind es andere Familien auch, wenn sie erfahren, wie es
mir ergangen ist. Sie sind nicht Mutter wie ich, aber ich
hoffe, Sie werden mir in dieser Angelegenheit beistehen, Herr
Redakteur.

Ihre ergebene
Wilhelmine Buchholz, geb. Fabian.

P. S.   Das Buch füge ich bei. Sie sehen, daß ich die
schlimmsten Stellen gar nicht angeführt habe.

❦ ❦

Musikalischer Bräutigamsfang.

Sie waren damals so nett und druckten die fatale Ge-
schichte ab, welche auf meiner Emmi Geburtstag passirt war,
als die Kinder das alte gräßliche Komödienstück auf dem
Puppentheater spielten und ich mich mit der Heimreich er-
zürnte. Sie ist noch nicht wieder bei uns gewesen und die
Krausen von nebenan, die eine sehr verständige Frau ist,
meint auch, ich würde mir etwas vergeben, wenn ich den ersten
Schritt thäte.

Nun muß ich Ihnen aber erzählen, wie ich neulich
überraſcht wurde. Ich ſitze alſo und denke an rein gar nichts,
als es klingelt und der Poſtbote kommt und das dazu
mit einer Geldanweiſung für mich. Erſt wollte ich es gar
nicht glauben, aber ich mußte ja quittiren und er legte
die Goldſtücke auf den Tiſch. Es war das Honorar für
das, was ich für Sie geſchrieben hatte; nein, ich hatte es
wirklich nicht erwartet und dann ſo viel, ich war ganz außer
mir und fing an zu weinen und die Kinder auch. Das Geld
lag auf dem Tiſch, ich dachte, es würde vor meinen ſicht⸱
lichen Augen verſchwinden, wenn ich es anrührte, und hätte
geglaubt, der Poſtbote wäre ein Geſpenſt aus einem Zauber⸱
märchen geweſen, wenn er die Stube nicht ſo voll getreten
hätte.

Mein Mann ſagte: „Ich kann ordentlich ſtolz auf Dich
ſein, Wilhelmine, das haſt Du nun ſo mit dem Schriftſtellern ver⸱
dient.“ — „Karl,“ ſagte ich zu ihm, „ich bin mitunter wohl
etwas heftig gegen Dich geweſen, es ſoll nicht wieder vor⸱
kommen, nein, ganz gewiß nicht.“ Er umarmte mich und gab
mir einen Kuß und ich mußte wieder anfangen zu weinen.
Emmi und Betti klammerten ſich an mich, als ſie ſahen, daß
ich mich immer noch nicht beruhigen konnte, und wiſchten ſich
auch die Augen. „Laßt gut ſein, Kinder,“ beſchwichtigte ich
ſie, „es iſt ja nur die Freude. Wenn blos die Heimreich das
ſehen könnte, wie würde die ſich ärgern!“

„Was willſt Du nun mit dem Gelde anfangen?“ fragte
mein Mann. — „Das bewahre ich zum ewigen Andenken
auf,“ antwortete ich, „oder wenn es nicht anders iſt, ſo kaufe
ich mir einen neuen Hut dafür, der alte iſt durchaus nicht
mehr modern. Die Krauſen hat ſich kürzlich auch erſt einen
neuen angeſchafft.“ — Die Kinder meinten auch, es wäre das
Beſte, wenn ich den Hut kaufte. So gab ich denn ihrem
Drängen nach und wir gingen alle drei ins Modemagazin.
Weil aber noch ein kleiner netter Reſt von dem Gelde übrig
blieb, das der Poſtbote gebracht hatte, ſagte ich: „Dafür
wollen wir uns einen vergnügten Tag machen. Wir gehen
heute Abend ins Konzerthaus bei Bilſe; ich ſetze den
neuen Hut auf und Papa holt uns nachher ab.“

Der Jubel von den Kindern war unermeßlich, und weil
wir doch einmal unterwegs waren, gingen wir in eine

Konditorei und ließen uns Chokolade geben mit Schlagsahne darauf und etwas Angenehmes zum Knabbern dazu. Es war allerliebst. —

Am Abend machten wir uns rechtzeitig auf den Weg, um einen guten Platz bei Bilse zu bekommen. Als wir nun in den Saal treten, sehe ich da bereits eine Freundin von mir an einem Tisch sitzen. Wir gingen heran und begrüßten uns. „Guten Abend, Frau Bergfeldt," sagte ich, „sieht man Sie auch mal wieder? Nein, und wie ihre Auguste herangewachsen ist, seit ich sie nicht gesehen habe!" — Die Berg-feldten meinte auch, daß ihre Tochter sich sehr herausgemacht hätte. — Na, ich sah gleich, daß es nur das Kleid war, welches das Mädchen so groß machte, ganz modern mit Schleppe und Cuiraßtaille und die Haare vorne ins Gesicht herunter gekämmt wie eine Ponnymähne. Bei meinen würde ich so etwas nicht leiden, obgleich der Betti bereits ebensogut solches Kleid passen würde, wie Bergfeldtens Auguste, die freilich schon vor zwei Jahren konfirmirt wurde, aber noch sperrig und ungelenk ist, daß es eine Sünde und Schande ist, sie wie eine Erwachsene zu kleiden. Nun, wer so spitze Ellbogen hat, thut freilich am besten, lange Aermel zu tragen.

Wir nahmen Platz, aber als Emmi sich neben Auguste setzen wollte, sagte die Bergfeldten, der Stuhl wäre vergeben, ihr Emil käme noch nach. Ich sagte, „es sind ja zwei Stühle frei, an einem wird Ihr Emil wohl genug haben." — Da gab sie mir zur Antwort, ihr Emil würde noch einen Freund mitbringen, und wurde ganz verlegen. — „Aha," dachte ich, „hier spinnt sich etwas an. Aufgepaßt!"

Es dauerte denn auch nicht lange und Emil kam richtig mit seinem Freunde an, der, wie sich nachher herausstellte, ebenso wie Emil auf den Assessor studirt, wozu er jedoch noch ein paar Jährchen Zeit hat. Wie ich nicht anders erwartete, setzte sich der Freund neben die Auguste, die roth bis hinter die Ohren wurde und sich von nun an noch linkischer benahm, als zuvor. Emil kam bei meiner Betti zu sitzen und so war unser Tisch denn komplet.

Das Konzert begann, und kaum fingen die Musiker an zu spielen, als die Bergfeldt einen Strickstrumpf aus der Tasche

holte und darauf losstrickte, als wollte sie das Entree wieder
verdienen. So lange die Musik langsam und feierlich war,
strickte sie ganz ruhig, aber als nachher ein Walzer gespielt
wurde, fuhr ihr der Takt in die Finger und sie ließ so viele
Maschen fallen, daß ihre Auguste Alles wieder auftrennen
mußte, was sie fertig gebracht hatte. Nun konnte ich mir auch
erklären, warum der Strumpf so grau aussah.

Ich bin ja sehr für den häuslichen Fleiß und hasse das
Müßiggehen, aber wenn man seinen Geist im Konzert bilden
will, kann man doch die Aufmerksamkeit nicht zwischen einer
Symphonie und dem Strumpf theilen. Auch glaube ich nicht,
daß Beethoven seine himmlischen Eingebungen komponirte,
damit dazu gestrickt werden sollte. Und wie großartig ist solche
Symphonie, wenn sie Alle vier Kellertreppen tief in Gedanken
dasitzen, und man meinen muß, sie könnten höchstens durch einen
Eimer kaltes Wasser wieder zu sich gebracht werden. Das ist
die Macht der Musik!

In den Zwischenpausen unterhielten wir uns recht gut.
Emil ließ sich mit meiner Betti in ein umfassendes Gespräch
über die deutsche Literatur ein und da Betti erst kürzlich etwas
von der Marlitt gelesen hatte, so wußte sie recht gut Bescheid;
sie fand auch, daß die Marlitt ihre Charaktere außerordentlich
schildert und hielt es für durchaus richtig, daß der Baron er-
schossen wurde und der brave charaktervolle Ingenieur die
Gräfin kriegte. Wenn die Kinder etwas lernen, können sie
nachher auch ein Wort mitsprechen.

Bergfeldtens Auguste und der Student redeten fast keine
Silbe miteinander, aber von Zeit zu Zeit warfen sie sich schief
von der Seite verliebte Blicke zu, die gerade genug sagten.
Die Bergfeldten that aber, als wenn sie gar nichts bemerkte,
im Gegentheil nannte sie den Studenten immer „lieber Herr
Weigelt" und fragte, wie es ihm ginge, was seine Eltern
machten und warum er die Pulswärmer nicht trüge, die
Auguste ihm gehäkelt habe? — „Sie wollen den jungen Mann
wohl warm halten, weil Sie ihm Pulswärmer schenken?"
flüsterte ich ihr leise zu, ohne etwas Uebles bei dem Scherz
zu denken. Sie aber warf einen höhnischen Blick auf meinen
neuen Hut und sagte: „Wir sind für das Nützliche und nicht
für Flitterstaat und Tand!" — Ich war sprachlos. Meinen
neuen Hut Tand zu nennen! Ja, wenn ich ihn geborgt, oder

meinem Karl das Geld dafür abgezwackt hätte, das wäre
etwas Anderes gewesen. Als ich mich gefaßt hatte, erwiderte
ich: „Natürlich, wenn der Mann Alles allein verdienen
muß, ist es unrecht von der Frau, die Mode mitzumachen."
Das hatte sie weg.

Während der zweiten Abtheilung aßen wir den Kuchen,
den ich mitgebracht hatte; die beiden jungen Herren steckten
sich eine Cigarre an, und je schöner die Musik wurde,
um so näher rückten sich der Student und Bergfeldtens
Auguste. Ich sagte gar nichts weiter und bemerkte nur,
als die Kapelle in einem sehr zu Gemüthe sprechenden
Potpourri die Melodie: „Ach, wenn du wärst mein eigen"
spielte, daß die Zwei Hand in Hand da saßen und sich an-
schmachteten.

Endlich war das Konzert aus; mein Karl und Herr
Bergfeldt erwarteten uns auf dem Flur und wir gingen in
eine Restauration, wo wir ein Separatzimmer nahmen, um
gemüthlich beisammen zu sein. Mein Karl hatte Herrn Bergfeldt erzählt, woher ich meinen neuen Hut hätte, und er gratulirte mir und sagte, nun gehörte ich auch zu den deutschen
Schriftstellerinnen, worauf seine Frau sagte — es war ja nur
der Neid über den Hut, der sie reden hieß — Damen, welche
am Schreibtische säßen, kümmerten sich nicht viel um den
Hausstand und die Familie. — „So?" erwiderte ich. „Jedenfalls kümmere ich mich mehr um meine Töchter, als Sie sich
um die Ihrige, ich würde nie leiden, daß meine Aelteste
eine Liebschaft mit einem Studenten anfinge, wie Ihre Auguste."
— Na, das Wort fuhr denn dazwischen, wie eine Bombe.
— „Was ist das?" rief Herr Bergfeldt, „Herr Weigelt, ich
will nicht hoffen — — —."   „O Gott, Papa!" rief
Auguste. — „Franz meint es aufrichtig," sagte die Bergfeldt.
— „Welcher Franz?" fragte Herr Bergfeldt heftig. — „Nun,
Herr Weigelt," erwiderte sie, „er liebt Auguste treu und
innig . . . . ."

„Ich bitte Sie um ein Wort," wandte sich Herr Bergfeldt an den jungen Studenten, der aufstand und dessen Aussehen wurde wie konfiszirte Milch. Du mein Gott, wie er
zitterte. Wie so eine neumodische elektrische Klingel. Er konnte
Einen wirklich dauern.

„Was sind Sie?" fragte Herr Bergfeldt.

„Student der Rechte." — „Wo haben Sie meine Tochter
kennen gelernt." — „Bei Bilse." — „Und sie lieben sich so
sehr!" rief die Mutter. — „Ach ja, Papa!" weinte Auguste.
— „Aber sie sind noch zu jung zum Heirathen und auf
weite Aussichten hin giebt ein Vater seine Tochter nicht." —
„O Papa, Du brichst mir das Herz," schluchzte Auguste,
„Franz ist so gut." — „Willst Du unser Kind unglücklich
machen?" fragte die Mutter. — Der Student stand vor
Herrn Bergfeldt, wie ein armer Sünder im Verhör und
konnte kein Wort hervorbringen. — „Werden Sie für das
Glück meines Kindes sorgen?" wandte sich Herr Bergfeldt
an ihn. „Wollen Sie mir versprechen, fleißig zu sein, Ihre
Examina zu machen, solide zu leben und mein Kind —
meine Aelteste — meine Erstgeborene — —." Hier konnte
er nicht weiter. Auguste war ganz aufgelöst in Thränen.
Und als die Mutter nun rasch die Hände der beiden jungen
Leute ineinanderlegte und sagte: „Ich segne Euch, meine
Kinder," da fingen meine Beiden ebenfalls an. Es war auch
zu rührend, denn ich selbst hatte Thränen in den Augen,
aber im Stillen mußte ich mir doch sagen, daß die Partie
mindestens übereilt war. Er hat sein Brod nicht ..... und
sie mit den spitzen Ellbogen! Er wird sich wundern, wenn
er sie zu sehen bekommt.

Obgleich die Bergfeldten nicht artig gegen mich gewesen war, so gratulirte ich ihr doch und sagte, ich hoffte,
daß sie nie bereuen möge, ihr Kind so früh mit einem so
sehr jungen Manne verlobt zu haben. Daß er jung war,
sah man ja auf den ersten Blick an den Finnen im Gesicht
und den paar Bartstoppeln; ich hätte ihn nicht zum Schwieger-
sohne haben mögen, denn etwas geb' ich stets auf das
Aeußere. Wozu hätte ich mir sonst den neuen Hut angeschafft?

So feierten wir denn die Verlobung in aller Stille
und versprachen auch, keinen Ton darüber zu reden, bis
der Bräutigam sein Assessorexamen gemacht haben würde.
Als wenn eine Verlobung verschwiegen bleiben könnte? Am
nächsten Tage weiß es die Waschfrau und in einer Woche
wissen es alle Bekannte, das kenne ich aus Erfahrung, weil
es mir selbst so ging, als ich mit meinem Karl verlobt war und Vater die Sache noch geheim halten wollte.

Mutter konnte nicht reinen Mund halten. Herr Bergfeldt war schweigsamer als gewöhnlich und drehte in einem fort Brodkügelchen zwischen den Fingern, während sie, die Berg-feldten, sich ein möglichst wonnestrahlendes Aussehen zu geben versuchte. Nun, ich will ja auch nicht leugnen, daß eine frisch verlobte Tochter das Mutterherz mit Stolz und Genugthuung erfüllen darf, aber doch nur dann, wenn man mit dem Bräutigam einigen Staat machen kann und er statt an den Haaren, mit den sanften Banden der Liebe herbei-gezogen worden ist.

Herrn Bergfeldt's Einsilbigkeit war Schuld daran, daß wir die Sitzung nicht zu lange ausdehnten. Er berappte Alles, auch was wir gehabt hatten, er war also gewissermaßen nobel, und das machte einen guten Eindruck. Auf dem Heim-wege fragte ich meinen Karl, ob er nicht auch bemerkt hätte, daß der Bräutigam, so wie man bei uns in der Landsberger-straße zu sagen pflegt, ein dämliches Gesicht gemacht hätte, als wenn ihm die ganze Verlobung ein bischen überrascht gekommen wäre? Karl meinte, der junge Mann wäre eine Padde (er drückt sich mitunter etwas familiär aus, mein guter Karl), sonst hätte er sich nicht so überrumpeln lassen, denn genau besehen, wäre die Mutter doch nur die Anstifterin von der Verlobung gewesen, die ginge nicht wegen der Musik zu Bilse, sondern nur, um ihre Tochter sehen zu lassen. Er fügte noch hinzu, daß es ihm unangenehm sein würde, wenn ich ohne ihn mit den Kindern ausginge.

Hierauf erwiderte ich, daß er sich auf mich verlassen könne, und ich schon dafür sorgen würde, daß unsere Kinder solche Partien nicht machten, und ich schon verstände, junge Leute ohne Aussichten zu verscheuchen. So gab denn ein Wort das andere, und wurde auch nicht eher Friede, als bis Karl schwieg. Das thut er immer, wenn wir nicht egaler Meinung sind, und ich ärgere mich um so mehr, weil ich dann nie weiß, was er im Stillen denkt. Es ist eben schwer, mit den Männern umzugehen.

Als wir zu Hause waren, fragte Betti, wann wir wieder nach dem Konzerthaus gehen wollten, worauf Papa sagte, das hätte noch lange Zeit. Betti machte einen schiefen Mund und stotterte, sie hätte Bergfeldtens Emil aber ver-sprochen, am nächsten Donnerstag wieder bei Bilse zu sein.

Der Schreck, den ich bekam, ich danke! Nun aber ging ich ins Geschirr und sowohl mein Mann, als die Kinder kriegten ihr Theil. Mein Karl, weil er nicht gleich mitgekommen war, Betti, weil sie mit dem Emil sich verabredet hatte, und Emmi, weil sie doch hätte sehen müssen, daß Emil und Betti miteinander redeten. Es war ungemüthlich, und der Tag, der so schön anfing, endete mit Kummer und Verdruß.

Als ich mit meinem Karl allein war, sagte ich: „Wir wollen auf die Mädchen Acht geben, solche Verlobungen, wie die heute bei Bergfeldtens, können doch uns nicht passen!" — Karl meinte, wenn die Mütter nur vernünftig wären, könnten keine Dummheiten passiren, selbst wenn die jungen Leute noch so liebenswürdig und die Musik noch so sentimental sei. Ich möchte nur wissen, was die Männer von solchen Sachen verstehen?

In zwei Jahren kann Bergfeldtens Emil vielleicht bereits Assessor sein und Betti ist denn doch zehnmal hübscher, als die spitzknochige Auguste, die nun schon Braut ist. Und was die Musik anbelangt, so spielen sie bei Bilse wirklich ausgezeichnet, nur der Paukenschläger haut auf sein Instrument, als sollte es entzwei werden und es wollte nicht. Warum soll man nicht öfter ins Konzerthaus gehen? Auch läßt sich nicht leugnen, daß Emil ein schmucker Mensch ist und namentlich einen blendenden Vicefeldwebel abgeben würde. Vielleicht auch Lieutenant.

* * *

Es trat eine lange Pause ein. Mittlerweile war der Sommer des Jahres 1879 herbeigekommen, an den der Berliner mit Freude zurückdenken wird, denn die Berliner Industrie hatte ein Festtagsgewand angezogen und hielt täglich großen Empfang auf der Gewerbeausstellung ab, für die in der Nähe des Lehrter Bahnhofes ein großes Gebäude errichtet worden war, das ein hübscher Park mit Anlagen, Wasserkünsten und freundlichen Pavillons aller Art umgab.

Vor der Ausstellung war dieser Platz eine kleine Privatsandwüste, ein unangenehmes Terrain, auf dem sich selbst das Gras zu wachsen weigerte. Und nun hatte man einen Garten daraus gemacht, aber ohne Zauberei, nur durch Arbeit und das erforderliche Kleingeld. Schade, daß wir nicht auch in fremden Welttheilen den nöthigen Grund und Boden haben, um deutscher Kultur und Industrie Heimstätten zu bereiten ..... es sollten schon prächtige Plätze werden.

In dem Ausstellungspark standen damals bereits die Bogen der Stadtbahn, über welche die Züge noch nicht hinwegsausten in die weite Welt hinein, aber die großen Gewölbe wurden als Ausstellungsräume benutzt und eins derselben war sogar in eine altdeutsche Weinstube verwandelt worden, denn das Antike fing gerade an Mode zu werden. Mit einigen Fenstern von grünem Glase und einem Topf voll brauner Farbe kann man jedes Lokal ins Altdeutsche übersetzen.

Damals war es namentlich das Berliner Kunstgewerbe, welches Triumphe feierte, und das rapide Aufblühen dieser Industrie ist theilweise der Ausstellung zuzuschreiben; das belebende Sonnenlicht der Anerkennung brachte auch die nur erst halbgeöffneten Knospen zu voller Entfaltung.

Industrie und Gewerbe gaben ein Fest, das ganz Berlin mitfeierte, und gar bald konnte der Millionste Besucher der Ausstellung begrüßt und vor den Apparat des Photographen gesetzt werden, damit sein Bild der dankbaren Nachwelt erhalten bleibe. Die Berühmtheit ist eben ein sonderbares Ding. Einige machen ihr ganzes Leben lang vergebens Jagd darauf, Andern wird sie zu Theil, ohne daß sie eine Ahnung davon haben. Unvermuthetes Glück soll, wie man sagt, das reinste sein.

Unter den neunhundertneunundneunzig Tausend Besuchern der Ausstellung, die vor dem Millionsten den Drehzähler passirten, befand sich auch die Familie Buchholz, wie wir aus einem Schreiben der Frau Wilhelmine erfahren, das gleichzeitig über den Grund ihres langen Schweigens Aufschluß giebt. Sie ist vielleicht die Einzige, deren Erinnerung an die Ausstellung keine ungetrübte genannt werden kann. Es giebt Leute, die dem Verdruß auf halbem Wege entgegengehen, anstatt ihm auszuweichen; dafür, daß unsere Freundin ihn auch auf der Ausstellung finden sollte, ist bei genauer Prüfung der Verhältnisse das Ausstellungskomité jedoch nicht verantwortlich zu machen.

⁂

Auf der Ausstellung.

Sie haben gewiß schon oft gedacht, wie mag es wohl zugehen, daß die Buchholzen nichts von sich hören läßt, sie greift
doch sonst hin und wieder zur Feder. Aber können Sie
schreiben, wenn Sie ein solches Gallenfieber bekommen, daß
Sie einen Doktor gebrauchen müssen und sich dann später
beim Gardinenaufstecken eine Nadel in den Finger rennen,
als hätte man kein Gefühl und keine Nerven? — Nein, dann
schreiben Sie auch nicht.

Nun fragen Sie sicher, wie ein Wesen von meiner Sanft-
muth und Geduld mit einem Gallenfieber behaftet werden
kann? Ich möchte jedoch Jemand sehen, der ruhig bliebe,
wenn ihm passirt, was mir geschehen ist.

Und was hatte ich gethan? Nichts, reinweg gar nichts.
Ich hatte nur geäußert, daß die Bergfeldten dem jungen
Studenten ihre Auguste aufgehängt hätte, und diese harm-
lose Aeußerung war ihr hinterbracht worden. Ich dachte
mir weiter gar nichts Böses dabei, denn es war die un-
verfälschte Wahrheit. Dies hat die Bergfeldten jedoch schrecklich übelgenommen, und so schrieb sie mir denn einen em-
pörenden Brief, in welchem sie sagte, daß, wenn sie wollte,
sie von meinem Karl Geschichten erzählen könnte, worüber
die Leute sich sehr amüsiren würden. Ich zeigte meinem
Manne den Brief und sagte: „Karl, lies, was diese Person
geschrieben hat, und dann geh' gleich zum Staatsanwalt und
verklage sie."

Mein Karl las den Brief und antwortete zögernd, daß
er keinen Grund zum Einschreiten darin finden könnte. —
Mir war, als rührte mich der Schlag. Ich sank wie vernichtet auf das gute Sopha und rief: „Also Du fühlst Dich
schuldig, Deine Vergangenheit ist eine verschleierte, dies
elende Weib hat Recht. O, Karl!" — Er suchte sich zu
vertheidigen, indem er behauptete, die Bergfeldten habe nur
aus Rache eine sinnlose Bemerkung hinausgeschleudert, allein
dies beruhigte mich nur halb; denn wenn sie doch etwas
wüßte? Und wäre Karl ganz rein in seinem Gewissen, so
hätte er ihr das Gericht auf den Hals geschickt. Ich merkte
ihm deutlich an, daß er verlegen war. In demselben Augenblick kamen die Kinder herein und brachten den großen Schmor-

2*

topf und die Waschleine, die ich der Bergfeldten geliehen hatte
und die sie nun mit spöttischen Bemerkungen retour schickte.
Außerdem ließ sie sagen, der Henkel an dem Topf wäre schon
entzwei gewesen, als sie ihn von mir bekommen hätte. Das
war aber eine grobe Unwahrheit und diese Malice warf mich
nun ganz darnieder.

So kam ich zu meinem Gallenfieber. Kann die Bergfeldten es vor ihrem Schöpfer verantworten, daß sie so an
mir handelte, so ist es gut, ich hoffe jedoch nicht, daß ich einmal unter vier Augen mit ihr zusammentreffe. Dann sage
ich ihr, wie ich es meine, denn in meinem Hausstande ist Alles
ganz und propper!

Als ich mich allmälig wieder erholte und mein Teint
nicht mehr so abscheulich gelb war, wie ich ihn mir heran-
geärgert hatte, sagte Karl: „Wilhelmine, wie wäre es, wenn
Du Dich etwas zerstreutest? Ich denke, wir gehen alle
zusammen auf die Ausstellung, Du und ich und die Kinder;
es soll mir auf ein paar Groschen nicht ankommen, Deine
Genesung zu feiern." — Im ersten Augenblick empfand ich
große Freude über diesen Vorschlag, dann aber mußte ich
denken, ob Karl's liebevolles Benehmen gegen mich nicht
etwa aus einem geheimen Schuldbewußtsein hervorgegangen
sein könnte, das durch den Brief der Bergfeldten neu auf-
gefrischt worden war? Ich sagte jedoch keine Sterbenssilbe
von dem, was ich fühlte, sondern ging bereitwillig auf seine
Wünsche ein. Die Kinder hatten gerade ihre neuen Sommer-
kostüme bekommen und da Karl mir so wie so einen modernen japanischen Shawl versprochen hatte, war der Ausführung seines Planes ja nichts im Wege. Hätte ich aber
gewußt, was mir bevorstand, so wäre ich sicher zu Hause geblieben.

Ich will Sie nicht mit der Beschreibung der Ausstellung
aufhalten, denn dazu gehört am Ende doch wohl eine Fach-
feder, nur das muß ich bemerken, daß der Eindruck des Ganzen
sowohl auf mich als auf die Kinder ein überwältigender war.
Karl, der schon öfter draußen gewesen, kam mir bereits etwas
abgehärtet gegen die Schönheiten im Allgemeinen und im Einzelnen vor.

Weil es an diesem Tage sehr heiß war, schlug Karl
erst eine kleine Herzstärkung, im Moabiter Bierausschank vor

und wir sagten denn auch nicht Nein. Karl ging gleich
nach dem dicken Baiern hin, der aus dem großen Riesen-
faß zapfte, um das Bier selbst zu holen. Ich dachte, er ist
doch galant und nett, mein Karl, ein wirklich ausgezeichneter
Gatte, als mein Blick auf die Münchener Kellnerin in ihrem
bunten Maskeradenanzug fiel, die ihm Kleingeld herausgab
und ihn dabei sehr freundlich anlächelte. Dies Lächeln gab
mir einen Stich durch das Herz, aber ich blieb ruhig. Im
Stillen nahm ich mir jedoch vor, Karl nie wieder allein
auf die Ausstellung gehen zu lassen. Dies gelobte ich fest
und heilig.

Daß das Bier mir unter solchen Umständen wie Wermuth schmeckte, ist natürlich kein Wunder. Ich konnte es nicht
austrinken, und gab es daher den Kindern, damit es nicht
umkommen sollte.

Karl fragte: „Schmeckt Dir das Bier nicht, Wilhelmine?
Wollen wir lieber einen leichteren Stoff versuchen?" —
„Es ist mir hier zu viel Sonne," entgegnete ich mit einem
Blick auf die Münchnerin, aber Karl verstand mich nicht,
oder wollte mich nicht verstehen. „Gut," sagte er, „dann
gehen wir zum Böhmischen Brauhaus." — Ich war froh,
fortzukommen, und wir siedelten ins nasse Dreieck nach dem
Böhmischen Ausschank über. Hier trafen wir zu unserer
großen Freude nicht nur Onkel Frit, sondern auch den
Doktor Wrenzchen, der mich behandelte, als der Brief von
der Bergfeldten mich auf das Siechbett geworfen hatte. Das
Wiedersehen war ein sehr vergnügtes, denn ein Doktor ist
für einen Patienten immer so eine Art von übernatürlichem
Wesen und ein wahrer Engel des Trostes, namentlich wenn
er milde und gut mit Einem umgeht und den leidenden
Mitmenschen ab und zu durch einen niedlichen kleinen Scherz
aufzuheitern versteht. Nun, wir kamen denn auch bald in
ein sehr angenehmes Gespräch. Nur mein Karl und Onkel
Frit fingen einen Streit darüber an, welches das beste Bier
sei, weil mein Mann darauf hinwies, daß mir das Böhmische
besser zu munden schien, als das Moabiter. Aber kannte er
die innerlichen Gründe?

Der Eine hatte diese Meinung und der Andere jene,
und da sie sich nicht einigen konnten, war Onkel Frit so
gottlos, eine Bierwette zu proponiren, auf die mein Karl

trotz meines stark betonten Hustens einging und wobei der
Doktor durchschlug. Als ich jedoch bemerkte, es sei nachgerade Zeit, etwas von der Ausstellung zu sehen, erklärte
Karl, daß er mit Fritz Bier probiren müsse, um die Wette
zum Austrag zu bringen, und ich daher besser mit den Kindern
allein ginge. Um fünf Uhr wollten er und Onkel Fritz uns
in der altdeutschen Weinstube treffen. Der Doktor bot uns
seine Begleitung an, da er wegen seiner Völligkeit gerade eine
Marienbader Hauskur durchmachte und deshalb, wie er sich
scherzhaft ausdrückte, auf die Bierreise Verzicht leisten müßte.
Mein Mann machte ein so unschuldiges Gesicht, als wäre er
erst gestern konfirmirt worden.

Ich durchschaute meinen Karl jedoch, aber ich faßte mich,
denn ich wollte nicht, daß der Doktor sehen sollte, wie unser
eheliches Glück Risse bekam und sich dem Einsturz näherte, da
Betti sich für ihn interessirt und Bergfeldt's Emil ein für
allemal keine Partie für sie ist. Der Brief und der zerbrochene
Schmortopf trennen uns für ewig von dieser Familie. Ueberdies ist ein Doktor in der Verwandtschaft stets sehr zweckmäßig,
da er doch seinen Angehörigen nicht gleich jede Kleinigkeit auf
die Rechnung setzen kann. Ich bat meinen Mann nur noch:
„Karl, bleibe bei einer Sorte, Du weißt, Vieles durcheinander
bekommt Dir nicht!"

Der Doktor führte uns nun durch die Ausstellung. Es
war wirklich prachtvoll, wie er Alles zu erklären wußte und
uns belehrte. Betti kam aus dem Erstaunen gar nicht heraus, so daß ich ihr mehr als einmal zuflüstern mußte:
„Sperr' doch den Mund nicht so auf, es sieht zu einfältig
aus." — Bei den Zimmereinrichtungen bemerkte ich, daß
der Mittelstand sich so etwas Kostbares wohl nicht leisten
könne, worauf er sagte: „Raum ist in der kleinsten Hütte
für ein glücklich liebend Paar." — „Hörst Du, Betti," rief
ich, „wie treffliche Anschauungen der Doktor vom Leben hat?"
Aber, anstatt daß sie nun eine geistreiche Gegenbemerkung
gemacht hätte, da sie doch auf die Gartenlaube abonnirt ist,
klappte sie plötzlich mit einem hörbaren Ruck den Mund zu,
den sie wieder aufstehen gehabt hatte, weil sie erschrak und
glaubte, ich wollte ihr abermals eine mütterliche Ermahnung
zu Theil werden lassen. „Betti ist ganz hingerissen von
diesen Ergebnissen des menschlichen Geistes auf dem Gebiete

der Industrie und des Gewerbes," sagte ich gewandt, „sie über-
hörte deshalb Ihren wohlmeinenden Ausspruch, lieber Doktor!"

„O bitte, das macht nichts," sagte dieser liebenswürdig
wie immer, „das ist ja nur äußerlich." — Ich tippte ihm
leicht mit dem Fächer, der gleichzeitig als Sonnenschirm zu
gebrauchen ist, auf den Arm und erwiderte: „Ganz recht, die
Hauptsache beruht in der gleichen Stimmung der Seelen." —
Hierauf sah er mich ein bischen schief von der Seite an
und plinkerte mit dem einen Auge, und schon wollte ich ihm
sagen, was Betti mitbekommt und daß wir noch eine Erb-
tante in Bützow wohnen haben, als Emmi mit einem Male
laut dazwischen rief: „O seh' mal, Mama, wie blank die
Badewanne ist und dabei lauft das Wasser ordentlich!"

Obgleich mein eigen Fleisch und Blut, hätte ich dem
Kinde doch in diesem Moment etwas anthun können, da sie
mit ihrem dummen Ausruf plötzlich ein Gespräch unterbrach,
von dem das Glück ihrer Schwester abhing. Wie schön
wäre es gewesen, wenn der Doktor und Betti als heimlich
Verlobte die Ausstellung verlassen hätten und wie würde
die Bergfeldten sich geärgert haben. Denn wenn man in die
eine Wagschale einen Doktor mit Praxis und in die andere
einen hungrigen Studenten legt, so wird der Letztere doch
entschieden zu leicht befunden. Jetzt war das Gespräch aber
einmal abgerissen und nicht gut wieder anzuknüpfen, denn
Angesichts einer Badewanne lassen sich Herzensangelegenheiten
nicht erörtern, wenigstens widerstrebt das meinem Zartgefühl.
Die schöne Konjunktur war richtig verpaßt; ich kann doch
nicht wieder krank werden, um den Doktor bei uns zu sehen,
und von alleine kommt er nicht. Nun, ich rechnete noch
auf den Zuhauseweg.

Der Doktor sah auf die Uhr und sagte, es sei gerade Zeit,
die Weinstube aufzusuchen, wo wir mit meinem Mann und
Onkel Fritz zusammentreffen wollten, und so gingen wir denn.
Der Badewanne warf ich aber noch einen Abschiedsblick zu,
von dem sie eine Beule hätte bekommen müssen, wenn sie
einigermaßen unsolide gearbeitet gewesen wäre. Diese Wanne
ist gewissermaßen das Grab von dem Glück meiner Aeltesten.

Wir mußten nun die Abtheilung der Spirituosen passiren, wo die Aussteller uns auf das Dringendste zum Gratis-
probiren einluden, und wirklich verleitete uns der Doktor,

einen kleinen Damenliqueur zu nehmen. Grad' als ich mich
lobend über diese Annehmlichkeiten aussprechen wollte, sehe
ich meinen Karl, wie er sich einschenken läßt und verschiedene
Arten von Branntwein probirt.   Ich gehe auf ihn zu.
„Karl," sagte ich, „heißt das auf uns warten?" — „Na ob,"
sagte er und lachte, „das Moabiter ist noch das Beste." —
„Du warst wieder dort?" — „Gewiß, mein Engel!" sagte
er und kniff mir in die Backe! — „Karl," rief ich strenge,
„Du hast zu viel durcheinander getrunken!" — „Noch immer
nicht genug!" antwortete er vergnügt. — „Wo ist Onkel
Fritz?" — „Der ist ein Schwachmatikus, der wollte nicht mal an
den Liqueur heran; der kann sich meinetwegen abmalen lassen."

      „Doktor," sagte ich, „nehmen Sie meinen Mann unter
den Arm, damit die Kinder nichts merken, er hat nun einmal einen schwachen Magen." — „Das ist ja nur äußerlich,"
sagte der Doktor und faßte meinen Karl unter und zog
ihn fort.

      Es war durchaus liebenswürdig vom Doktor, daß er
sich so viel Mühe mit meinem Karl gab und seine Aufmerksamkeit auf die Ausstellungsgegenstände lenkte, obgleich
Karl immer wieder nach dem Liqueur wollte, weil er noch
nicht alle Sorten gekostet hätte. Der Doktor hielt ihn aber
fest und da wir gerade in der chirurgischen Abtheilung
waren, die unmittelbar beim Liqueur lag, so erklärte er ihm,
wozu alle die Messer und Sägen gebraucht würden, die
Kehlkopfpinsel und Sonden und zeigte ihm die künstlichen
Beine und Arme. „Wie viel Elend giebt es doch in der
Welt," sagte mein Karl, „die unglücklichen Menschen! O,
Kinder, dankt Eurem Schöpfer, daß Ihr gesunde Gliedmaßen
habt. O, die arme leidende Menschheit und so viel Elend."
Weiter konnte er nicht reden, denn in diesem Augenblicke
spielte Jemand nebenan auf der Orgel „Das ist der Tag
des Herrn!" Nun war es alle. Die Rührung überkam
meinen Karl so stark, daß er laut zu schluchzen anfing und
immer dazwischen rief: „Kinder, dankt Eurem Schöpfer; ja,
das müssen wir Alle." Und so knickte er auf einen Stuhl
und weinte bitterlich.

      Als die Kinder dies hörten und sahen, ward ihnen
angst und bange. „O Gott, was fehlt Papa?" schrie
Emmi .. „O Papa, mein guter Papa," rief Betti. Die

Leute liefen bereits zusammen und bildeten einen Kreis, und unter diesen Leuten — ich denke der Himmel soll einbrechen — waren die Bergfeldten und Auguste mit ihrem mageren Culatsch von Studenten. — „Kinder," rief ich, „stellt Euch vor Vatern, dies ist kein Anblick für Menschen ohne Gemüth und Bildung!"

„Ich bitte Sie, meine Herrschaften, zerstreuen Sie sich," sagte der Doktor, „der Herr ist von der großen Hitze ein wenig unwohl geworden; er wird sich bald wieder erholen." Die Leute gingen nun auch, nur die Bergfeldten blieb noch stehen. „Hitze?" rief sie ungläubig, „wird wohl nichts Ordentliches zu essen bekommen haben, denn wenn die Frau schriftstellert, muß der Mann natürlich darben. Kommt, Auguste und Franz, wir haben heute Abend junges Huhn und Stangenspargel." — Ich war sprachlos. Bergfeldtens und Spargel! Lieber Gott, am ersten Pfingsttag vielleicht ein paar grünköpfige in der Suppe, aber sonst doch nicht! Spargel?! Den großen Klumpen Cyankali, den wir vorher bewundert hatten, weil man so viele Menschen damit vergiften kann, als im Berliner und Charlottenburger Adreßbuch zusammen stehen, Rixdorf eingerechnet, hätte ich ihr in den Hals stopfen mögen, bis sie daran erstickte. Dabei spielte die Orgel immer zu und mein Karl jammerte über das Elend der leidenden Menschheit. — —

Als er sich wieder einigermaßen beruhigt hatte, fuhr ich mit ihm nach Hause; die Kinder blieben noch mit dem Doktor zum Konzert. Erst wollte ich sein Anerbieten, Ritterdienste bei meinen Beiden zu thun, nicht annehmen, aber ich gab zuletzt nach, zumal es mir vorkam, als wenn der Doktor mir mit dem Auge vielsagend zuplinkerte.

Zu Hause nahm ich meinen Karl heftig ins Gebet und er wurde auch ganz zerknirscht. „Geliebte Wilhelmine, ich rühre nie wieder einen Liqueur an." — „Und läßt Dich von Fritz nicht wieder zum vielen Biertrinken verführen?" — „Nein." — „Und kokettirst nicht wieder mit der bairischen Kellnerin?" — „Aber Minchen." — „Ueberhaupt mit keiner Kellnerin?" — „Ich bitte Dich!" — „Und gehst auf die Polizei und verklagst die Bergfeldten wegen gröblicher Injurien?" — „Alles, Minchen, aber nur das nicht!" — „Du läßt Deine Dir angetraute Gattin von dieser Klapperschlange beleidigen?" — „Ich kann und darf sie nicht verklagen!" — „Hier liegt

etwas vor. Karl, gestehe, oder Du setzest mein Glück und das
Deiner Kinder aufs Spiel. Was weiß die Bergfeldten von
Dir?"

Als ich ihn mürbe genug hatte, beichtete er. In ganz
früheren Jahren hatte er einmal mit Bergfeldt, als sie noch
ledig und jugendlich überwallend waren, Geburtstag gefeiert
und dann Nachts mit einem Nachtwächter krakehlt, der sie
alle Beide auf die Wache brachte, wo sie leider, weil es am
Sonnabend spät gewesen war, bis zum Montag verweilen
mußten. Dies wußte die Bergfeldten und hiermit glaubte sie
Unfrieden stiften zu können. „Das hat nichts auf sich, Karl,"
sagte ich, „denn es gehört doch gewissermaßen Muth dazu,
mit einem Nachtwächter anzufangen, und Muth hast Du
immer gehabt. Nur das viele Durcheinander kannst Du
nicht vertragen!" Er versprach, von nun an vorsichtig
zu sein, und so wie ich ihn kenne, wird er auch Wort
halten.

Ich machte ihm nun eine gute Tasse Kaffe und nahm
mir vor, nicht nur Alles zu vergessen, sondern recht liebevoll
gegen ihn zu sein, denn er war doch nur der unschuldig Verleitete. Er lobte den Kaffee auch sehr und meinte, daß er
ihm gut thun werde, denn er sei wirklich etwas leidend. Als
ich hierauf mitleidsvoll zu ihm trat und sein Dulderhaupt
sanft streicheln wollte, duckte er sich rasch, als wenn er sich
vor mir fürchtete. „Karl," rief ich, „traust Du mir so etwas
zu? Glaubst Du, ich könnte meine Hand gegen Dich erheben?"
— „Es sah beinahe so aus," antwortete er. „Nimms nicht
übel, Minchen, meine Nerven haben etwas gelitten." — „Von
dem Bier und dem Liqueur," rief ich. — „Schon möglich!" entgegnete er, „aber thu mir den Gefallen und sprich nicht so
viel mehr, es greift mich an." —

Die Kinder kamen erst zurück, als mein Karl schon im
Bette lag, das er diesmal früher aufsuchte, als sonst gewöhnlich.

„Nun?" fragte ich, „habt Ihr Euch noch gut amüsirt?"
— „Ja," sagte Emmi, „und der Doktor plinkerte immer so
mit dem einen Auge."

„That er das wirklich, Betti, mein Herzenskind?"

„Ja, Mama, den ganzen Abend."

„Und was sagte er?" fragte ich gespannt.

„Er sagte, er würde wohl ein Gerstenkorn bekommen," rief Emmi, „er hätte es schon am Nachmittage gespürt."

„Nun ja," sagte ich, „das muß er als Doktor am besten wissen." — Hinterher erfuhr ich noch, daß es natürlich Onkel Fritz gewesen ist, der die Orgel spielte. Ich habe ihn darüber aber nicht schlecht zur Rede gestellt.

❦

Herr Buchholz hat Zahnschmerzen.

Vor acht Tagen feierten wir unsern Hochzeitstag — es war der schauderhafteste, den ich je erlebt habe. Mir ist dieser Tag sonst das schönste Fest im Jahre, mehr noch als Ostern und Pfingsten zusammen, denn es ist mein Tag und mein Karl ist der Kalenderheilige dazu. Man könnte fragen, ob der Tag nicht auch meinem Karl gehört? Gewiß auch das, aber weiß ich, ob ich ihn ebenso glücklich gemacht habe, als er mich? Ich will es hoffen, aber ich kann mir nicht denken, daß je eine Menschenseele so glücklich sein könnte, als ich an dem Tage, als er mir seinen Namen gab und vor dem lieben Gott und den vielen Menschen laut und offen bekannte, daß er mich liebte. Ich konnte das Ja kaum über die Lippen bringen, weil ich mich vor den vielen Leuten genirte, und doch hätte ich laut aufjubeln mögen in all dem Glück.

Wenn nun unser Hochzeitstag herankommt, dann wird jener erste Tag wieder lebendig in meiner Erinnerung, als wäre es gestern, und wenn mein Karl mich stillschweigend umarmt und mir einen innigen Kuß giebt, dann ist mir, als sei er noch mein Bräutigam, mit dem Myrthenstrauße im Knopfloch, der weißen Binde und den fein frisirten Haaren, obgleich er jetzt nur den Schlafrock anhat und auf dem Kopfe früh Morgens ein bischen wuschig aussieht.

Am Abend haben wir stets eine kleine Gesellschaft, gute Bekannte und Freunde, und auf den Tisch kommt auch etwas Ordentliches. Mein Karl ist kein Kostverächter und mich freut es, wenn es ihm schmeckt. Diesmal aber rührte er fast nichts an, und das machte mich besorgt.

„Fehlt Dir was, mein Karl?" fragte ich.

„O nein," antwortete er, aber ich merkte doch, daß das

„O" so lang herauskam wie die halbe Friedrichstraße. Ich drang weiter in ihn, allein er verwies mir jede Frage und wurde so zu sagen etwas unangenehm gegen mich.

Gegen halb zwei Uhr entfernten sich die Gäste. Als wir nun unter uns waren, konnte ich doch nicht umhin, meinem Karl einige Vorwürfe über sein Betragen zu machen, worauf er sagte, daß er ein wenig Zahnschmerzen habe und nicht zum Vergnügtsein aufgelegt sei. Ich schlug ihm vor, ein Zahntuch umzubinden, aber er lachte mich aus und meinte, die Schmerzen seien nicht von Belang und würden sich schon wieder geben.

Als ich darauf in die Küche ging, um unserer Aufwasch-frau, die immer bei festlichen Gelegenheiten hilft, ihren Tage-lohn zu geben, ließ ich auch ein Wort darüber fallen, daß mein Mann leidend sei, worauf die alte Grunert — so heißt die Aufwaschfrau nämlich — sagte, daß sie ein ausgezeichnetes Sympathiemittel wüßte, das schon so sehr vielen Leuten ge-holfen habe.

Warum sollte man nicht einmal einen Versuch machen, da Sympathie so unendlich billig ist?

Mein Karl höhnte anfangs, als ich ihm von der Grunerten sagte, jedoch ich redete ihm zu, da Sympathie keinen Schaden thun könnte, und so gestattete er denn, daß die Alte ihr Mittel anwendete.

Die Grunerten wußte, daß im Garten ein Hollunderbusch wuchs, der zu ihrem Vorhaben nothwendig war. Stillschwei-gend ging sie hinunter, schnitt einen Span aus dem Baum und bohrte meinem Karl damit so lange an dem kranken Zahn herum, bis er blutete. — Alles stillschweigend. — Dann ging sie wieder zu dem Baum, band den Span auf derselben Stelle mit einem leinenen Faden fest und fragte, ob die Schmer-zen fort seien.

„Was sollten sie wohl?" rief mein Karl ärgerlich. „Sie sind nach dem Bohren nur noch schlimmer geworden!" — Die Grunerten sagte, er solle nur warten, bis der Span an-gewachsen sei, dann würde der Schmerz wie weggeblasen sein, wünschte gute Besserung und ging nach Hause.

Mein Karl schalt sehr über den Unsinn, zumal die Pein nach der Sympathie immer heftiger ward.

Ich rieth ihm, warmes Wasser in den Mund zu

nehmen, was ja auch sehr gut ist, und ging nach der Küche, um Wasser zu kochen.

„Gott, Madame," sagte die Köchin zu mir. „Wenn ich Zahnschmerzen habe, nehme ich Senfspiritus und reibe die Backe damit ein. Es beißt wohl ein bischen, aber es hilft!" Zum Glück hatte sie noch einen Rest, den ich dankend annahm und bei meinem Karl in Anwendung brachte.

Ich wollte, ich hätte dies nicht gethan, denn der Senfspiritus fraß wirklich sehr stark, und mein Karl meinte, ich hätte ihm das höllische Feuer ins Antlitz gestrichen. Die Backe wurde roth wie ein gesottener Krebs und ging denn auch richtig sehr bald ganz dick auf. Nun mußte er doch ein Zahntuch umbinden, was er ja gleich hätte thun können, wenn er meinem Rath gefolgt wäre. Aber Männer sind immer eigensinnig, wenn es ihr Bestes gilt.

Mit der Sympathie und dem Senfspiritus war es gegen drei Uhr geworden und wir gingen zur Ruhe.

Ich kann nicht sagen, daß ich eine angenehme Nacht hatte, denn mein Karl schlief fast gar nicht und wühlte fortwährend in seinem Bett herum. Es sah am andern Morgen aus, als hätte er Unklug darin gespielt.

Gegen acht Uhr schlief er ein und ich hoffte schon, daß Alles gut sein würde. — Um zehn kam die Polizeilieutenanten zum nachträglichen Gratuliren, die meinen Karl aufrichtig bedauerte und sagte, daß nichts besser gegen Zahnschmerzen sei, als echte chinesische Po-ho-Essenz. Wir schickten unser Mädchen herum, die denn auch bald mit der Flasche ankam.

Mein Karl litt wieder schrecklich. Ich wies auf die Essenz hin, aber er wollte Nichts davon wissen.

„Karl," sagte ich, „es wäre eine Beleidigung gegen die Frau Polizeilieutenanten, wenn Du das kostbare Mittel nicht gebrauchen wolltest!" Er widersetzte sich und war widerwillig, allein da die Chinesen doch in vielen Fällen klüger sind als wir, so bequemte er sich zuletzt und ich drückte ihm ein Stück tüchtig mit Essenz getränkter Watte in den Zahn.

Er spuckte zwar fürchterlich, aber der Schmerz war fort. Ihm standen die Thränen in den Augen von der Essenz, aber er lächelte doch, so gut es mit der geschwollenen Backe möglich war. Der gute Karl! Nein, wie dankbar wir der Polizeilieutenanten waren, das kann sich Niemand ausmalen.

Wir begleiteten sie die Treppe hinunter und sie war auch sehr froh, daß ihr Rath so schön geholfen habe. — Als wir wieder oben kamen, hörte ich meinen Mann jedoch schon wieder lamentiren. Die Zahnschmerzen waren mit doppelter Kraft retour gekommen.

Nun ist es ein Glück, wenn man kluge Kinder hat. Meiner Betti fiel ein, daß Herr Krause eine homöopathische Apotheke besitzt und schon so manches Leiden im Handumdrehen kurirte, und rasch lief sie zu Herrn Krause, ihn zu uns zu bitten.

Herr Krause ist Lehrer und man darf Zutrauen zu solchen Leuten haben, die wirklich Alles wissen, da sie doch den Grund zu Allem legen und ja auch damals den Krieg gewannen, der ohne sie jedenfalls nicht zu Stande gekommen wäre. Und namentlich Herr Krause ist ungemein weit in der Wissenschaft und Bildung und hat zu den Aerzten durchaus kein Vertrauen. Ich bin, wie gesagt, auch mehr für Hausmittel.

Herr Krause trat bald mit seiner Apotheke und dem Doktorbuche ein, galt es doch seinen leidenden Mitmenschen beizustehen und wahre Humanität auszuüben. Mein Mann saß im Sopha mit dicker Backe und war sehr verdrießlich, aber weil er nur mit dem einen Auge gut sehen konnte, da das andere ziemlich zugeschwollen war, schien es, als wenn er Jedermann vergnügt zublinzelte.

„Nun, lieber Herr Buchholz," rief Herr Krause ihm entgegen, „immer den Humor oben, das lobe ich mir!"

„Mir ist gar nicht nach Humor zu Muthe!" entgegnete mein Karl verdrießlich. „Wenn Sie mir einen Gefallen thun wollen, schicken Sie zum Arzt."

„Zum Doktor?" lächelte Herr Krause, „das werden wir hoffentlich nicht nöthig haben. Die Aerzte kennen die Geheimnisse der Natur keineswegs, denn das, worauf es ankommt, das Heilen der Krankheiten lernen sie bei allem Katzenschlachten und Hundeschinden doch nicht. Und dann, was geben sie dem Menschen nicht Alles ein? Gifte und durchschlagende Mittel, die ewiges Siechthum herbeiführen. Die Homöopathie dagegen hebt die Krankheiten auf naturgemäße Weise."

„Mit Holzsplittern oder mit Senfspiritus?" fragte mein Mann.

Herr Krause lächelte. „Die Homöopathie heilt nur mit dem Geiste der Arzneimittel," setzte er uns belehrend auseinander. „Denken Sie sich eine Flasche voll Wasser, so groß wie der Mond, und in dies Wasser einen Tropfen Medizin gegossen und durchgeschüttelt, dann haben Sie ein homöopathisches Heilmittel."

„Du meine Güte," rief ich. „Wer kann aber den Mond schütteln?"

„Es ist nur bildlich gemeint, liebe Frau Buchholz," entgegnete Herr Krause. „Nun wollen wir erst einmal die Symptome prüfen, um das richtige Mittel zu finden. Haben Sie Bohren in dem Zahne?"

„Seitdem die Grunerten fort ist, nicht mehr," antwortete mein Karl.

„Also kein Bohren. Zieht der Schmerz von links nach rechts, oder von rechts nach links?"

„Er sitzt solide fest!"

„Aha, da wäre Pulsatilla angezeigt. Die dicke Backe deutet auf Zug. Wir werden Aconit mit Pulsatilla im Wechsel gebrauchen."

„Erlauben Sie, die dicke Backe kommt vom Senfspiritus."

„Dann müssen Sie erst Camphora nehmen, um das Senfgift aus dem Körper zu treiben," erwiderte Herr Krause.

Bei diesen Worten öffnete er seine Handapotheke und ließ meinen Mann drei kleine weiße Kügelchen schlucken. Hierauf rührte er andere kleine Kügelchen in Wasser und sagte, mein Karl müsse alle Stunden davon einen Schluck nehmen. Erst würden die Schmerzen sehr heftig werden, das wäre die naturgemäße Erstverschlimmerung, weil der Geist der Arznei mit dem Geist der Krankheit kämpfe. Hierauf aber werde das Leiden wie durch ein Wunder gehoben. Außerdem verbot er ihm Tabak, Thee, Kaffee, Saures, Gewürze und namentlich Kamillenthee, der jahrelanges Siechthum zur Folge habe. Dann ging er.

Mein Mann nahm genau nach der Uhr ein: die Schmerzen wurden aber immer gräßlicher. „Gottlob," sagte ich, „das ist die Erstverschlimmerung, die beiden Geister kämpfen gehörig, nun wird es bald besser!" Mein Karl stöhnte, daß er mich entsetzlich dauerte. — Er ging auf und ab. — Dann setzte er sich wieder. — Dann legte er sich auf das Sopha und bohrte mit dem Kopf in die Ecken hinein.

„Es ist nicht zum Aushalten!" schrie er.

„Sei doch nur ruhig, mein süßer Karl! Du hast doch gehört: erst muß es schlimmer werden, ehe der Schmerz geht. Nimm nur noch einen Schluck von der Medizin, die Herr Krause angerührt hat, und laß es ordentlich in Deinen Zähnen kämpfen!"

Wir warteten Stunde auf Stunde, aber die Verschlimmerung ließ noch nicht nach. Mein Mann wollte rauchen, aber das durfte er nicht. Zu Mittag hatten wir sein Leibgericht, Schmorfleisch mit saurer Sauce. Dies durfte er auch nicht essen. Er wurde sehr wüthend, als er sich mit Zwieback und Milch behelfen mußte.

Schließlich meinte Emmi, Herr Krause habe wohl den Senfspiritus herausgetrieben, aber den Po-ho noch nicht, ob der wohl am Ende dagegen wirkte? Sie eilte deshalb zu Herrn Krause, um ihn zu fragen. Sie blieb lange fort, und als sie wiederkam, sagte sie, Herr Krause habe in seinem Doktorbuche nachgeschlagen, aber ein Gegenmittel gegen Po-ho sei nicht darin, und dieses Gift mache die Wirkung seiner Mittel zu Schanden. Hier wäre die Homöopathie einfach machtlos.

Nun aber hatte die Geduld von meinem Karl ein Ende. Emmi nannte er eine einfältige Pute und mich eine dumme Gans. Er war wie ein Wilder und pantherte im Zimmer auf und ab, wie ein Tiger in seinem Käfig. — Ich brach in Thränen aus und das Kind weinte mit mir. „Karl," rief ich, „mir das und dem Kinde desgleichen! O wie bist Du lieblos, wo wir auf alle mögliche Weise Dein Leiden zu lindern suchen. So handelt nur ein Rabenvater. Du hast kein Herz für uns armen, schwachen Wesen. Karl, Karl, Du versündigst Dich an dem Kinde und an mir!"

Er antwortete nicht, und als ich mit thränenden Augen über mein feuchtes Taschentuch aufblickte, sah ich, wie mein Karl auf dem Sopha vor Schmerz Kopf stand. Dies war gräßlich, denn kann es etwas fürchterlicheres geben, als wenn man den Vater seiner Kinder, Bezirksvorsteher und

Wahlvertrauensmann auf dem Kopfe stehen sieht, mit den Beinen hoch über der Sophalehne in der Luft? — Ich that einen lauten Schrei vor Entsetzen.

In diesem Augenblick kam Onkel Fritz. „Was giebt's denn hier für eine Komödie?" rief er lachend, als er dies Bild der Familienverzweiflung sah. Nur mit Mühe konnten wir ihm Alles auseinandersetzen, denn während unsere Stimmen von Thränen erstickt wurden und mein Karl nur unartikulirte Laute von sich gab, wollte er vor Lachen umkommen.

„Karl, alter Junge," rief er, „was hat man mit Dir aufgestellt?"

„Nur Hausmittel!"

„Konntet Ihr denn nicht zu Dr. Wrenzchen schicken?" fragte Onkel Fritz.

„Wer geht denn gleich zum Arzt?" warf ich ein, „wozu sind denn die Hausmittel da?"

„Um Deinen Mann zu quälen und zu martern," entgegnete er.

Onkel Fritz schalt nun meinen Karl aus, daß er sich von Alteweiberkram (ich glaube, dies war der gassenhafte Ausdruck) elenden ließe und hieß ihn sich anziehen, um mit ihm zum Zahnarzt zu fahren, da ihm einfiel, daß Dr. Wrenzchen nur für Innerliches und nicht für Aeußerliches sei.

Dies war mir nicht recht, denn wenn Dr. Wrenzchen gekommen wäre, hätte er sich mit Betti unterhalten können; aber wir Frauen müssen uns der rohen Gewalt ja fügen.

Er fuhr mit meinem Karl ab. Nach einer Stunde kamen sie wieder. Mein Karl war seinen Zahn und die Schmerzen los und wie neu geboren, aber das neue Jahr unserer Ehe hatte keinen so lieblichen Anfang, wie alle die vorhergehenden, denn er war zu hart gegen mich gewesen, was ich nicht ohne Weiteres verzeihen durfte. Und wie gut hatten wir Alle es mit ihm gemeint!

❦❦

Spukgeschichten.

Ich hätte Ihnen schon längst einmal wieder geschrieben, wenn etwas Ordentliches passirt wäre, allein da es in unserer Familie, Gott sei Dank, ruhig hergeht, so fiel auch nichts

vor, was Sie interessiren konnte. Freilich bekam mein Karl
vor einigen Tagen einen Hexenschuß, aber der ist schon
wieder im Abziehen begriffen, nachdem die Seele von Mann
sechszehn trockene Schröpfköpfe aufs Kreuz bekommen hat.
Gegen Hausmittel habe ich jetzt einige Abneigung, so trefflich
sie auch in vielen Fällen sind.

Da mein Karl das Haus hüten mußte, worauf wir
durchaus nicht gerechnet hatten, war es unmöglich, an dem
Schlafrock zu arbeiten, mit dem wir ihn zu Weihnachten
überraschen wollen, und welche Zeit eine Sammetborde mit
Plattstich in Seide erfordert, das ist den Männern nicht leicht
begreiflich zu machen, die in den Wissenschaften ganz gut
bewandert sein können, aber sich in eine weibliche Handarbeit
doch nur schwer hineinversetzen. Ich sagte deshalb zu den
Töchtern: „Kinder, wir werden mit Papas Schlafrock nicht
fertig, denn wann sollen wir daran arbeiten, da Vater ja
den ganzen Tag zu Hause ist? Ich bin der Meinung, wir
gehen heute Abend zu Dr. Joachims und holen das Ver-
säumte nach. Ueberdies sind wir dort längst einen Besuch
schuldig!“ Die Töchter freuten sich sehr, weil sie ungemein
gerne bei Joachims sind. Die Doktorin ist nämlich eine
Jugendfreundin von mir; wir heiratheten beide fast zu gleicher
Zeit, und ihre Töchter stehen ungefähr in demselben Alter,
wie die meinen und heißen auch ebenso. Karl sah freilich
etwas sauer darein, weil er den Abend nicht gerne allein zubringen wollte, aber als ich sagte, daß es nicht anders ginge,
so fügte er sich. Nach den Erlebnissen auf der Ausstellung,
wo Onkel Fritz ihn in sündhafter Weise zum Bierprobiren
verleitete, ist mein Mann überaupt viel williger geworden,
als früher, wofür ich dem Magistrat im Stillen danke, weil
ohne dessen Umsicht ein so segensreiches Werk niemals zu
Stande gekommen wäre.

Als wir bei Joachims anlangten, war die Freude auf
beiden Seiten eine gleich große. Der Doktor war in seinen
Bezirksverein gegangen, wo ein bedeutender Politiker einen
Vortrag über das „Verhältniß der Droschken zur Unfall-
versicherung“ hielt, und somit waren wir ganz unter uns,
konnten ungestört an den Weihnachtsgeschenken arbeiten und
nach Herzenslust plaudern. Es war sehr gemüthlich, als

wir Alle so dasaßen und fleißig waren. Was thut man auch
nicht, um Andern eine Freude zu machen?

Die Doktorin fragte, ob mein Karl uns nachher abholen würde, worauf ich ihr denn sagte, daß er einen Hexenschuß bekommen hätte und zwar so plötzlich, daß man wirklich meinen könnte, eine Hexe hätte ihm etwas angethan.
Nun lachte die Doktorin mich aus. „Ich weiß, Du warst
von jeher ein wenig abergläubisch, Wilhelmine," sagte sie,
„aber daß Du an Hexen glaubst, das ist doch ein bischen
stark." — „Ich glaube nicht gerade an Hexen," antwortete
ich, „aber es giebt doch mancherlei Dinge in der Welt, die
kein Mensch erklären kann, selbst Onkel Fritz nicht, der sonst
Alles besser weiß, als andere Leute." — Die Doktorin lachte
wieder. „Es geht Alles auf der Welt natürlich zu," sagte
sie. — „So?" fragte ich. „In der Bülowstraße bei Kuleckes
haben sie noch den Geist eines verstorbenen Sargmachers
im Tisch, den man ganz deutlich sägen und hämmern hört,
wenn man Kette mit den Händen bildet." — „Bei Kuleckes
werden auch schon spiritistische Sitzungen abgehalten?" —
„Warum denn nicht? Die vornehmen Herrschaften beschäftigen sich mit Geisterklopfen und Lebensmagnetismus, und
Kuleckes möchten sich gerne auf das Vornehme aufspielen.
Bei Baron von G. haben sie neulich den Diener in magnetischen Schlaf versetzt und ihn so viele rohe Kartoffeln statt
Birnen essen lassen, daß er zwei Tage zu Bett liegen mußte!"
— „Das nenne ich frevelhaft mit der Gesundheit seiner
Nebenmenschen umgehen." — „O nein, es ist der Wissen-
schaft wegen und deshalb läßt Onkel Fritz auch keine Sitzung
bei Kuleckes aus. Er sagt, Fräulein Kulecke ist ein großartiges
Medium — —"

„Onkel Fritz findet sie bildschön gewachsen," unterbrach
mich Betti.

„Aha!" bemerkte die Doktorin.

„Das ist Nebensache," erwiderte ich, nahm mir jedoch im
Stillen vor, Fritz einmal zu verhören, denn die Kuleckes sind
keine Verwandtschaft für uns; sie thun immer groß, aber dahinter ist nicht Viel, denn sie haben Verluste gehabt.

Während ich schwieg und darüber nachdachte, was ich
Fritz sagen wollte, ertönte mit einem Male ein jammervolles
Gewinsel. „Mein Gott!" rief ich, „was ist das?" — „Es

ist nur der Hund," sagte Doktors Aelteste. „Wir haben ihn
in Papas Zimmer eingesperrt und gewiß ist die Lampe ausgegangen." — „Wieso die Lampe?" fragte ich. — „Der Hund
mag nicht im Dunkeln allein sein," erklärte die Doktorin, „er
fürchtet sich dann und heult. Es geht Alles natürlich zu, liebe
Wilhelmine."

So war es denn auch. Die Lampe wurde drüben wieder
angezündet und der Hund verhielt sich nun ganz ruhig. „Man
behauptet doch," fing ich an, „daß Hunde Geister sehen
können. Vielleicht sieht er etwas im Dunkeln und es gruselt
ihn?" — „Möglich, daß er die Frau sieht!" entgegnete die
Doktorin. — „Welche Frau?" — „Du weißt, Wilhelmine,
ich glaube weder an Gespenster, noch an Spuk, aber etwas
Merkwürdiges habe ich schon vor einigen Jahren erlebt und
jetzt vor Kurzem wieder. Es kommt nämlich mitunter des Nachts eine Frau zu mir, obgleich alle Thüren verschlossen sind."

„Eine Frau? Durch die verschlossene Thür?" rief ich
und mir wurde ganz beengt.

„Ich wache mitten in der Nacht auf, wenn das Weib
kommt," erzählte die Doktorin, „ich fühle es, wenn sie da
ist, und muß aufstehen, ich mag wollen oder nicht. Dann
sehe ich ganz deutlich das Weib, wie es den Kopf durch
die halbgeöffnete Thür steckt und ins Zimmer schaut." —
„In Euer Schlafzimmer?" rief ich entsetzt. — „Nein, hier
ins Wohnzimmer!" — „Und Du stehst auf?" — „Gewiß,
die Thür muß doch wieder zugemacht werden." — „Und
Du gehst in das Wohnzimmer?" — „Nun freilich. Wenn
ich aber die Thür zumachen will, hält das Weib den Kopf
dazwischen, daß ich sie mit aller Anstrengung nicht schließen
kann." — „Und das Gespenst steht dicht vor Dir?" — „In
unmittelbarer Nähe." — „Und Du schreist nicht?" —
„Warum soll ich schreien; ich fürchte mich nicht." — „Und
wie sieht das Weib aus?" — „Mager und häßlich, mit
tiefen Augenhöhlen, in denen statt der Augen schwarzer
Moder liegt, mit grinsendem Mund und gelben, breiten
Zähnen. Um den Kopf trägt sie ein graues Tuch, ihr Kopf
ist ebenfalls aschgrau. Die Hände hält sie verborgen und
an den mageren Füßen hat sie ganz altmodisch geformte
Schuhe." — „Und so was steckt den Kopf hier durch die

Thüre? Wann aber geht das Gespenst wieder?" — „Wenn ich vergebens versucht habe, die Thür zuzudrücken, nehme ich das Licht und halte es dem Weib vor das Gesicht, dann flackert die Flamme, als wenn es hineinbliese. Darauf verschwindet das Weib, die Thür ist fest verschlossen und ich gehe wieder zu Bett!"

„Und den Spuk hast Du schon öfter erlebt?" — „Schon sehr oft. Mein Mann ist jedoch der Meinung, daß die Erscheinung eine Art von Alpdrücken sei, und ich bin derselben Ansicht." — „Damit ist nichts erklärt, denn Du bist doch wach, hast ein brennendes Licht in der Hand und die Thür geht nicht zu. Dies ist Spuk. Es giebt unerklärliche Dinge!" — „Meinethalben," lachte die Doktorin. „Wenn das Weib wieder kommt, werde ich ihr sagen: ‚gehe zu meiner Freundin Wilhelmine Buchholz, die will Dich gerne kennen lernen.'" — „Um Gotteswillen nicht," rief ich schaudernd, „ich könnte den Tod davon haben."

Mir war ganz unheimlich zu Muthe geworden, denn wenn die Doktorin, die an kein Gespenst glaubt, von so schrecklichem Spuk heimgesucht wird und ihn mit eigenen Augen sieht, so muß doch was daran sein. Das war mir sehr bedenklich. — Ich mahnte zum Aufbruch, denn mittlerweile war es spät geworden, auch fürchtete ich jeden Augenblick, die Thür würde sich öffnen und das Weib hereinsehen. Als wir schon auf der Straße waren, rief mir die Doktorin noch nach: „Wilhelmine, ich schicke Dir das Weib!" Das machte uns so ängstlich, daß die Kinder und ich die Beine auf dem Heimwege nicht schlecht anzogen.

Ich hieß die Kinder sich schlafen legen, als wir zu Hause ankamen, und sagte, sie sollten sich nicht fürchten, obgleich ich selbst unruhiger war, als ich eingestehen mochte. Mein Karl schlief fest, aber ich weckte ihn, um ihm die Spukgeschichte zu erzählen und zu fragen, was er davon dächte? — „Ich schlief so schön, Wilhelmine," sagte er vorwurfsvoll. — „Und ich graule mich. Du mußt wachen, Karl, das hast Du mir vor Gott und den Menschen am Altar geschworen." — Davon hätte der Pastor nichts gesagt; ihm wäre das Schlafen nicht verboten worden. — „O, Karl, sagte er nicht, der Mann müsse die Stütze der Gattin sein, ihre Zuflucht in Noth und Gefahr?" — „Wenn Jemand Noth hat, bin ich es mit

meinem Hexenschuß; überdies sehe ich keine Gefahr." —
„Ich fürchte mich. Das ist genug. Wenn das Weib jetzt
käme?" — „Laß mich schlafen, Wilhelmine!" — „Wenigstens
nicht eher, als bis ich liege. Kannst Du nicht einen Gesang-
buchvers auswendig, lieber Karl? Sage ihn so lange her,
bis ich die Haare aufgemacht habe." — „Wilhelmine, Du
bist albern." — „Nein, Karl, das nicht, aber ich habe so
gräßliche Angst. Wenn ich erst liege, kann das Weib kommen, dann stecke ich den Kopf unter die Decke. Bitte, Karl,
nur einen Vers. Die Doktorin will mir das Weib schicken
und es ist schon nach zwölf. Nur einen Vers, bester Karl;
die Geister können Bibel und Gesangbuch nicht leiden." —
Als Karl mich so flehen hörte, fing er denn auch an; er
wußte aber nur einen Vers von dem Morgenliede: „Mein
erst Gefühl sei Preis und Dank." Den wiederholte er
immer von vorn. Es war nicht viel, aber doch wenigstens
etwas.

Ich saß während dessen ganz benommen vor meiner
Toilette und machte die Haare. Wie ich nun so in den
Spiegel sehe, da bemerke ich mit Grausen, wie hinter mir
ganz leise die Thür aufgeht. Ich konnte mich nicht rühren
und keinen Laut hervorbringen. Wie gebannt mußte ich in
den Spiegel blicken. — Da huscht etwas, als wollte es zur
Thür hinein, ein Kopf wird sichtbar, ganz langsam schiebt er
sich vor — — das Weib war da, das gespenstische Weib! —
Noch eine Sekunde und es wäre im Schlafzimmer drin gewesen. — Mit einem Schrei sprang ich auf und wollte die
Thür schließen, die Thür ging nicht zu. — — Ich drückte
noch einmal heftig, da schreit das Gespenst laut: „Au, Mama,
Du drückst mich todt!" — Karl war bei meinem Schrei trotz
seiner Schmerzen aus dem Bett gekrochen. „Mein Gott,
was ist denn los?" rief er. — „Ich weiß nicht," stöhnte
ich, „erst war das Weib da und nun ist es Betti." — Die
lag auf der Erde und hielt sich jammernd den Kopf. Ich
war halb ohnmächtig und schlotterte nur so. „Dies ist
mein Tod," rief ich, „Betti, wie konntest Du mich so erschrecken?"

„Ach, Mama," weinte das Kind, „als wir bei Doktors
zusammenpackten, habe ich aus Versehen eine Arbeit in
Deine Tasche gelegt, die Du von mir zu Weihnacht haben

follst, und damit Du es nicht bemerken folltest, wollte sich sie
jetzt eben heimlich holen. Au, mein Ohr!" — Ich nahm das
Licht und leuchtete. Auf der Stirn war eine Brüsche und das
Ohr blutete, so hatte ich das Kind in meiner Angst geklemmt;
im Uebrigen fehlte ihm Gottlob nichts weiter. „Das kommt
von Eurem Aberglauben," sagte mein Mann. — „Karl!" rief
ich, „warum stehst Du noch so da, draußen sind zwölf Grad
Kälte. Ich will dem Kinde Arnika geben und morgen lassen
wir Doktor Wrenzchen holen!"

Nach und nach kamen wir zur Ruhe, und als Doktor
Wrenzchen am andern Tage Betti's Ohr untersuchte, sagte
er, es hätte nichts zu bedeuten, es wäre nur äußerlich, und
dabei war er so liebevoll gegen Betti, daß ich ihn auf den
Sonntag zum Mittag einlud. Als ich ihn fragte, was er gern
äße, antwortete er: „Kalbsbraten ist meine einzige Leiden-
schaft." — Den soll er denn auch haben. Wer weiß, ob die
Spukgeschichte nicht doch noch einen sehr angenehmen Aus-
gang nimmt?

✸✸

Bei der Sylvester-Bowle.

Bei uns geht es nämlich mit dem Sylvester-Abend um.
Einmal wird er bei Krauses gefeiert, in dem folgenden Jahr
bei Bergfeldts und dann bei uns. Wir hatten ihn zuletzt gehabt, und somit waren Krauses daran. Wie aber sollte es
mit Bergfeldts werden?

Die Bergfeldten hatte mich zu tödtlich beleidigt; ich kann
nicht sagen, wie ich mich geärgert habe, ja ich hätte sie zu
meinen Füßen sterben sehen können, und wenn sie mich um
einen Tropfen Wasser gebeten hätte, würde ich ihr Vitriol-
Oel gereicht haben! — Doch nein, diese Gefühle bestürmten
mich nur im ersten Moment und waren auch wohl Schuld
daran, daß ich das Gallenfieber bekam; jetzt, nachdem ich mich
ordentlich ausgeseucht habe, denke ich nicht mehr so intolerant
und schäme mich ordentlich, daß jemals solche Gedanken in
meinem Busen aufsprießen konnten. Damit will ich aber
keineswegs eingestanden haben, daß die Bergfeldten ohne
Schuld sei. Im Gegentheil, sie war es, die anfing.

Also Krauses waren daran! — Herr Krause kam denn auch zu uns, um uns zu bitten, und mein Karl nahm die Einladung ohne weitere Ueberlegung an. „Karl!" rief ich, mit einer Kleinigkeit Schärfe im Ton: „Weißt Du denn auch, ob die Bergfeldten da sein wird oder nicht?" — „Gewiß!" erwiderte mein Mann trocken, „wir sind alle die Jahre am Sylvester zusammen gewesen und werden es diesmal auch!" — Er sagte diese Worte mit einer Bestimmtheit, die ich lange nicht an ihm bemerkt hatte. Während er sprach, fixirte ich ihn deshalb mit meinen Augen, aber obgleich er diesen Blick kennt, sah er nicht weg, sondern hielt ihn ruhig aus.

„So?!" rief ich. — Weiter sagte ich kein Wort, aber in diesem „so?!" lag etwas drin, daß mein Karl doch einen Schreck bekam und man ihm ganz gut ansehen konnte, wie es ihm vor Angst trocken im Munde ward.

„Liebe Frau Buchholz," nahm nun Herr Krause das Wort, „ist es denn nicht möglich, daß Sie verzeihen können? Sehen Sie, draußen in der Welt giebt es Unfrieden genug, und Haß und Zwietracht wird an allen Enden gesäet. Sollen diese bösen Dämonen auch das Familienleben zerstören, alte Bande der Freundschaft zerreißen und uns um die wenigen Freuden bringen, die aus dem humanen Zusammen- sein hervorblühen?" — Ich kämpfte eine Weile mit mir selber. „Nein," sagte ich darauf: „Mit Dämonen mag ich nichts zu thun haben, ich hab' noch genug von neulich, als das dämonische Weib mir erschien, und Niemand soll mir nachsagen, daß ich nicht human wäre. Sie haben so schön gesprochen, Herr Krause, daß es unrecht von mir sein würde, wenn ich nicht nachgäbe! Natürlich aber muß die Berg- feldten mir das erste Wort gönnen, sonst bleibt's beim Alten."

Herr Krause garantirte für die Bergfeldten, und so ver- sprach ich denn, daß wir kommen würden.

Kaum war Herr Krause gegangen, als ich zu Karl sagte: „Er hat doch wohl recht, es ist besser, wir leben in Frieden, als im Streit; wozu auch das ewige Maulen? Aber die Weihnachtskleider der Kinder müssen noch bis zum Sylvester fertig, und das neue Medaillon mit dem großen Diamanten, das Du mir geschenkt haft, werde ich tragen. Soweit bringen Bergfeldts es doch nie!" — —

Der Abend kam. „Wir wollen nicht die Ersten sein," sagte ich, „es sieht so gierig aus, wenn man zu präcise antritt." — „Wie Du meinst," erwiderte Karl, „aber bedenke doch, wir gehen nicht in Gesellschaft, sondern zu Freunden!" Ich blieb jedoch auf meiner Meinung bestehen, und wir warteten daher so lange, bis der kleine Krause kam und sagte, sie wären Alle da und die Schlagsahne finge schon an dünne zu werden, Mama könnte sie nicht länger halten. Da machten wir uns denn auf den Weg. Als wir ankamen, ließ ich meinen Mann zuerst eintreten, dann folgte ich in hellgrauer Seide, etwas ausgeschnitten, mit dem neuen Medaillon, begleitet von den Kindern, die in ihren Weihnachts-kleidern sehr vortheilhaft aussahen. Alle standen sie auf und wir begrüßten uns. Krauses waren sehr herzlich, des-gleichen Herr Bergfeldt, aber sie, die Bergfeldten, machte eine Verbeugung, die acht Tage auf Eis gelegen hatte. Mir versetzte es ordentlich den Athem, zumal die Krausen mich auf das Sopha neben die Bergfeldten nöthigte. Es war eine Angstpartie, und da sie Alle das bemerkten, redete keiner ein Wort: es flog ein Riesenengel durch das Zimmer. Mit einem Male unterbrach Onkel Fritz die fürchterliche Stille, indem er laut ausrief: „Es kann heute ja noch recht gemüthlich werden!" — Alle fingen an zu lachen, während ich und die Bergfeldten roth übergossen auf dem Sopha saßen. Nun kam es darauf an zu zeigen, wer von uns die Gebildetste sei, und deshalb rief ich: „Das wird es auch wohl noch!" und hierauf antwortete die Bergfeldten: „Es ist ja nur einmal Altjahrsabend im Jahr!" Dem stimmten denn auch Alle bei, der Thee kam und nach dem Thee Kirschmarmelade mit Schlagsahne für die Damen und Bier für die Männer, und ehe ich mich versah, war ich mit der Bergfeldten im Gespräch ganz wie früher. Während die jungen Leute „Thaler wandern" spielten — Onkel Fritz ließ den Thaler mitwandern und brachte die ganze junge Gesellschaft immer ins Lachen — unterhielten wir Aelteren uns über dies und das, bis wir zu Tisch gingen. Die Bergfeldten hatte mir erzählt, daß der Student, Herr Weigelt, sich sehr nett herausmache und nächstes Jahr wohl Assessor sein würde und dann Auguste heirathen könnte, und ich mußte ihr versprechen, zur Hochzeit zu kommen. Es war ganz wie zu alten Zeiten. Herr Krause hatte auch wohl mit ihr geredet, und so konnte man deutlich sehen, daß ein vernünftiger Mann doch viel Gutes stiften kann, wenn er die Gelegenheit dazu wahrnimmt. Ueberhaupt wünschte ich in diesem Augenblicke, daß mein Karl in dieser Beziehung etwas von Herrn Krause abhätte, so sehr ich sonst im Uebrigen mit ihm zufrieden bin.

Bei Tische war es wieder außerordentlich nett. Wir saßen zwar ein bischen sehr eng, aber es ging doch. Erst hatten wir Mahnpielen, dann Karpfen mit Meerrettig und dann Rippespeer mit Compot, zum Schluß gab es Eis. Mitten auf dem Tisch stand eine Bowle, Herr Krause und Onkel Fritz schenkten ein, und wenn sie leer war, kam Frau Krause mit einem großen Topf und goß sie wieder voll. Wir wurden nun zusehends fideler. In den Pausen sangen wir Lieder, die Onkel Fritz auf dem Klavier begleitete. Vor dem Fisch sangen wir: „Wohlauf noch getrunken den fun-kelnden Wein“, und vor dem Braten: „Wir gehn nach Lindenau“, wozu Onkel Fritz eine ganze Masse neuer Verse gemacht hatte, die er solo vortrug, und wobei wir Andern immer nur den Refrain sangen. Nein, wie haben wir ge-lacht! Einen Vers hatte er auf mich gedichtet, in welchem er sagte, ich würde überall gelesen, „sogar in Lindenau!“ — Es war zu spaßhaft, auch der kleine Eduard stimmte mit ein und noch den ganzen Abend sang das Kind vor sich hin: „Wir gehn nach Lindenau!“

Als wir das Eis „intus“ hatten, wie der Student, Herr Weigelt, zu sagen pflegt, erhob sich Herr Krause, sah nach der Uhr und klopfte an sein Glas, um die Rede auszu-bringen. Es wurde mit einem Male sehr still und feierlich, und auch der kleine Krause hielt mit dem Singen inne, nachdem sein Papa ihm einen milden Klapps verabreicht hatte. Was Herr Krause nun sprach, war wirklich sehr wohlthuend. „Dem neuen Jahre,“ so etwa sprach er, „jubele man zu, als wenn es die Macht hätte, alle Hoffnungen und alle Wünsche, selbst die eitelsten und gefährlichsten zu erfüllen, während man das alte Jahr verabschiede, wie Jemanden, der mehr versprach, als er habe halten können, ohne Mitleid und ohne Bedauern. Und doch sei das alte Jahr während 365 Tagen unser Freund gewesen und habe uns im bunten Wechsel Freude und Leid gebracht, wie der liebe Gott es für gut halte. Die Freude ermuthige den Menschen, das Leid läutere ihn, beide aber hätten sie das Gemeinsame, die Herzen der Menschen einander zu nähern, und wo wahre Liebe zu Hause, da lege jedes Jahr einen neuen Ring um die, welche sich liebten, daß sie nimmer von einander lassen könnten. Und das wollten wir auch von dem neuen Jahre hoffen: was es auch bringe, die Liebe möge es festigen.“ — Als Herr Krause geendet, schlug es im Nebenzimmer dumpf zwölf und wir stießen mit den gefüllten Gläsern an. Da rief plötzlich der kleine Krause: „Es hat dreizehn geschlagen!“ — Und so war es auch. Onkel Fritz, der im Nebenzimmer mit der Feuerzange die Glocke schlug, hatte, wie stets, wieder einmal Unsinn gemacht. Wir lachten jedoch und ließen uns nicht weiter stören, obgleich dreizehn keine angenehme Nummer ist.

Onkel Fritz hat eben etwas reichlich Freigeistiges an sich.

Wir blieben noch bis gegen Zweien, dann brachen wir mit dem Bewußtsein auf, einen recht frohen, gemüthlichen Abend verlebt zu haben. Die Bergfeldten luden uns zu ihrem Geburtstag ein, der nächstens ist, und ich sagte zu. So wäre denn das Kriegsbeil zwischen uns begraben.

Unterwegs sprach ich mit meinem Manne darüber, wie prächtig es doch von Herrn Krause gewesen sei, die Versöhnung zwischen mir und Bergfeldts herbeizuführen. — „Warum sollte er auch nicht,“ antwortete mein Karl, „ich hatte ihn ja darum gebeten!“ — „Du, Karl?“ — „Mir that Euer Zwist längst in der Seele weh!“ — „Mein Karl!“ — Weiter sagte ich nichts, aber ich fiel ihm um den Hals und gab ihm einen tüchtigen Kuß. „Wilhelmine!“ rief er ganz überrascht. — „Du bist doch der beste Mann auf dem Erdboden,“ sagte ich, „Du hast das Herz auf dem rechten Fleck, nur nicht immer den Mund!“ — „Das hat seine guten Gründe,“ lachte er, „dafür sprichst Du für Zwei!“ — „Aber Karl . . . .!“ — „Laß gut sein, Kind, es soll im neuen Jahr bleiben wie im alten!“ —

So feiern wir Sylvester bei uns in der Landsbergerstraße. Hoffentlich ist eine von meinen Beiden am nächsten

Sylvester verlobt und auch für Onkel Fritz wird sich wohl
etwas Passendes finden; für den wird es nachgerade Zeit.
Prosit Neujahr!

**

Ein magnetischer Thee.

Glauben Sie daran, oder glauben Sie nicht daran . . .
ich meine nämlich an den menschlichen Magnetismus?

Sie wissen, ich bin für die Aufklärung und deshalb sagte
ich immer: es ist Nichts mit dem menschlichen Magnetismus,
denn die Wissenschaft verleugnet ihn, wie man stets liest. Vor
Kurzem hatte ich aber einen Traum, in dem ich deutlich meine
Tante aus Bützow sah. Vier Wochen später lag sie auf der
Bahre. Wie soll man sich das erklären?

Ich erzählte Onkel Fritz meinen Traum, als wir die
Nachricht bekamen, daß die Tante gestorben sei und wir als
die nächsten Verwandten erben würden, und erwartete, daß er
mich auslachen würde, weil er ja leider über Alles spottet,
allein er wurde ganz nachdenklich und sagte: „Siehst Du,
Wilhelmine, endlich kommst Du zu der Ueberzeugung, daß
es wirklich Wunder und Geheimnisse in der Natur und dem
menschlichen Leben giebt. Von jetzt an wirst Du daher nicht
mehr über meine Besuche bei Kuleckes zanken, wo wir einen
kleinen magnetischen Zirkel konstituirt haben.“

„Fritz, der Magnet, der Dich nach Kuleckes zieht, ist die
Tochter des Hauses. Wir erben nun einen hübschen Posten
und Kuleckes sind deshalb kein Umgang für uns. Man muß
auch etwas auf seine Familie halten.“ — Er sah mich hierauf
mit einem sonderbaren Blicke an und sagte: „Du urtheilst, wie
Du es verstehst, Wilhelmine. Es. giebt eine geheimnißvolle
Macht, die den Menschen beherrscht, der er folgen muß, ob er
will oder nicht.“ — „Dies glaubst Du wirklich, Fritz?“ —
„Gewiß!“ antwortete er so ernst, daß ich nicht wußte, was
ich von ihm denken sollte. — „Fritz!“ fragte ich deshalb, „hast
Du selbst schon solchen Spuk erlebt?“ — „Ja!“ erwiderte er
hohl. — „Um Gotteswillen, Fritz, Du machst mich ganz ängstlich. Sehen möchte ich freilich selbst einmal, was eigentlich
daran ist.“ — „Morgen Abend sind Bergfeldts und Krauses
bei Euch, ich werde eine magnetische Sitzung arrangiren

die Dich von der geheimnißvollen Kraft überzeugen soll."
— „Aber die Kulecke kommt mir nicht ins Haus!" — „'s geht
auch ohne ihr!" lachte er mit einem Male auf und ging,
ohne über diesen Verstoß gegen die Orthographie zu erröthen,
von dannen.

Nun theilte ich den Kindern mit, daß wir am Abend
des andern Tages einen magnetischen Thee haben würden.
Emmi freute sich ungemein, allein Betti wurde leichenblaß
und rief: „Nein, Mama, thue das nicht, wir werden Alle
schrecklich unglücklich werden! — „Aber, Betti?" — „O,
Mama, glaube mir . . . .!" — „Kind, was hast Du? Du
bist in der letzten Zeit überhaupt nicht mehr die alte. Du
redest nicht, Du lachst nicht, Du spielst immer nur traurige
Stücke auf dem Klavier und vorgestern, als wir Dein Leibgericht hatten, Quetschkartoffeln mit Bratwurst, hast Du
nur einen Teller voll gegessen. Was soll das bedeuten,
Betti?" — „Ich hatte Kopfschmerzen," antwortete sie. —
„Das kommt von dem vielen Studiren," sagte ich. „Müßt Ihr
denn immer noch Aufsätze schreiben?" — „Ja!" — „Welches
Thema hast Du zuletzt gehabt?" — „Wir mußten unter-
suchen: Ob Richard der Dritte ein guter Mensch geworden
wäre, wenn er andere Eltern gehabt hätte," antwortete Betti.
— „Ich will mit Papa reden, ob es nicht besser ist, daß
Ihr den Besuch der höheren Fortbildungsschule für Töchter
aufgebt. Heute Nachmittag wollen wir Spritzgebackenes für
morgen Abend machen und zwar ein bischen viel; es pflegt
selten zu reichen, wenn Bergfeldtens da sind!" — „O, Mama,
Du hast Dich doch wieder mit Bergfeldts vertragen!" — „Nun
ja, aber so ganz angenehm ist mir die Familie deshalb doch
nicht. Ueberdies erben wir jetzt von der Tante und somit
wird der Abstand zwischen uns und Bergfeldts nur um so
größer. Die Leute müssen sich erbärmlich einschränken, wenn
sie 'rum kommen wollen."

Die Töchter halfen mit in der Küche. Betti bekam wieder
Kopfschmerzen, so daß ich es für gerathen hielt, Beide ins
Freie zu schicken, damit Betti sich auf einem Spaziergange in
der Luft erholen möchte. Ich meinte es gut, aber wie sich
hernach herausstellte, war es ein unverzeihlicher Fehler von
mir gewesen, gerade an diesem Tage Betti aus meinen Augen
zu lassen.

Am andern Abend trafen Krauses und Bergfeldts bei
uns ein; fünfe alleine von Bergfeldts, nämlich: Er und Sie,
Auguste mit ihrem Bräutigam, und Emil, der Sohn. Nun,
ich war ja mit der nöthigen Menge Gebäck versehen. —
„Wo ist Betti?" fragte ich Emmi, als ich bemerkte, daß
meine Aelteste fehlte. — „Sie will nicht kommen," sagte
Emmi. — „Laß mich mit ihr reden," bat Onkel Fritz, „sie
fürchtet sich vor dem Magnetismus." — Nach einiger Zeit
kam er mit Betti auch richtig an. Du meine Güte, wie sah
das Kind aus! Die Augen waren verweint, die Wangen
ohne Farbe und dabei beberte sie sichtlich. Morgen schicke ich
zu Doktor Wrenzchen, dachte ich, denn dies ist mehr als
äußerlich, das Kind muß krank sein. Betti begrüßte die An-
wesenden. Erst Krauses, die ja auch mehr sind als Bergfeldts, und dann Madame Bergfeldt, der sie um den Hals
fiel und einen Kuß gab. Dies war mir in der That etwas
sehr auffällig. Onkel Fritz machte ein merkwürdig vergnügtes
Gesicht, als er mein Erstaunen über diese Familiarität wahr-
nahm. Nun wurde der Thee gereicht. Betti, Emmi und
Bergfeldt's Auguste servirten. Die Eine den Thee, die Andere
Sahne und Zucker und die Dritte das Spritzgebackene, das
denn auch Alle sehr lobten. (Es war freilich ein wenig
klietschig gerathen, weil ich beim Backen meine Aufmerksamkeit
zwischen Betti und dem Schmalzkessel theilen mußte, aber es
war doch gut von Gewürz.)

Die Herren fingen nun ein sehr lehrreiches Gespräch
über den menschlichen Magnetismus an. Onkel Fritz war
dafür, Herr Krause halb, Herr Bergfeldt dagegen und mein
Karl trank Bier dazu. Onkel Fritz erzählte, daß die Pro-
fessoren aus Breslau, als sie zum Besuch in Berlin gewesen
waren, auf der Charité durch bloßes Handauflegen einen
Droschkenkutscher dahin gebracht hätten, daß er den Anfang
vom Homer auf Griechisch gesprochen habe, worauf Herr
Krause meinte, daß er dies doch als Lehrer bezweifeln müsse.
Onkel Fritz aber holte die Bücher herbei, welche die Pro-
fessoren geschrieben haben. Es standen wunderbare Sachen
darin, wie man durch Hypnotismus einen Menschen dahin
bringen könne, daß er Alles thun müsse, was der Magne-
tiseur wolle: auf einem Stuhl reiten und glauben, er säße
auf einem Pferde, Bindfaden verschlingen und meinen, es

wären Neunaugen, Bitterwasser trinken und es für Champagner halten. — „Na," rief die Bergfeldt, „wenn ihm das man gut bekömmt!" — Herr Krause sagte, er glaube nicht eher daran, als bis er Thatsachen sähe, und ich warf meinen Traum von der Tante aus Bützow dazwischen, um Bergfeldts anzudeuten, daß die Verstorbene einen anständigen Posten nachgelassen habe. Onkel Fritz fing jedoch an, sich mit Herrn Bergfeldt zu streiten, und machte den Vorschlag, selbst einige Experimente auszuführen, um die Zweifler zu überzeugen.

Wir waren Alle sehr gespannt, was wohl kommen würde. Zuerst bat er nun Bergfeldtens Auguste, einen Augenblick ins Nebenzimmer zu gehen, und fragte uns, nachdem sie sich entfernt hatte, was sie thun solle. Wir kamen überein, sie möchte das Album aufschlagen und auf meines Mannes Photographie mit dem Finger tippen. Onkel Fritz rief sie wieder herein, verband ihr die Augen und stellte sich hinter sie, indem er mit beiden Händen ihre Schulter berührte. Auguste stand eine Zeitlang ganz ruhig. Dann mit einem Male schritt sie auf den Tisch zu, nahm das Album, blätterte um und deutete mit dem Finger auf eine Photographie. Es war nun gerade nicht mein Karl, sondern sein verstorbener Freund Ringelmeier, aber überraschend war die Sache doch, zumal die Bergfeldt versicherte, daß ihre Auguste neulich das vorherbestimmte Bild richtig getroffen habe. Herr Krause fand nichts Uebernatürliches an dem Experiment, worauf Auguste erklärte, sie wäre nicht recht disponirt, wogegen Betti ein ausgezeichnetes Medium sei.

„Meine Betti?" rief ich erstaunt. — „Die Kinder haben in der letzten Zeit öfters Magnetismus gespielt," sagte die Bergfeldten. — „Davon weiß ich ja aber gar nichts." — „Du weißt Manches nicht!" entgegnete Onkel Fritz. „Bist Du bereit, Betti?" — Betti antwortete nicht, sie saß da wie ein Geist. — „Hast Du keinen Muth? Du weißt, es muß sein!" — Betti erhob sich und ging wie eine Nachtwandelnde ins Nebenzimmer. Auguste Bergfeldt folgte ihr. — „Nun, Wilhelmine, stelle Du eine Aufgabe!" — „Mir fällt gerade nichts ein!" antwortete ich. — „Soll sie das Liebste, was sie auf Erden hat, umarmen und küssen?" fragte Onkel Fritz. — „Meinetwegen, es kommt mir auf eine Umarmung nicht an," war meine Antwort. Betti kam

wieder. Onkel Fritz verband ihr die Augen. Eine geraume
Zeit zögerte Betti, dann schritt sie vorwärts, ich breitete schon
die Arme aus, allein sie wandte sich nach der anderen Seite
und ging direkt auf einen jungen Menschen zu, der erregt auf
sie blickte und dem sie in die Arme sank. Es war Bergfeldt's
Emil, der ihr rasch die Binde von den Augen nahm und sie
küßte. — „Dies geht mir doch über den Spaß!" rief ich und
sprang auf. „Karl, kannst Du so etwas dulden?" — „Nur
nicht heftig," sagte Onkel Fritz und hielt mich zurück, „die
beiden jungen Leutchen sind längst miteinander einig. Sie
lieben sich und damit Punktum."

„O bewahre, ich habe auch noch ein Wort mitzureden.
Und Du, Karl, Du sagst gar nichts?" — „Ich bin damit
einverstanden," antwortete mein Mann ruhig. — „Unmöglich!
jetzt, wo wir geerbt haben?" — „Gerade deshalb," sagte
Karl. „Hast Du denn nicht bemerkt, wie unser Kind in der
letzten Zeit gelitten hat, daß es dahinschwand wie ein
Schatten?" — „Nun ja!" — „Der Kampf zwischen Pflicht
und Liebe war es, der sie elend machte. Betti hatte nicht
den Muth, Dir zu sagen, daß sie Bergfeldt's Emil liebte." —
„Hat sie es Dir denn gestanden?" — „Nein, aber ich habe
gemerkt, was vorging!" unterbrach mich Onkel Fritz, „und
bat meinen Schwager, mir es zu überlassen, Dir Mittheilung
davon zu machen. Wie Du siehst, ist dies auf magnetischem
Wege geschehen." — „Ich habe andere Partien für meine
Töchter in Aussicht, sie können in die ersten Kreise kommen."
— „Und unglücklich werden," warf mein Karl bitter ein.
„Wilhelmine, als wir jung waren, dachten wir da an Rang
und Stand? Hättest Du von mir gelassen, wenn ein vor-
nehmer Mann gekommen wäre, um Dich mir zu entreißen?"
— Ich mußte zurückdenken an die selige Zeit, wo ich nicht
anders konnte, als ihn, den einen zu lieben, der es mir wie
mit aller Macht angethan hatte. Ach ich glaubte ja immer
noch, meine beiden Töchter seien Kinder, und dachte nicht
daran, daß auch sie einst wählen würden, wie das Herz
gebietet, dachte nicht, daß die Zeit jetzt schon gekommen sei.
„Betti!" rief ich. Sie kam zu mir, umschlang mich und
wollte vor Weinen vergehen. „Du hattest kein Vertrauen
zu mir, mein Kind, kein Vertrauen zu Deiner Mutter?" —
„Mama," schluchzte sie, „ich wollte Dir nicht wehe thun.

Ich wußte, daß Du meine Liebe nicht billigst . . . aber ich konnte es Dir nicht sagen, daß ich liebte!" — „Die geheim- nißvolle Macht, die den Menschen beherrscht, der er folgen muß, ob er will oder nicht, das ist die Liebe, Wilhelmine," sagte Onkel Fritz. — „Schon die Griechen nannten Eros den Allbezwinger," schaltete Herr Krause ein.

Mir kehrte die Ruhe wieder zurück. Ich führte Betti auf ihr Zimmer und sagte, daß ich ohne Weiteres meine Einwilligung nicht geben werde und mich überhaupt durch Onkel Fritz' Komödie nicht einschüchtern ließe. Den übrigen Herrschaften theilte ich mit, daß das Ganze ein Scherz von Onkel Fritz sei, der uns an den menschlichen Magnetismus glauben machen wollte, und daß deshalb von ernsten Ver- lobungen keine Rede sein könne. Mein Karl war hierüber sehr unwillig. Die Bergfeldten sagte: „Liebe Frau Buchholz, die Kinder können ja noch warten; mein Emil hat noch Zeit." — „Sehr viele," entgegnete ich trocken. — „Wenn Sie nicht immer gleich so aufbullerten, hätten wir längst über die Sache reden können," zischelte die Bergfeldten. — „Also Sie sind auch mit in dem Komplot?" — „Gestern Nachmittag hatten wir noch einmal Konferenz, weil Herr Fritz meinte, auf vernünftige Weise sei Ihnen nicht beizukommen; ich bin sonst mehr für das Naturgemäße!" — Ich war wie erstarrt. Also gestern, während ich Spritzgebackenes für diese Natter- brut buk, war Betti bei ihnen und verschwor sich gegen die eigene Mutter. Alle wußten von dem Komplot, nur ich nicht. — Ich schlug eine gräßliche Lache auf. „Nun kriegt sie Krämpfe!" sagte die Bergfeldten, „man muß ihr die Daumen halten." — „Nein!" rief ich, „so schwach bin ich nicht. Aber sehen will ich, wer mich zwingt, nachzugeben. Aus der ganzen Sache wird nichts und wenn Ihr Herr Emil sich vor meinen sichtlichen Augen die Pulsadern aufschneidet." — „Wilhelmine, Du bist außer Dir!" rief mein Karl. — „Ich bin so ruhig wie nie . . . aber übertölpeln laß' ich mich nicht! Fritz kann seinen Unsinn bei Kuleckes und an- deren Leuten treiben, in meinem Hause verbitte ich mir der- gleichen."

Krauses hatten sich bereits, ohne Adieu zu sagen, nach Hause begeben und Bergfeldtens brachen nun auch auf. Fritz wollte mit mir reden, allein ich würdigte ihn keiner Antwort.

4

Gerade als sie gingen, kam Emmi und meldete, der Braten
sei gar. Niemand wollte bleiben. Mein Karl hatte auch
seinen Ueberzieher angezogen und sagte, daß er mit Bergfeldts
gehen und erst später wiederkommen werde, wenn ich ruhig
geworden sei. — Und ich war so ruhig!

Als Alle fort waren, weinte ich mich erst tüchtig aus,
dann ging ich zu meiner Aeltesten. Sie hatte sich ins Bett
gelegt und blickte mich so wehmüthig an, als ich mich zu ihr
setzte, daß mein Herz sich ordentlich zusammenzog. — „Ver-
gieb," bat sie, „ich hätte Dir Alles sagen müssen, nur Dir
allein." — „Du bist ja noch ein Kind," wollte ich antworten,
aber, war sie denn noch ein Kind? Ihre schönen vollen
Haare waren aufgegangen und umrahmten das Gesicht, auf
dem ein Ernst lag, den Kinder nicht kennen. Sie war auf-
geblüht wie eine schwellende Knospe . . . ich hatte es bisher
nur nicht gemerkt. — „Und Du hast ihn lieb?" — „Ja!"
flüsterte sie. — „Liebst Du ihn mehr als mich?" — Sie
schwieg. — Da wußte ich, daß ich mein Kind verloren hatte,
daß es einem Anderen mit seinem ganzen Sein angehörte.
Wie unaussprechlich weh das that!

Ich beugte mich zu Betti herab und umschlang sie heiß
und innig. „Du sollst glücklich werden, glücklich wie ich es
einst war. Zwar träumte ich, Du könntest wohl die Gattin
eines hochgestellten Mannes werden, aber bin ich nicht
glücklich bis auf den heutigen Tag in unseren einfachen
Kreisen gewesen? Nein, mein Kind, ich will nicht, daß Du
liebeleer zwischen geschnitzten Möbeln sitzen sollst und hinter
den seidenen Gardinen der Winter im Sommer lauert und
auf Deiner Equipage der Abscheu gegen Deinen gezwunge-
nen Gatten als Bedienter hockt. Ich liebe Dich doch mehr,
als Du glaubst." — Da schmiegte sie sich an mich und war
wieder mein Kind und lächelte mir zu und sprach: „Ich
liebe Euch Beide, Dich und ihn, und Du wirst ihn
auch lieben, wie Du mich liebst." — Konnte ich da
anders?

Ich rief Emmi. „Bringe einige Schnitte von dem
Braten, warum soll er umkommen? Wenn wir Verlobung
feiern, giebts Rehrücken." — „Ist denn Verlobung?" fragte
Emmi. — „Geh zu Bett, Du bist noch zu dumm!" — Und
so blieb ich und wachte bei meiner Betti; hin und wieder

fah ich aus dem Fenster nach meinem Karl. — Draußen war Frühlingsnacht, Westwind war aufgekommen, es wehte stürmisch. Endlich kam mein Mann. „Nun?" fragte er. — „Karl! sie schläft. Morgen, wenn der Sturm sich gelegt hat, ist Sonnenschein." —

* *

Im Kremser.

Es giebt Leute, die eine Landpartie für ein Vergnügen halten, das ist jedoch grundfalsch.

Sonst wenn der zweite Pfingsttag kam, gingen wir in den Zoologischen Garten oder fuhren nach Treptow, wo es ja bis auf die Menschenfülle und den Staub recht gemüthlich ist, aber diesmal war es anders beschlossen. Nachdem wir durch die Verlobung meiner Betti mit Bergfeldtens in nähere Beziehung getreten sind, konnten wir doch die nicht links liegen lassen, denn ich hätte nie geduldet, das Betti mit Bergfeldts gegangen wäre und Bergfeldts wollten an dem Tage doch auch mit ihrem Emil zusammen sein. Onkel Fritz machte daher den Vorschlag, gemeinsam einen Kremser zu nehmen und aufs Land zu fahren, und da Platz genug vorhanden sei, könnten wir Krauses ebenfalls einladen, wodurch das Fuhrgeld für die einzelne Person überdies billiger würde. Dabei malte Onkel Fritz Alles mit so verlockenden Farben aus, wie schön grün es draußen sei, wie köstlich das Bauernbrod an der Quelle schmecke und wie herrlich wir uns in dem Kremser amüsiren würden, daß ich einwilligte. Wir verabredeten uns dann gehörig, namentlich was den Proviant anbelangte, denn sonst bringt Jeder dasselbe mit und das Ganze läuft auf Schlackwurst und Sooleier aus, und dafür danke ich denn doch am zweiten Pfingstfeiertag.

Morgens um acht Uhr saßen wir Alle in dem Kremser. Bergfeldts mit Augusten's Bräutigam, Herrn Weigelt, Krauses mit ihrem kleinen Eduard in weißen Höschen, blauem Sammetkittelchen und mit einem neuen Strohhut. Bergfeldt's Emil war schon Morgens früh zu uns herangekommen und hatte Betti einen Fliederstrauß gebracht. Als wir einstiegen, hatte Emil es so zu arrangiren gewußt, daß er dicht neben Betti

faß, allein ich pflanzte mich mitten zwischen beide, weil ich
dies für passender hielt, denn ich bin nicht sehr für öffentliche Brautstands-Zärtlichkeiten. Mein Karl saß mit Herrn
Krause zusammen und Onkel Fritz hatte neben dem Kutscher
auf dem Vordersitze Platz genommen.

Onkel Fritz nahm einen Hausschlüssel, auf dem er gerade
so pfiff, wie eine Lokomotive, und wir gondelten los, durchs
Prenzlauer Thor, die Prenzlauer Chaussee entlang, denn unser
Ziel war der Liepnitz-See.

Das Wetter war schön, wenn auch ein bischen kühl.
Als wir bei der ersten Windmühle vorbeikamen, entkorkte
Onkel Fritz seine Reiseflasche und sagte, nun müßten wir den
ersten Schluck nehmen, das wäre einmal so Gebrauch. Da es
nicht übermäßig warm war, nahmen wir denn auch Alle einen
Tropfen Cognac zu uns, worauf wir sehr munter wurden.
Herr Krause fragte, ob bei jeder Mühle einer genommen
würde, worauf Fritz ihm bedeutete, daß es ein alter Gebrauch
sei, jeder Mühle ein kleines Trankopfer zu bringen. Herr
Krause meinte, diese Sitte sei wahrscheinlich wendischen Ur-
sprungs und stamme gewiß aus dem grauen Heidenthum. Es
entwickelte sich nun ein sehr gelehrtes Gespräch über Pfahl-
bauten und Tacitus, wovon Herr Krause sehr gut Bescheid
wußte, bis sie zuletzt auf die städtische Verwaltung kamen,
worin mein Karl gründlich zu Hause war. Onkel Fritz unterhielt sich mit dem Kutscher und reichte nur von Zeit zu Zeit
die Flasche in den Wagen hinein. Ich muß gestehen, es
standen reichlich viele Windmühlen am Wege und was mir
besonders zuwider war: der kleine Krause schrie immer:
„Da kommt schon wieder 'ne Mühle," damit nur ja keine
übersehen würde. Ich warnte meinen Karl, aber er lachte
mich aus und rief: „Wilhelmine, Pfingsten ist nur einmal
im Jahr!"

Um halb neun machten wir eine Frühstückspause. Der
Wagen fuhr im Schritt und die Kober wurden zur Hand
genommen. Wir Damen vertheilten die Stullen an die
Herren, und da Onkel Fritz uns ein Extravergnügen bereiten
wollte, kam er mit allerlei Blechdosen zum Vorschein, die er
auf der Fischerei-Ausstellung gekauft hatte: köstliche nor-
wegische Delikateßheringe, Anchovis, gesalzene Dorschzungen,
Rollmöpse, sogar Caviar. Alles war da und wir ließen

uns die guten Sachen trefflich schmecken. Nur war ich sehr
dagegen, daß der kleine Krause auch von den scharfen Fischen
bekam, aber da er immer gleich plinste, wenn er seinen
Willen nicht kriegte, gab die Mutter ihm, was er verlangte,
bis er sich an einem großen Stück Rollmops den Mund ver-
brannte und über den spanischen Pfeffer schrie, auf den er
eifrig losgekaut hatte. — „Ich würde dem Kleinen nicht soviel gegeben haben," sagte ich zur Krausen, „Kinder befinden
sich immer am besten bei Milch und Brod." — „Ihr Eduard
wäre schon groß genug, um Alles zu essen," antwortete
die Krausen, „er tränke sein Bier so gut, wie die Erwachsenen und es bekäme ihm vortrefflich!" — Hierauf bemerkte
ich, einmal gelesen zu haben, daß Bier sich bei Kindern leicht
auf den Geist schlüge und Bierbrauerskinder deshalb immer
zu unterst in der Schule säßen. — Die Krausen fragte nun
ihren Mann, ob er als Lehrer jemals so etwas bemerkt
habe, worauf der antwortete, ich müßte mich wohl irren
und meinte sicher Skropheln, die allerdings, wie statistisch
nachgewiesen sei, vom Branntweintrinken der Eltern her-
kämen. Diesem pflichtete Herr Bergfeldt bei und sagte zu
seiner Frau: „Du erinnerst Dich wohl noch, Kathinka, als
die Ricke aus Werder bei uns diente, die sich mit dem ver-
soffenen Tischlergesellen einließ und später" . . . Hier unterbrach ich Herrn Bergfeldt und fragte ihn: „Finden Sie die
Natur in dieser Landschaft nicht wunderschön?" — „Ja,"
meinte er, „aber mit den Skropheln hatte es seine Richtig-
keit." Ich entgegnete, daß diese Art von Dialog mich nicht
interessirte.

Herr Bergfeldt wollte jedoch nicht locker lassen — wir
waren schon an zu vielen Mühlen vorbeigekommen —, als
der kleine Krause zu wimmern anfing und über Durst klagte.
Wasser konnten wir auf der Chaussee nicht bekommen, Milch
hatte die unvernünftige Mutter nicht mitgenommen, also
blieb nichts übrig, als eine Flasche Rothwein aufzumachen,
damit blos das Gegnarre von dem Jungen aufhörte, der
denn auch richtig ein ganzes Wasserglas voll Wein herunter-
fegte. „Wenn das man gut geht!" sagte ich. — „Er kann
sich nachher in der Haide ordentlich auslaufen!" antwortete
die Krausen. — „Ich und Emmi wollen Pferd spielen!"
rief Eduard naseweis. — Meine Emmi sprach kein Wort,

sondern machte ein sehr höhnisches Gesicht über diese Zumuthung. Meine Betti redete auch nicht und sah sehr miß-
vergnügt aus, weil sie nicht neben Emil saß, Bergfeldt's
Auguste und Herr Weigelt, die sich bei der Hand angefaßt
hatten, starrten wie Wachsfiguren in die Gegend und warfen
sich von Zeit zu Zeit so 'nen wasserblauen Blick zu, daß mir
vom bloßen Ansehen ganz mies zu Muthe ward. Brautpaare
sind nun einmal für die Anderen eine mangelhafte Gesellschaft.

Ich dankte daher meinem Schöpfer im Stillen, als wir
das prachtvolle Gehölz erreicht hatten und den See sahen, der
gerade so grün schien, als wenn man ihn zu Pfingsten frisch
auflackirt hätte. Vor der Försterei machten wir Halt, dort, wo
die Buchen am höchsten sind und oben mit ihren Kronen ein
Gewölbe bilden, als befände man sich auf dem neuen An-
halter Bahnhof, nur mit dem Unterschied: was dort Fenster-
glas ist, sind hier maigrüne Blätter, und dann war auch der
Ozon von erster Qualität.

Onkel Fritz und mein Karl gingen zur Frau Försterin,
um Frühstück zu bestellen und das Mittagsbrod zu bereden.
Frau Krause hatte den Brunnen entdeckt und gab dem kleinen
Eduard zu trinken, der nach meiner Schätzung mindestens ein
Liter von dem kalten Wasser himunterschluckte, aber ich sagte
kein Wort, denn wenn Mütter unverständig sind, ist alles Zureden umsonst. Ich wollte aber doch, ich hätte geredet.

Das Frühstück war delikat, ländlich, aber gediegen. Den
Wein hatten wir mitgenommen, es war sehr schöner Chateau
Larose, die Flasche zu zwölfeinhalb mit goldenen Kapseln, und
wenn Onkel Fritz auch ein wenig den Mund zog — er ist
nämlich ziemlich verwöhnt — so ließen wir uns den Wein doch
munden, zumal der Weinhändler versichert hatte, er mache
bei jeder Flasche fünf Silber Schaden und gebe ihn uns nur
aus purer Freundschaft so billig.

Danach gingen wir in den Wald; Onkel Fritz hatte
dem kleinen Krause einen Stock geschnitten, auf dem er ritt,
denn Emmi hatte keine Lust, mit ihm Pferd zu spielen.
Ueberhaupt war Emmi sehr niedergeschlagen. Ihre Schwester
und ihre Freundin kümmerten sich nicht um sie, die hatten
ja nur Auge und Ohr für ihre Verlobten, und so mußte
sie sich zu uns älteren Damen halten. Mir that das Kind

wirklich leid, daß sie so allein stand, denn wenn wir Damen uns über die große Wäsche unterhielten, oder ob Citronensaft an die Spargelsauce gehört oder nicht, so konnte sie das doch nicht interessiren. „Sei nur vergnügt, Emmi," sagte ich, „wer weiß, wie lange es dauert und Du bist auch Braut!" — „Ich werde mich nie verheirathen," entgegnete sie. — „Aber Kind!" — „Nein," sagte sie trübselig, „ich verlasse Dich nicht und Papa nicht. Auguste und Betti sind beide so eklig gegen mich, seit sie verlobt sind." — Ich redete ihr zu, so gut es ging, allein sie wollte von Nichts hören.

Die Herren hatten nun eine Lagerstelle entdeckt, die Plaids und Umschlagetücher wurden ausgebreitet und wir gruppirten uns malerisch. Wein war auch mitgenommen und so standen wir Alle nichts aus. Nur wollte mir nicht gefallen, daß mein Karl die Krausen immer mit trockenem Laub warf und sie sich dies gefallen ließ. Hätte Herr Krause sich diese Art von Scherz mit mir erlaubt, würde ich ihm seinen Standpunkt klar gemacht haben, aber der lag schon und schlief.

Endlich nickte ich auch ein wenig ein, denn die Frühlingsluft zehrt. Die Bäume rauschten so sanft, die Luft strich so mollig über Gesicht und Haar, allerlei bunte Träume kamen und gingen, bis mein Karl rief: „Wilhelmine, wache auf, die Uhr ist halb drei, das Mittagessen wartet!" — „Herrjeh! hab' ich geschlafen?" — „Beinahe zwei Stunden." — „Und wo sind die Kinder? Wo ist Betti?" — „In die Tannen gegangen," antwortete Emmi, „mich wollten sie nicht mitnehmen!" — „Und wo ist Eduard?" fragte die Krausen und streifte sich die trockenen Blätter aus dem Haar. — „Der ist auf seinem Stocke dorthin geritten," sagte Emmi und zeigte auf den See zu. — „Mein Gott, wenn das Kind ertrunken wäre," schrie die Krausen und rannte wie wahnsinnig fort. „Eduard," schrie sie, „Eduaard, wo bist Du?" — Ich rief laut: „Betti, Bettiiih!" — Keine Antwort. — „Und das Essen wartet," sagte mein Karl. — „Karl, kannst Du in einem solchen Augenblicke an Deinen Magen denken?" — „Ach was," entgegnete er, „hättest Du die jungen Leute in dem Kremser ruhig nebeneinander sitzen lassen, würden sie sich nun nicht absentirt haben. Liebesleute sind gern ungestört. Kommt nur, Emil weiß, daß wir um halb drei essen wollen, und wird schon nach der Uhr sehen. Wo ist Krause?"

Herr Krause war seiner Frau nachgegangen. Sie zeterte in einem fort: „Eduard! Eduaard! wo bist Du?" und er rief: „Adelheid, hast Du ihn?" Es war, als wenn der Wald rebellisch geworden wäre.

Sehr niedergeschlagen kamen wir bei der Försterei an. Da stand nun der sauber gedeckte Tisch unter den Bäumen, aber die Gesellschaft war auseinander. Bergfeldt's Auguste und Herr Weigelt warteten freilich schon auf uns, aber von Betti und Emil keine Spur. Es war peinlich.

„Habt Ihr den kleinen Krause gesehen?" fragte ich. — „Ja," sagte Auguste, „der ist bei den Kutschern im Stalle und reitet auf den Pferden!" — „Und die Eltern meinen, er liegt im See. Nun müssen wir Krauses erst suchen."

Gesagt, gethan, wir alle wieder zurück in die Holzung, wo wir Krauses denn auch fanden. Sie war richtig in einen Wiesensumpf gerathen und Herr Krause knieete vor ihr, um ihre Stiefel mit Moos zu reinigen. — Nein, nun die Freude, als sie hörte, der Kleine sei da, und dies Verziehen und Schmeicheln, als sie ihn wieder hatte — es war in meinen Augen übertrieben. Dann fuhr sie Emmi an und sagte, wenn sie besser auf das Kind geachtet hätte, wäre alle Angst nicht nothwendig gewesen, worauf ich etwas von Laubwerfen und Kokettiren mit Männern fallen ließ und daß es besser sei, selbst auf seine Kinder zu achten, als sich auf andere Leute zu verlassen. Sie antwortete spitz, Jeder müsse vor seiner eigenen Thür fegen, und wo denn meine Betti sei? Genug, wir setzten uns sehr ärgerlich zu Tisch und richtigen Appetit hatte Niemand außer der Bergfeldt: die sättigte sich, so zu sagen.

Wir hatten schon abgegessen, als Betti und Emil endlich ankamen. — Ich wollte heftig werden, allein mein Karl sagte: „Wilhelmine, halte Frieden, gieb Dir keine Blöße vor der Gesellschaft." Ich bezwang mich daher und sagte scherzend: „Nun Emil, ist die Uhr jetzt halb drei?" Er wurde verlegen. „Meine Uhr geht wohl etwas nach!" stotterte er. — „Ueber eine Stunde? Zeigen Sie mal Ihren Chronometer!" Er wurde noch verlegener. Dies war mir auffallend. „Vielleicht geht sie doch richtig," sagte ich scharf, und zog an seiner Kette, um mich zu überzeugen. Es hing aber keine Uhr an der Kette, sondern nur ein Schlüssel. — „Die Uhr studirt wohl?" rief Onkel Fritz. — Ich dachte, ich sollte in den Erdboden versinken, der Bräutigam meiner Betti hatte seine Uhr versetzt! Die Krausen lachte, worauf ich empört aufstand und die Gesellschaft verließ. Ich mochte keine Menschen mehr sehen. Ueberall vergnügte Gesichter, Lachen und Scherzen bei den Leuten, die sich mittlerweile eingefunden hatten . . . mir klang es wie Hohn in den Ohren. Einsamkeit that mir noth, um mich ordentlich ausweinen zu können. So fand ich mich denn, ohne zu wissen wie, hinten im Garten bei dem Backofen der Frau Försterin und setzte mich auf den Holzblock, der dabei stand. Ach, mir war, als sei dieser Bock ein Henkersblock und ich sollte einen Kopf kürzer gemacht werden, solches Leid überkam mich. Die Zukunft lag in den schwärzesten Bildern vor meinen Augen. Was nützte die Erbschaft von der Tante aus Bützow, Emil würde ja doch Alles versetzen? Emil war leichtsinnig, das wußte ich nun, und Betti vertraute ihm rückhaltlos. Ein Schauder überflog mich von oben bis unten, denn wer Uhren versetzt, ist zu Allem fähig.

Nach geraumer Zeit kam Emmi zu mir. „Wir wollen fahren," sagte sie, „die Krausen hat nasse Füße und Papa findet kein Vergnügen mehr an der ganzen Tour." — „Was gehen ihn die Füße von der Krausen an?" — „Er meint, es sei Deinetwegen, denn wenn Du Dich nicht amüsirtest, habe er auch keinen Spaß." — „Ja, komm Kind, ich habe Sehnsucht nach Hause, man fährt doch nicht aus, um hinter einem Backofen zu sitzen und zu weinen."

Um sieben hielt der Kremser vor der Försterei. Ich ließ jeden sich setzen, wie er wollte; was konnte ich armes, ohnmächtiges Weib gegen die Unvernunft ausrichten? Der kleine Krause saß mutterseelenallein an dem Wasser auf der Erde und wollte nicht mit. „Nein," schrie er, „hier bleiben!" — „Aber so komm doch, Du sollst ein Stück Kuchen haben!" — „Nein." — Die Krausen hob ihn mit Gewalt hoch. „Er freut sich so sehr an den Pferden," sagte sie ganz katzenfreundlich zu Onkel Fritz, „nehmen Sie ihn ein bischen nach vorne." Dies geschah, und er saß zwischen Fritz und dem Kutscher. So fuhren wir denn ab, Alle mehr oder weniger verstimmt

da Bergfeldts sich auch über ihren Emil geärgert hatten.
Die Krausen war sehr schweigsam.

Nach einer Weile sagte Onkel Fritz: „Herr Krause, ich
fürchte, der Kleine fällt vom Bock," und gab ihn in den
Wagen hinein auf Herrn Krause's Schooß, aber der meinte
bald, das Kind säße doch wohl besser vorn. Der Junge
weinte und gnauerte immer so vor sich hin. „Sollte ihm
wohl etwas fehlen?" fragte ich mitleidig. — „J, wovon
wohl?" sagte die Krausen kurz. — „Nun, wenn er sich den
Magen verdorben hätte, sollte es mich nicht wundern." —
„Ha!" lachte sie auf. — Die Herren wollten das Kind jedoch
einstimmig nicht länger bei sich haben. — „Komm nach Tante
Buchholz, Eduard," rief ich und nahm ihn zu mir. Ich gab
ihn aber gleich weiter an die Krausen und sagte: „Er ist wohl
am besten bei Ihnen aufgehoben, meine Liebe. Decken Sie
ihn gut zu, damit er sich nicht erkältet, dies wird angenehmer
für ihn sein und für uns." — Sie sagte, Kinder seien Kinder.
— Ich sagte, wenn Kinder noch nicht reisefähig wären, ließe
man sie zu Hause, worauf sie entgegnete, wenn Onkel Fritz
nicht so schwer verdauliche Fischsachen mitgenommen hätte,
wäre dem Kinde nichts passirt, aber nun sei es unwohl davon
geworden. Ich hatte keine Lust, ihr zu antworten, mein eigener
Kummer über Emil beschäftigte mich zu sehr und der Verdruß
vom Nachmittage kam wieder hoch.

Viele Leute schwärmen ja sehr für Landpartien, aber ich
muß sagen: ohne Brautpaare und ohne Kinder, die sind nur
Ballast und verbubanzen die schönsten Fahrten, und abgespannt
wird man auch von solchen Touren in größeren Gesellschaften,
weil Einer immer auf den Andern passen muß und Einer
meistens gesucht wird.

Ich athmete erst auf, als wir die ersten Gaslichter von
Berlin wieder in Sicht hatten, denn im Kremser war es trübselig. Müde waren wir Alle mit einander, das einzige mun-
tere in dem Wagen waren die beiden bunten Papierlampions,
die an der Decke hingen. Die schaukelten hin und her und
machten, von ferne gesehen, gewiß einen höchst vergnügten
Eindruck. Aber kann man das Leben nur nach Papierlaternen
beurtheilen?

Ein Polterabend in der dritten Etage.

Ich habe es immer gesagt: lange Verlobungen taugen nichts.

Wenn Zweie sich gut sind, so ist es allerdings besser, wenn man sie sich verloben läßt. Man giebt zwar seine Ein- willigung, die Kinder sind ungemein glücklich, aber man träufelt doch eine Kleinigkeit Wermuth in den Jubel der jungen Herzen, indem der Hochzeitstermin in weite Ferne gerückt wird. Die Kinder fügen sich anscheinend gerne in diese Bestimmung, aber schließlich ist es nicht mehr zum An- sehen und man giebt nach und läßt sie Hochzeit machen.

So war es auch mit Bergfeldts. Die Auguste, die so wie so nichts zuzusetzen hatte, wurde denn auch ganz elend und schattenhaft. Wenn sie mit dem Kopf seitwärts gegen ein Licht stand, schien dasselbe durch ihre Nase, daß diese aus- sah wie ein Stück Nähwachs. Der Doktor verschrieb ihr allerdings Stahltropfen und zwischen durch versuchte sie es mit Malzextrakt, aber das Arzneiliche schlug nicht an.

Nun hatte Herr Weigelt, ihr Verlobter, denn, Gott sei Dank, durch gute Connexionen auf einem gerichtlichen Büreau eine kleine Anstellung erhalten. Viel war es nicht, aber wenn der alte Weigelt ein bischen zuschoß, so konnte es eben gehen. — „Lieber lebendig in der Dachkammer, als todt in der schönen Kiste," sagte die Bergfeldten. Und deshalb wurden Anstalten zur Hochzeit gemacht.

Wäre ich in Bergfeldt's Stelle, so hätte ich die Hochzeits- feierlichkeiten ganz einfach in der Familie abgehalten, denn das spart doch bedeutend, aber sie, die Bergfeldten, wollte keine Hochzeit ohne Sang und Klang. Sie meinte, man wäre es allein schon der Nachbarschaft schuldig und müsse deshalb etwas draufgehen lassen. Endlich kam man dahin überein, den Polterabend elegant zu bewerkstelligen und die Reste bei der Hochzeit ganz unter sich zu verwenden.

Um acht Uhr Abends sollte die Festivität beginnen. Die gute Stube, das Wohnzimmer und das Schlafzimmer waren zum Empfang der Gäste hergerichtet. Die Betten waren nach dem Boden transportirt und dort, wo der Waschtisch sonst steht, hatte die Bergfeldten einen Tisch mit grünen Gewachsen hingestellt, weil Herr Bergfeldt, wie sie mir klagte, beim Waschen immer so schrecklich spaltert und die Tapete ruinirt hat. Stühle, Gläser und Geschirr lieferte ein Traiteur aus der Nähe, denn Bergfelds bischen Einrichtung langte nicht.

Als wir gegen halb Neunen kamen, war die Wohnung schon ziemlich mit Menschen angefüllt. Die Damen wurden in die gute Stube genöthigt und saßen dort in einem angenehmen Halbkreise. Natürlich hatte die Bergfeldten ihre weiteste Bekanntschaft eingeladen, so daß man sich ziemlich fremd vorkam. Dann waren die Freundinnen von Auguste gebeten, die durchaus nicht wußten, was sie vorstellen sollten, und immer zu Dritt auf zwei Stühlen saßen, und auch Herrn Weigelt's Wirthin, bei der er als Student gewohnt hatte, war mit zugegen.

Die Herren standen im Wohnzimmer und rauchten. Herrn Weigelt's Freunde hatten sich zahlreich eingefunden: es waren mehrstens Studenten in älteren Semestern, ganz ansprechende junge Leute. Blos die Fräcke saßen ihnen merkwürdig, als wenn sie für Jemand anders gemacht worden wären.

Um neun Uhr war es so gerammelt voll, daß sich Keiner mehr rühren konnte. Mittlerweile ward Thee gereicht und man fing an, sich über Dieses und Jenes zu unterhalten. Das Brautpaar war bis jetzt noch nicht sichtbar gewesen.

Nun trat Onkel Fritz ein, der das Arrangement übernommen hatte. Ihm folgten zwei von Herrn Weigelt's Freunden, die jeder einen mit Blumen bekränzten Stuhl in die gute Stube trugen und dicht vor die Thüre stellten, die zum Wohnzimmer führt. Dann setzte Fritz sich an das Klavier — eine richtige alte Drahtkommode — und spielte den Hochzeitsmarsch aus dem Sommernachtstraum, worauf das Brautpaar sich durch die Gäste drängte und auf den bekränzten Stühlen Platz nahm. Die Studenten riefen: Hoch! hoch! als sie eintraten und wir Andern applaudirten. Es war dies ein sehr schöner Moment, den Onkel Fritz richtig berechnet hatte.

Auguste Bergfeldt sah ziemlich verhältnißmäßig aus. Sie trug ein weißes Mullkleid mit Grün durchzogen. Wäre sie jedoch gescheidt gewesen, so hätte sie nie und nimmer ein ausgeschnittenes Kleid gewählt. Auch meinem Karl war es

aufgefallen, indem er mir später sagte, ihn hätte immer ge-
froren, so oft er sie ansah. Ich verwies ihm natürlich diese
Bemerkung und erwiderte: „Karl, die Liebe ist etwas zu Er-
habenes, als daß man Spott mit ihr treiben dürfte." — „Du
hättest nur mal hören sollen, was die Studenten redeten!"
entgegnete er. — „Karl!" rief ich, „dies wünsche ich nicht zu
hören, und will es nicht hören. Ueberhaupt will ich nicht
wissen, was die Herren in Abwesenheit der Damen reden.
Studenten sind mir viel zu frei in ihren Ansichten!"

Onkel Fritz spielte nun etwas Gefühlvolles und meine
Betti trat als Fee gekleidet mit dem Brautkranze auf. Sie
sprach ein sehr schönes Gedicht, in welchem von dem Abschied
vom Elternhaus, von der Jugend und dem Kindesglück die
Rede war, von dem Unglück, das die Zukunft birgt. „Mit
dem Brautkranz, mit dem Schleier reißt der schöne Wahn entzwei!" schloß das Gedicht. Schon gleich beim Anfang traten
Augusten die Thränen in die Augen, und als es hieß: „Ver-
waiset und verlassen, vom theuren Elternhaus," fing die Bergfeldten auch an. Als aber zum Schlusse Betti die Auguste
umarmte und diese in ein lautes Schluchzen ausbrach, konnten
wir Alle nicht an uns halten und mußten die Taschentücher
gebrauchen. Ich habe selten so etwas Weichmachendes erlebt. Nun, es ist am Ende auch keine Kleinigkeit, wenn man
seine Tochter einem wildfremden jungen Menschen giebt.

Aus dieser Stimmung wurden wir durch einen unangenehmen Zwischenfall plötzlich aufgeschreckt. Ich hatte der
Bergfeldten nämlich gesagt, sie sollte für den Abend ihren
Hund Cissy eingesperrt halten, weil er durch sein ewiges
Lungern aufdringlich würde. Das Thier mußte jedoch aus
der Kammer entwischt sein und hatte sich unter die Gäste ge-
mischt. Wahrscheinlich hatte nun einer von den Studenten
das kleine Geschöpf nicht gesehen, denn mit einem Male ertönte ein gräßliches Geschrei, weil Jemand Cissy auf den Fuß
trat. Wer es gethan hat, das kam nicht heraus.

Auguste sprang auf und nahm Cissy zu sich, der immer
noch schrie, und suchte ihn zu beruhigen. „Schmeißen Sie die
Thele doch raus, Fräulein!" rief Herrn Weigelt's frühere Haus-
wirthin in einem sehr ungebildeten Dialekte. Ich habe mit
dieser niedrig stehenden Person kein Wort gewechselt.

Auguste bestand nun darauf, das Thier, welches sich all-

mälig wieder gab, auf dem Schooß zu behalten, und so konnte
das Poltern denn weiter gehen.

Hierauf kam ein Freund von Herrn Weigelt und stellte
einen Schusterjungen vor. Leider konnten wir nicht verstehen,
was er sagte, denn der Hund, der ihn nicht kannte, bellte ihn
fortwährend an. Selbst als dem Thiere ein Seelenwärmer
über den Kopf gebunden wurde, knurrte und kläffte es in
Einem fort, bis Herr Bergfeldt Cissy beim Kragen nahm und
an die Luft setzte. Hierüber ärgerte sich nun Auguste, die ein
sehr unangebrachtes maulsches Gesicht zog und zu ihrem
Bräutigam, der sie besänftigen wollte, sagte: „Ach was, laß
mich!" — „Das wird eine hübsche Ehe werden!" flüsterte ich
der Frau Polizeilieutenanten zu, die neben mir saß, worauf
sie erwiderte: „Passen Sie auf, die kriegt ihn unter!" —
Dies glaube ich ebenfalls.

Nummer Drei war der kleine Krause. Mir ahnte ja
gleich nichts Gutes, als ich ihn sah, die Krausen verzieht
ihn zu sehr. — „Nun, Eduardchen," sagte die Krausen, „nun
sprich Deinen Satz." Der Junge, den sie als Tyroler aus-
gekleidet hatten, schwieg und steckte den Finger in den Mund.
„Wird es bald?" fragte die Mutter. — Der Junge redete
keinen Ton. — „Eduard, ich werde schrecklich böse!" — Der
Kleine verzog den Mund zum Weinen. — „Komm, Eduard,
sei süß." — Eduardchen wollte aber nicht. — „Er hat sein
Gedicht heute Morgen noch so schön gekonnt," sagte die
Krausen laut, „aber die vielen Menschen machen ihn jetzt
irre. Komm, Ede'chen, und sag' es Tante Auguste ganz leise
vor und gieb ihr den silbernen Zuckerlöffel. Hörst Du,
Eduard!!!"

„Das ist aber unser Löffel," rief das Balg, „Papa hat
blos den Namen auskratzen lassen!"

Die Krausen wurde vor Aerger wie eine vergrätzte Furie.
Der Junge aber lief heulend davon und schrie: „Mama will
mir was thun. Papa! Papa!" Herr Krause war so vernünftig und schaffte ihn nach Hause.

Wenn es nun ein bischen zum Lachen gegeben hätte,
wären wir Alle wohl wieder munter geworden, aber eine
Freundin von Auguste kam als Blumenmädchen und eine
andere als Bäckerin mit einem Brod, das nie in der
neuen Wirthschaft fehlen möge. Das zog nicht. Den Schluß

machte meine Emmi als Königin der Nacht mit einem
schwarzen Schleier um, der ganz von Goldpapiersternen über-
säet war. Das Kind hatte sich dies ganz allein ausgedacht
und sagte: „Ich komm' aus weiter Ferne, mein Reich
sind Mond und Sterne, — wenn Alles schläft, dann wacht
— die Königin der Nacht. — Ein Liedchen will ich singen,
— es soll zum Ohre dringen, — und seid Ihr einst allein,
— o dann gedenket mein!" Hierbei überreichte sie ein Photo-
grapie-Album mit dem Lohengrin darauf, wie er Adieu sagt'
und sang zu Onkel Fritzens Begleitung das schöne Lied: „Wir
saßen still am Fenster, das Licht war ausgebrannt." Als sie
geendet hatte, wollte der Applaus gar kein Ende nehmen;
die Studenten tobten förmlich und deshalb sang sie noch
als Zugabe: „Wenn ich nach meinem Kinde geh', in seinem
Aug' die Mutter seh'!" Man sagte ihr außerordentliche
Komplimente über ihren Vortrag. Ja, einer von den Studenten hatte gemeint: „Es fragte sich sehr, ob die Gerster
das auch könnte, Fräulein Buchholzens Gesang hätte etwas
ungemein Melodisches."

Die Herren hatten mittlerweile die Cigarren nicht aus-
gehen lassen und es war sehr heiß geworden, daß der
Fensterschweiß nur so herunterlief, weshalb der Heringssalat,
der nun gereicht wurde, sehr erquickte, obgleich nach meiner
Meinung zu viele Kartoffeln hineingeschnitten waren. Wir
Damen tranken Limonade dazu und die Herren hatten Bier.
Die Studenten waren so liebenswürdig und besorgten das
Einschenken.

Vom Sitzen an Tischen war bei der Menschenfülle natürlich nicht die Idee, man reichte herum: belegte Butterbröde
und Kuchen, Alles reichlich und auch recht gut.

Die jungen Leute wünschten nun zu tanzen. Die Studenten schoben die Drahtkommode eins, zwei, drei nach dem
Schlafzimmer, obgleich Herr Bergfeldt ein etwas bedenkliches
Gesicht machte, und dann ging der Tanz los, immer zwei
Paare zur Zeit. Es war eben so eng, wie auf einem Sub-
skriptionsball. Empörend fand ich, daß die Studenten auch
den Tisch mit den grünen Gewächsen auf den Flur hinaus-
transportirten, denn nun sah man die von Herrn Bergfeldt
ramponirte Wand erst recht. Die Bergfeldten hätte auch ein
Stück Tapete darüber kleben können.

Während wir so dasaßen und plauderten, sagte die Frau Polizeilieutenant zu mir, daß meine Emmi eine wirklich ausgezeichnete Stimme habe und daß es schade wäre, wenn man sie nicht ausbildete.

„Daran habe ich noch gar nicht gedacht," antwortete ich, „das Kind singt ganz nach dem Gehör!"

„Meine Tochter soll auch Unterricht haben," sagte die Polizeilieutenanten. „Ich kenne eine Dame, die Schülerinnen sucht. Sie war früher bei der Oper. Heut zu Tage werden die Stimmen ja so sehr bezahlt. Nehmen Sie nur einmal die Patti und die Lucca an. Den Ruhm und das Geld!"

Mir schwindelte ordentlich. Hatte Emmi nicht soeben ungeheuren Beifall geerntet? Hatte sie nicht zum Entzücken gesungen? „Ich werde mit meinem Manne reden," erwiderte ich. „Ueberdies muß etwas für das Kind geschehen!" — Mein Gott, wenn ich denke, meine Emmi könnte ein so fabelhaftes Glück mit ihrer Stimme machen. Zu großartig. Mein Karl wird schon wollen, wenn ich ihm Alles ordentlich auseinandersetze.

Mittlerweile war es nach Zwölfen geworden. Das Brautpaar saß ziemlich still in einer Ecke, da Auguste das Tanzen nicht bekömmlich war und sie auch nicht litt, daß ihr Verlobter mit einer Anderen tanzte. Herr Bergfeldt wurde immer einsilbiger. Die Studenten sangen gerade „Wohlauf noch getrunken," als geklingelt wurde. — „Gewiß der Hauswirth, dem der Lärm zu arg geworden ist," sagte die Polizeilieutenanten.

Wir lauschten, was wohl kommen und ob es richtigen Spektakel geben würde. Aber nein. Feierlich erklang es: „Ich steh' allein auf weiter Flur" und als die Nummer zu Ende war, kam der Schunkelwalzer daran. Einige Beamte von Herrn Bergfeldt's Bureau, die einen Hornistenklub bilden, machten ihm die Ueberraschung und brachten ihre Blechinstrumente mit, auf denen sie wirklich ausgezeichnet bliesen.

Auf allgemeines Verlangen spielten sie hierauf die Schaarwache, die erst leise anfängt und zuletzt immer lauter wird, bis die Ohren dröhnen, und Alles trommelte mit.

Da kam der Hauswirth.

Diese Stille. Es war unheimlich!

Gegen Tanzen und Singen hätte er Nichts, sagte er, aber solches Radaumachen müsse er sich verbitten. — Herr Bergfeldt entgegnete, er könne in seiner Wohnung aufstellen, was er wolle. — Nur kein Trokesengeheul und keine Wachtparade, der Kalk fiele ja unten von den Decken. — Das liege am Hause. — Wenn es ihm nicht gefiele, könne er ja ausziehen. — Das wäre ihm gerade recht. — Kein Miether verwohne soviel, wie Bergfeldts, er möchte sich nur mal die Tapete ansehen. — Das ginge ihn gar nichts an. — Nun drängten die Studenten sich dazwischen. Wir Damen wollten schon fliehen. „Ruhe, meine Herren!" rief mein Karl, „Sie hören ja, daß der Herr Wirth nichts dagegen hat, wenn wir noch ein wenig tanzen und vergnügt sind."

„Es ist alle!" rief der Hauswirth grob.

Onkel Fritz kam jedoch mit einem frischen Glase Bier. „Wir sind ja nur einmal jung," sagte er. „Sie werden doch das Brautpaar mit uns leben lassen!" Der Hauswirth knurrte anfangs noch, aber dann that er Bescheid. Hierauf brachten die Studenten ihm ein Hoch aus und die Bergfeldten ging ihm mit etlichen schönen Stullen unter die Augen, die er denn auch annahm.

So rechtes Leben wollte sich jedoch nicht wieder einstellen und Einzelne fingen an, sich auf französisch zu drücken. Es wurde leerer und auch wir sagten Gute Nacht. Auguste sah gräßlich übernächtig aus. Wie soll das blos werden?

Als wir gingen, saßen Onkel Fritz und die Studenten mit dem Hauswirth an einem Tisch und tranken Brüderschaft mit ihm.

Wann Bergfeldts zu Bett gekommen sind, weiß ich nicht; wahrscheinlich erst zwei Tage darauf.

„Karl," sagte ich auf dem Heimwege, „wenn unsere Betti Hochzeit macht, werden wir außer dem Hause Polterabend feiern."

„Das hat noch keine Eile!" antwortete er kurz. „Fürs Erste hab' ich genug und Bergfeldts werden wohl für längere Zeit genug haben!" — Von meinen Ideen mit Emmi schwieg ich. Wenn Männer ihre Launen haben, muß man sie aus-

großen lassen. Er wird sich wundern, wenn das Kind berühmt und groß dasteht. Und meinen Willen werde ich schon
durchsetzen.

❦ ❦

Warum wir ins Bad müssen.

Es ließ sich nicht leugnen: Emmi hatte großen Erfolg
gehabt. Sollte das Talent nun in der Landsbergerstraße einrosten
und könnte ich das verantworten? Nein, ich weiß, daß wir
alle dereinst Rechenschaft ablegen müssen und keine Entschuldi-
gungen gelten, denn ich bin nicht wie die Bergfeldten, die im
Stande ist, mit in das Weltgericht hineinzureden, wenn man
nicht so vorsichtig ist, sie bis zuletzt liegen zu lassen. Emmi's
Organ mußte künstlerisch ausgebildet werden. Ich hielt dies
um so mehr für meine Pflicht, als die Polizeilieutenanten sehr
zuredete und mir vorstellte, daß, wenn meine Emmi mit ihrer
Tochter zugleich Gesangstunde nähme, die Lehrerin es bedeutend billiger thäte. Ich wäre gewiß keine deutsche Hausfrau,
wenn ich einen solchen Vortheil außer Acht gelassen hätte.
Nein, wo sich mir etwas Billiges bietet, da nehme ich es,
nur in den Fünfzig-Pfennig-Bazaren kaufe ich nicht wieder,
weil man hinterher mehr für Leim und Kitt ausgeben muß,
als der ganze Kram gekostet hat. Auch mein Karl, dem ich
natürlich erst Mittheilung machte, als das zweite Quartal bezahlt werden mußte, und es Sünde gewesen wäre, mitten
in der Ausbildung abzubrechen, gestand, daß er über den
Preis nicht erzürnt sein könnte. Diese Zusicherung beglückte
mich sehr.

Meine Emmi machte nun aber auch rasende Fortschritte,
wie ihre Lehrerin versicherte, so oft sie bei uns war. „Noch
einen Kursus," sagte sie, „und Ihr Fräulein Tochter hat eine
Höhe wie die Lucca. Bereits jetzt bringt sie das hohe C mit
Leichtigkeit heraus und die Coloraturen bekommen schon so
etwas Schmalzhaftes, als hätte sie den Ansatz der Artôt."
Auch hierüber war ich höchlichst erfreut und dachte: wenn
Emmi berühmt wird, vergehe ich vor Wonne. Und warum
sollte meiner Tochter dies Glück nicht blühen? Es ist schon

Manche eine große Sängerin geworden, deren Familie mit uns durchaus nicht auf gleicher Höhe steht.

Frau Grün - Reifferstein war auch gerade die rechte Lehrerin für unsere Töchter. Oft erzählte sie mir und der Polizeilieutenanten von ihrem früheren Bühnenleben und den Gefahren, welche den jungen Anfängerinnen dort drohen. Sie aber sei stets stark geblieben und habe sich nie erniedrigt, selbst nicht, als einmal ein Fürst sich linkshändig mit ihr hätte trauen lassen wollen. Sie wisse, was es hinter den Kulissen auf sich habe für Alle, welche nicht gefestigt zur Bühne gingen, sie aber festigte ihre Schülerinnen, eben weil sie jene Gefahren kennen gelernt. Wie froh war ich, meine Emmi in so guten Händen zu wissen. Daß die älteste Tochter von der Heimreichen aus erster Ehe auch bei der Grün „studirte“, wie sie es nennen, war mir zwar nicht recht mit, aber sie sollte ja etwas Stimme haben und da drückte ich denn ein Auge zu, obgleich die Mutter mir ein Greuel ist. —

Es liegt im Prinzip des Grün-Reiffersteinschen Gesangsinstitutes, alljährlich eine Aufführung zu veranstalten, damit die Eleven zeigen, was sie gelernt haben. Die Angehörigen der Schülerinnen und Schüler — es sind nämlich auch Schüler da — mit ihren Bekannten und Freunden bilden das Publikum und da das Entré nur eine Mark beträgt, ist es natürlich gequetscht voll in dem Saal, wo eine hübsche Bühne aufgeschlagen ist und die Kunst mit edler Hingabe und sittlichem Ernst gepflegt wird, wie die Grün selbst sagt.

Diesmal sollte meine Emmi auch singen und zwar die „Gabriele“ aus dem „Nachtlager zu Granada“; erst die Szene, in welcher der Jäger ihr die entflogene Taube wiederbringt, und dann die Stelle, wo sie den eingeschlafenen Jäger steinigt, um ihn vor den Banditen zu warnen.

Die Aufregung war eine große. Vier Wochen lang vorher drehte sich Alles um die Aufführung, daß ich sogar verbieten mußte, in Gegenwart meines Mannes davon zu reden, der schon zornig wurde, wenn er das Wort Probe, Kostüm, Aufführung oder dergleichen nur hörte. Mir aber war die Sache nicht egal. Zunächst kam Alles auf das Kostüm an. In einer Maskeradenfahne wollte ich Emmi nicht auftreten lassen und deshalb mußte die Schneiderin

5*

herbei und ihr ein weißes Satinkleid von modernem Schnitt
mit Schleppe machen, das wir mit Gold und rothem Atlas
garnirten, weil das Stück in Spanien spielt. Schöne hohe
Absaßstiefelchen durften nicht fehlen. Die Grün-Reifferstein
fand das Kostüm für ein Hirtenmädchen allerdings etwas zu
prachtvoll, aber ich äußerte bestimmt, daß meine Tochter nicht
wie eine Schlampe erscheinen sollte und ohne das Kleid keineswegs auftreten würde. Da gab sie denn klein bei. Wenn
man es kann, will man den Leuten doch auch zeigen, daß
man's hat.

Es wäre aber doch wohl besser gewesen, wir hätten
das Kleid nicht machen lassen. Ich denke noch mit Ingrimm
daran.

Also der Tag der Aufführung nahte, wie alle großen
Ereignisse schließlich und zuletzt herankommen. Wir von
unserer Seite waren eine anständige Zahl, denn wir nahmen
die ganzen Bergfeldts, Krauses, Weigelts und noch einige
von deren Freunden mit. Dr. Wrenzchen, dem ich eine Ein-
ladungskarte geschickt hatte, ließ sich entschuldigen, er habe
keine Zeit. Ach, er hat nie Zeit, wenn er nicht kommen will,
denn wie ich später erfuhr, hat er an demselben Abend draußen
bei Patzenhofers gesessen und mit seinen Genossen Skat gespielt,
obgleich es hoher Termin ist, daß er sich nach einer netten
Frau umsieht. Nun, ich dränge ihm meine Töchter nicht auf.
Aber so sind die Mediziner einmal.

Ich begab mich rechtzeitig in die Garderobe, um Emmi
anzukleiden. Die Heimreichen war ebenfalls dort bei ihrer
Tochter, welche das „Aennchen“ aus dem Freischütz singen
sollte. Liebe Güte, wie sah das Wurm aus. Unter uns
gesagt, das Kostüm war nicht einmal ganz sauber und wer
weiß, woher die Heimreichen es geliehen hatte. Wahrscheinlich
bei einer ganz billigen Maskentante aus der Brunnenstraße
oder sonst aus der Gegend. Es war ein wahrer Klater, der
abscheulich saß. Ich that, als wenn die Heimreich für mich
nicht anwesend war.

Wie sie nun das Kostüm meiner Tochter sieht, wird sie
anzüglich. „Ihre Emmi soll wohl bei Hofe auftreten?“
fragte sie spinnegiftig. — „O nein!“ antwortete ich spitz, weil
noch andere Leute in der Garderobe waren, denen ich zeigen
wollte, daß ich mir Nichts bieten lasse und wenn zehn solche

kommen wie die Heimreichen. „Sie wissen, meine Beste, ich
bin einmal für die Propperté." — „Soll das auf mich gehen?"
rief sie und stellte sich vor ihre Tochter, daß diese meinen
forschenden Blicken entzogen wurde.

„Ich habe keinen Namen genannt," erwiderte ich. —
„Nun, meine Damen," rief sie boshaft, „wenn die Buchholzen
meint, daß wir Alle ihr nicht gut genug sind, so ist das ja
recht hübsch von ihr. Wir geben uns, wie wir sind; Dick-
thun, wo Nichts dahinter steckt, ist Gottlob nicht unsere Sache."
„Ich finde auch, daß Fräulein Buchholz sich mehr heraus-
staffirt, als sonst immer bei uns Mode war!" rief ein ältliches
Mädchen dazwischen, das gerade vor dem Spiegel stand und
sich schminkte. „Ja!" half ihr die Heimreichen, „wo überhaupt Nichts dran ist, das muß sich natürlich behängen, wie
eine Kunstreitersche!" — Dies war mir zu viel, aber ich be-
herrschte mich und sagte laut zu meiner Tochter: „Kümmere
Dich nicht darum, was Leute sagen, die über Komödie die
Augen verdrehen, und wenn es nur ein Puppentheater ist,
aber hinterher doch nicht von der Bühne bleiben. Es ist ja
nur der blasse Neid." — Nun war der Skandal da. Jede
hatte Etwas zu sagen. Emmi brach in Thränen aus. Es
gab einen reellen Aufstand.

Die Grün-Reifferstein hatte den Lärm gehört und eilte
von der Bühne in die Garderobe. Nur mit Mühe schaffte
sie sich Gehör. „Meine Damen," rief sie, „erledigen wir den
Streit nach der Aufführung, wir müssen gleich anfangen, das
Publikum trampelt schon. Darf ich diejenigen Damen, welche
nicht aktiv sind, bitten, sich in den Saal auf ihre Plätze zu
bemühen." — Das war ja recht schön, aber meine Emmi wollte
nun nicht mitthun. Sie weinte noch immer. „Aber Kind,"
rief ich entsetzt, „Bergfeldts, Krauses und alle die Andern
sind doch nur gekommen, um Dich zu hören, Andere können
gröhlen so viel sie wollen. Bedenke doch das theure neue
Kleid." — „Das ist mir einerlei," schluchzte sie, „wenn man
mich so behandelt, gehe ich keinen Schritt auf die Bühne."
— Die Grün-Reifferstein gerieth in Verzweiflung. „Wir
können die Nummer unmöglich fallen lassen, Sie müssen
singen." — „Nein, ich will nicht!" antwortete Emmi. — „Aber
bestes Fräulein," stöhnte die Grün. Dann flüsterte sie ihr zu:
„Was würde Herr Meyer davon denken?" — Emmi besann

sich einen Augenblick und sagte darauf: „Ich will doch lieber singen."

Ehe ich mich erkundigen konnte, welche Bewandtniß es mit ‚Herrn Meyer' auf sich habe, hatte die Grün uns hinauskomplimentirt und wir mischten uns unter das Publikum.

Mir war das Herz schwer, als ich auf meinem Platz saß. Der Aerger hatte mich mehr aufgeregt, als ich mir eingestehen wollte. Und dann dieser Herr Meyer? Der wollte mir gar nicht aus dem Kopfe.

Die Grün-Reifferstein setzte sich nun an das Klavier, das hinter einer Pappwand seitlich neben der Bühne stand und als Orchester diente, und der Zauber ging los. Heimreichens Elisabeth und das ältliche Mädchen, welches vorhin so infam gegen mich gewesen war, verzapften „Duett und Arie" aus dem Freischütz. Es war unanhörbar. Die Elisabeth wußte nirgends mit den Händen zu bleiben, und sang so falsch, daß es einen Hund jammern konnte, wobei sie den Mund aufsperrte, daß er wohl hinten herum gegangen wäre, wenn die Ohren nicht im Wege standen. Trotzdem erhielt sie Applaus, denn die Heimreich's Clique klappte mit den Händen, als wären es Waschhölzer. Ich rührte mich nicht und als die Bergfeldten neben mir auch applaudiren wollte, hielt ich ihre Hände fest. Dies sah die Heimreich und warf mir einen Blick zu, der nichts Gutes ahnen ließ.

Nun kam meine Emmi dran. Richtig, da stand ja auf dem Zettel: „Gabriele . . . Frl. C. B. Ein Jäger . . . Herr Meyer!" — Der Vorhang ging hoch. Herr Meyer in Jägerkostüm trat vor und sang. Ein entsetzlich langer Mensch, der mit dem Kopf fast an die Decke stieß und vor innerlicher Angst immer rechts und links schielte, als hätte er ein böses Gewissen. Nun öffnete sich die Thür der Hütte — meine Emmi erschien. Ein lautes „Ah" ging durch das Publikum. Mir polterte ein Stein von der Brust, ich merkte, sie gefiel.

Emmi fing an zu singen. Als sie jedoch auf den Jäger zugehen wollte, konnte sie nicht weiter, denn es hatte sich ihre Schleppe hinter den Kulissen festgehakt. Das Kind kam aus der Contenance und schwieg. Der Jäger sah das Malheur und machte galant die Schleppe los. Das Publikum lachte und die Heimreich am lautesten. Emmi begann von vorne; es war sehr deprimirend. Mein Karl flüsterte mir zu:

„Dies ist das erste und letzte Mal, daß Emmi Komödie spielt."
Als der Vorhang fiel, rührte sich keine Hand. Nur die Bergfeldt, die ich vorher darum ersucht hatte, applaudirte aus
Leibeskräften. Alle Blicke richteten sich nach uns. Ich hätte
in die Erde sinken mögen. Die Heimreichen lachte laut und
höhnisch.

Nach einer Pause folgte die zweite Szene. Mitten auf
der Bühne stand ein kleines Kanapee, ohne Lehnen, als Lager
für den Jäger, links hatten sie eine oben mit einem Fenster
versehene Hauskulisse quer hingestellt, aus welchem Emmi
heraussingen mußte. Herr Meyer war mit seiner Arie zu
Ende und legte sich nieder, aber, da er zu lang war, ragten
seine Beine weit über das Lager hinweg. Das Publikum
amüsirte sich. — Meine Emmi erscheint. Sie singt ihr Lied
und wirft die Steine nach dem Jäger. Um ihn besser zu
treffen, beugt das arme Kind sich zu weit nach vorne und —
mir wird noch grün und gelb vor den Augen, wenn ich nur
daran denke — die Kulisse neigt sich und fällt mit sammt
meiner Emmi langsam herunter, gerade auf den schlafenden
Jäger. Das Tischchen auf dem sie gestanden, krachte hinterdrein. Die modernen hochhackigen Schuhe waren natürlich
Schuld daran. Die Schleppe that auch ihr Theil dazu. Ich
stürzte auf die Bühne. Zum Glück hatte Emmi sich nicht
verletzt, aber dieser Herr Meyer hielt sie zärtlich an sich und
tröstete sie und sagte: „Theure Emmi, danken wir Gott, daß
es so abgelaufen ist. Den Theatermeister bringe ich um." —
„Theure Emmi!" sagte der Mensch. Mir fiel es wie Schuppen
von den Sehnerven.

Die Grün, welche vor dem Vorhang das Publikum beruhigt hatte, daß kein Unglück geschehen, kam nun dazu.

„Also auf solche Weise ‚festigen' Sie Ihre Schülerinnen?"
fuhr ich sie an. „Sie dulden, daß die Ihnen anvertrauten
jungen Mädchen sich von Ihren Schülern die Köpfe verdrehen
lassen?"

Und da antwortete mir diese Person: „Madame, es
scheint, Sie haben vom Theater gar keine Idee. Ueberdies
halte ich Herrn Meyer für eine sehr gute Partie, denn er hat
Talent und kann es weit bringen."

Ich drehte ihr kalt den Rücken zu und ging mit Emmi
in die Garderobe, ihr beim Umkleiden behülflich zu sein.

Sie mußte bekennen. Da erfuhr ich denn, daß es allgemein üblich unter den Eleven und Elevinnen der Grün sei, sich in einander zu verlieben, das gehörte einmal zur Kunst, da man nur die Empfindungen wahr darstellen könnte, die man tief im Innersten fühlte. Ich danke. Ich hätte der Grün von vornherein nicht glauben sollen, denn das ewige Singen von Liebe und noch einmal von Liebe und das Komödienspielen, wobei auch immer nur von Liebe die Rede ist, muß ja schließlich die unerfahrene junge Welt zu Unfug verleiten. Und man redet der Grün nach, daß sie ihre Lehrlinge vor den Gefahren der Bühne warnt und sie festigt. Abscheulich!

Wir fuhren nach Hause. Mein Karl war verletzt. Er schalt nicht einmal, aber ich sah ihm an, wie sehr ihn die Blamage wurmte. Und das mit dem Meyer wußte er noch gar nicht einmal.

Ich hielt es aber für meine Pflicht, ihm auch dies zu sagen.

„Wilhelmine," sprach er, „siehst Du nun Deine Thorheit ein? Warum willst Du das Glück stets außerhalb Deiner vier Wände suchen? Was drängst Du Dich in Verhältnisse, die für uns nicht passen?"

„Ich wollte ja nur Emmi's Bestes, sie sollte berühmt und groß werden!" schluchzte ich.

„Wir haben jetzt an Anderes zu denken," antwortete Karl. „Das Kind muß fort, es darf dem spöttischen Mitleid der Bekannten nicht ausgesetzt werden. Wirke dahin ein, daß sie den Herrn Meyer vergißt; einen Grün-Reifensteinschen Sangesbruder wünsche ich nicht zum Schwiegersohn."

Da überlegten wir, es möchte wohl am zweckmäßigsten sein, wenn ich mit Emmi ins Bad reiste.

Das Kind mag sich nirgends sehen lassen, weil es sich schrecklich schämt und den Spott der Bekannten fürchtet; kaum daß es wagt, einen kurzen Spaziergang nach dem Friedrichshain zu machen. Es bleibt uns daher nichts übrig, als den Parnaß ungeschoren zu lassen und die kühlen Ufer der Ostsee aufzusuchen. Unser Traum von Ruhm und Größe ist schändlich zerstört. Ich sehe leider ein, daß die Luft als Grundstück nicht viel taugt und es ganz einerlei ist, ob man darin ein Schloß oder eine kleine Landstelle baut,

Die Sache ist und bleibt windig.   Hätte mir die Polizeilieute-
nantin nicht so zugeredet und wäre die Grün-Reifferstein nicht
so gleißend gewesen — ich hätte Emmi nicht öffentlich auftreten lassen.   Freilich war es nur eine Privataufführung,
aber alle Bekannte waren dabei und das ist noch schlimmer
als die Oeffentlichkeit.

Wir mußten ins Bad und zwar je eher, um so besser.

Ehe wir abreisten, machte ich noch einen Besuch bei den
jungen Weigelts, den ich lange genug aufgeschoben hatte, obgleich ich ihn schuldig war, wenn auch nur aus Anstands-
rücksichten.

Die Bergfeldten sagte zwar schon öfter zu mir: „Buchholzen, warum sind Sie noch nicht ein einziges Mal bei meiner
verheiratheten Aeltesten gewesen.   Sie wissen doch, wie gerne
das Kind Sie immer hatte!" aber ich ging aus verschiedenen
Gründen nicht.

Erstens wollte die Bergfeldten sich nur breit machen mit
der Einladung und mir mit dem Tulpenstengel zu verstehen
geben, daß sie bereits im Besitze einer verheiratheten Tochter
sei, während meine Beiden an dergleichen noch nicht denken,
weshalb ich mich allerdings freundlich, aber doch ablehnend
verhielt, indem ich mich nicht bei Weigelts sehen ließ.   Zweitens bin ich zu ästhetisch veranlagt, als daß mir die Hütten
der Armuth gefallen, um bildlich zu reden.   Du liebe Güte,
Bergfeldts hatten kaum so viel, wie sie gebrauchen, der Polterabend hatte gekostet, er — Weigelt — hat sein bischen Beamtengehalt am Gericht, sie — die Auguste — konnte auch nur das
Nothwendigste mit in die Ehe bringen, und rechnet man dies
Alles zusammen, so ergiebt sich, wie die Dichter es nennen,
die Hütte der Armuth.

Es kann jedoch auch eine bescheidene Wohnung mit sehr
bescheidener Einrichtung angenehm sein, wenn Alles ordentlich
nett und sauber ist, aber da die Auguste von jeher verzogen
wurde und sich die Hände nicht naß machen mochte, so konnte
ich mir vorstellen, wie es bei ihr aussehen mußte, und diese
Wahrnehmung suchte ich mir so lange wie möglich zu er-
sparen.

Auch litt ich nicht, daß die Kinder Weigelts besuchten.   Ich
sagte, es paßte sich nicht, junge Eheleute zu stören.   Der
eigentliche Grund meiner Weigerung lag jedoch tiefer.

Die Bergfeldten hatte die beiden jungen Leute mit Hilfe von Bilse's Konzerten zusammengekuppelt, so daß wahre Liebe den Bund nicht heiligte, und ferner betrug Auguste sich auf dem Polterabend derart impertinent gegen ihren Verlobten, daß selbst die Frau Polizeilieutenanten bemerkte, ‚sie würde ihn schon unterkriegen!' Eine Ehe, in der statt Liebe nur Knuff und Buff herrscht, ist kein Anblick für meine Kinder. Es ist Sünde, heranwachsende junge Leute vor dem Heirathen kopfscheu zu machen.

Nun aber konnte ich meine Visite nicht länger aufschieben und schließlich war ich auch neugierig, ob ich und die Frau Polizeilieutenanten richtig prophezeit hätten. Ich zog mich daher ein bischen nett an und turnte von der Landsberger-straße nach der Ackerstraße. Es ist dies ein ziemliches Ende, und als ich eben aus dem Hause war, fing es an zu regnen. Es waren Niederschläge, wie sie Klinkerfues erfunden hat, nicht eben heftig, aber doch naßkalt und eklig. Angenehm war die Tour nicht.

Als ich in der Ackerstraße anlangte, mußte ich das Haus erst suchen, was ziemlich schwierig ist, da zwischen den Häusern so viele Kirchhöfe liegen.

Endlich fand ich die Hausnummer. Das Haus sah von Außen ganz wohlgebildet aus, aber drinnen diese steilen und schmalen Treppen, diese elenden Etagethüren, diese erbärm-lichen Thürgriffe, diese jammervolle blaugraue Farbe, mit der die Wände gestrichen waren, dies wacklige Treppengeländer! Alles ließ sofort erkennen, daß der Baumeister die Außenseite für Couponschneider, das Innere dagegen für die Pauvreté ins Dasein rief.

Als ich die vierte Treppe genommen hatte, war mir die Puste derart ausgegangen, daß ich kaum Kraft genug besaß, an der Klingel zu reißen.

Zum Glück mußte Auguste gehört haben, daß Jemand auf den Thurm geklettert war, denn sie öffnete die Thür, und als sie mich erkannte, rief sie hoch erfreut:

„Ach, wie schön, daß Sie mich besuchen!"

„Laß mich nur erst zu Athem kommen!" entgegnete ich mühevoll, während sie mir den Mantel und Hut abnahm. „Die Treppen sind ja entsetzlich steil!"

„Das sind sie!" erwiderte Auguste, „aber wir grämen uns

nicht darüber!" Dabei sah sie mich an und lächelte mir
fröhlich zu.

Es war gut, daß ich saß, denn diese Antwort machte
mich ganz perplex.

Auguste, die sonst gleich maulte, wenn ihr etwas un-
bequem schien, war mit diesen Hühnerstiegen von Treppen
zufrieden! Ehe ich antworten konnte, sagte sie: „Ich mache
Ihnen eine Tasse recht heißen Kaffee, der wird Ihnen bei
dem unangenehmen Wetter gut thun." Und fort aus dem
Zimmer war sie.

Ich hatte nun Muße, das Wohnzimmer gründlich studiren zu können. Es war nicht groß, aber auch nicht klein,
nur ein bischen gar zu niedrig für Jemand, der mehr
Höhe gewohnt ist. Die Tischdecke war weiß und sauber,
auf der Kommode stand die Lampe, daneben lag ein
Album. Nirgendwo war zu viel, aber auch gerade nicht zu
wenig.

An dem Fenster stand der Nähtisch. Neugierig, wie ich
war, ging ich hin, um zu sehen, was Auguste arbeitete. Ich
denke, mich soll der Affe frisiren, als ich das Tuch aufhebe,
welches sie über ihre Arbeit geworfen — es waren bunte
Federblumen.

Auguste kam mit dem Kaffeegeschirr, als ich mich gerade
wieder an meinen Platz begeben und einigermaßen gefaßt
hatte. Sie ging ab und zu und holte bald dies, bald jenes.
Auch Kuchen legte sie auf ein Tellerchen und dann machte sie
den Kaffee.

„Kind!" rief ich erstaunt. „Nimm mir's nicht übel, aber
wo hast Du alle die kleinen Geschicklichkeiten gelernt? Das
war doch früher nicht!"

Sie schwieg ein wenig, dann sagte sie: „Es lernt sich
Manches, wenn man muß." — Aha, dachte ich, ihr Mann
wird sie wohl gehörig zurechtsetzen. Aber ich verwarf diesen
Gedanken wieder, weil er doch eigentlich nie viel mehr war
als ein schüchternes Lamm. Der Kaffee war für die Ackerstraße recht gut, vielleicht hatte Auguste auch ein paar
Bohnen mehr genommen, um mir zu imponiren. Das liegt
so in der Bergfeldtschen Art, wenn ich nur allein die Mutter
bedenke.

Auguste fragte mich, ob es mir recht sei, wenn sie beim

Plaudern ihre Arbeit fortsetzte .. — „Du nähst auch wohl schon Allerlei, woran Du früher nicht dachtest!" sagte ich und schmunzelte ein wenig dabei. „Gewiß!" antwortete sie und stellte einen Kasten mit bunten Federn auf den Tisch und begann eifrig, Blumen daraus zu formen.

„Aber Kind! Was machst Du denn da?" rief ich.

„Ihnen kann ich es gerne sagen," antwortete Auguste, „denn Sie sind eine Freundin, wenn ich es auch nicht an die große Glocke hängen möchte. Diese Blumen arbeite ich für eine Fabrik und verdiene damit, wenn auch nicht viel, so doch Etwas!"

„Du wirst doch nicht nöthig haben, für Geld zu arbeiten? Dein Mann hat ja Gehalt — —"

„Wir könnten auch auskommen, wenn wir uns einrichten," erwiderte sie, — „aber — — —"

„Nun aber?" drängte ich.

„Wir haben Schulden," flüsterte sie leise und wurde roth. „Das Sopha ist erst zum Theil bezahlt und die Stühle — —"

„Ich dächte, die Einrichtung hätten Deine Eltern über-nommen?"

Auguste wurde noch röther. „Mama nahm die Sachen auf Borg. Die Hochzeit kostete viel, neue Kleider wurden angeschafft und manches Unnöthige dazu und schließlich hat der Hauswirth Papa wegen des Lärms auf dem Polterabend doch noch gekündigt. Der Umzug wird auch wieder kosten. Sie wissen, Papa besitzt keine Kapitalien."

Damit erzählte sie mir gerade nichts Neues. Um sie zu trösten, meinte ich: „Nun, wenn Deine Eltern jetzt auch nicht mit dem Möbelfritzen in Ordnung kommen, so werden sie es später. Diese Art Leute giebt ja Kredit bis zum jüngsten Tag!"

„Mama hatte unserem Lieferanten mehr versprochen als sie halten konnte. Darüber ward der Mann aufgebracht. Er kam zu uns und wollte die Möbel wieder abholen und machte uns eine abscheuliche Szene. Die Nachbarn standen auf den Treppen und freuten sich an den groben Redens-arten des Mannes, der erst ging, als mein Franz ihm mit Hausfriedensbruch drohte."

„Da wart Ihr ihn ja los!"

„Aber die Schande blieb bei uns. Wir waren grenzenlos vor den Nachbarn blamirt. Mir war, als wenn alle
Freundlichkeit aus unserer kleinen Wohnung verschwunden sei
und nie wiederkehren könnte. O, ich wagte es nicht, meinen
Mann anzublicken!" Auguste trocknete die Thränen, welche
ihr die Erinnerung in die Augen trieb.

„Und was sagte er? Er war natürlich entsetzlich
grimmig."

„O nein," rief Auguste, und ihr ganzes Gesicht verklärte sich. „Er hatte kein hartes Wort, weder für die
Mama, noch für mich. Er fragte, indem er meine beiden
Hände faßte und mich kummervoll anblickte: ‚Auguste, wär'
es nicht besser gewesen, Du wärest aufrichtig gewesen und
hättest mir gesagt, wie unsere Angelegenheiten standen? Es
hätte dann Alles in Güte geordnet werden können.' Da warf
ich mich an seine Brust und weinte: ‚Verzeihe, Franz, ich
will nie wieder ein Geheimniß vor Dir haben.' Ich versprach
ihm, stets aufrichtig zu sein, wie er es gegen mich von jeher
gewesen ist."

„Das war ganz nett von Dir," sagte ich, „aber ich begreife nur nicht, wie man sich wegen der paar Möbel so
exaltirt benehmen kann?"

„Es war der erste Kummer, den ich meinem Franz be-
reitete, seit ich ihn liebe!"

Ich mußte lachen. „Na," rief ich, „als Bräutigam hat
er gerade nicht die besten Tage bei Dir gehabt!"

Auguste erröthete noch mehr als vorher. „Mama hat
mir den Bräutigam ausgesucht," antwortete sie verschämt und
doch ernst und bestimmt, als wollte sie sich vertheidigen, „und
ich glaubte in meiner Dummheit, die Freundschaft, die ich für
ihn hegte, sei das, was die Leute Liebe nennen."

„Nicht mehr, als blos Freundschaft?"

„Auch die nicht einmal. Ich wollte verlobt sein und
Mama wünschte mich verlobt zu sehen, und da Franz am
bequemsten zu erreichen war, so fiel das Loos auf ihn. Hätte
er mir die Verlobung aufgekündigt ... ich würde einen Augenblick müthend vor Aerger geworden sein, aber wirklich gegrämt
hätte ich mich nicht."

„Und nun liebst Du ihn wirklich?"

„Ueber Alles!" erwiderte sie und ihre Augen glänzten.

„Er ist ja jetzt mein Mann!" — Dann beugte sie sich ganz
verlegen, als hätte sie zu viel gesagt, über den Federkasten und
arbeitete mit größerer Hast denn zuvor.

Mir kam die Auguste wie ein räthselhaftes Wesen vor,
so hatte sie sich verändert. Obgleich es draußen noch immer
leise regnete, beschloß ich dennoch aufzubrechen. Auguste wollte
mich bei sich behalten, bis ihr Franz gekommen sei, den sie
jeden Augenblick erwartete, und als ich mich nicht erweichen
ließ, bestand sie darauf, mir ihre ganze Wohnung zu zeigen.
Dies interessirte mich natürlich.

Neben dem Wohnzimmer lag ein einfenstriges Gemach,
in welchem Bücherrepositorien, ein Schreibtisch und ein Lehnstuhl standen. Dies war das Studirzimmer. Die Küche lag
auf der anderen Seite, daneben eine leere Kammer.

„Habt Ihr gar kein Mädchen?" fragte ich.

„Das ist uns vorläufig zu kostspielig," gab sie zur Antwort. „Ich habe selbst Arme und Hände."

Das Schlafzimmer war recht behaglich, die Betten waren
sauber und, wie mir schien, komplett und die Inlette gut von
Federn. Auguste ging auf das eine derselben zu und strich
die Decke glatt, obgleich keine Falte darauf zu sehen war. Ich
fragte: „Hier schläft wohl Dein Franz?"

„Ja!" sagte sie.

Gerade, als ich nun gehen wollte, kam Herr Weigelt.
Wir begrüßten uns; er gab seiner Frau einen Kuß und sie
strahlte vor Freude. Ich sah mir den jungen Mann genau
an, aber ich muß gestehen, er machte auf mich denselben padden-
haften Eindruck wie früher, und ich drückte mich bald.

„Mein Geschmack wäre er nicht," sagte ich zu mir, während ich die Stiegen herunterkraxelte, „für die Auguste scheint
er jedoch der Rechte zu sein. Nun wir wollen abwarten, ob
die Flitterwochen bei ihnen ewig dauern?"

Als ich in die Klinkerfuesschen Niederschläge hinaustrat,
fröstelte mich und der Regen schien mir kälter als zuvor, ja
es war mir fast, als wenn ich dort oben im warmen Sonnenschein gesessen hätte, obgleich die Fenster nach Norden gehen
und die Wolken grau am Himmel hingen.

※ ※

Badeleben.

Da sitze ich denn nun in Flunderndorf mit meiner Emmi, fern von dem schönen Berlin, wo man Abends sein Garten-konzert haben kann, seine Weiße und Alles, was drum und dran hängt, mit all seinen Annehmlichkeiten, von denen die Leute hier nicht einmal im Traum eine Ahnung haben. — Ach Berlin, wie sehne ich mich nach Deinen Gefilden!

Sie wundern sich gewiß, daß mich schon nach so kurzer Zeit ein poetisch angehauchtes Heimweh überfällt und werden sicherlich denken, wenn die gute Frau mit ihrer Tochter nach Misdroy oder Heringsdorf gegangen wäre, würde sie Berlin nicht vermissen, aber gerade weil ich Berlin entfliehen wollte, mußte ich ein wenig bekanntes Ostseebad wählen, und das eben ist Flunderndorf. Wir würden anderwärts überall Bekannte treffen, die von Emmi's verunglücktem Auftreten in der Grün-Reifersteinschen Oper wenigstens gehört haben, und diesem Zusammentreffen wollten wir thunlichst ausweichen. Oder mögen Sie Gesprächsstoff sein?

Dann aber hatte ich noch einen zweiten Grund, mich hierher zu begeben. Ich erfuhr nämlich, daß Dr. Wrenzchen alljährlich einige Wochen in Flunderndorf seebadet, und da junge Leute im Bade sich gut kennen lernen, weil sie ja ge-wissermaßen auf einander angewiesen sind, so dachte ich denn beim Einpacken an allerlei Möglichkeiten. Daß für Dr. Wrenzchen ein geregelter Hausstand eine absolute Noth-wendigkeit ist, kann man daraus sehen, daß er neulich seinen Geburtstag wieder mit dem raffinirtesten Luxus und der un-erhörtesten Verschwendung begangen hat. Onkel Fritz sagte, es sei haarsträubend gewesen; so etwas Ausnahmsweises, wie die Geburtstagsfeier des Doktors gäbe es überhaupt nicht. Wenn er meine Emmi nähme, so würden wir den Tag ge-müthlich unter uns feiern, Morgens mit einem Napfkuchen, Nachmittags Damenkränzchen und Abends ein Achtelchen Bier mit belegten Stullen. Das Verschwenden wollte ich ihm bald abgewöhnen und seine Spießgesellen sollten schon ausrücken, wenn sie mich nur sähen.

Es ist ja ganz schön in Flunderndorf, aber Alles ist doch noch von einer fürchterlichen Primitivizität. Wenn ich nur allein die Betten nehme. Seegras ist drin, aber man meint,

man läge auf vorjährigen Kartoffeln, und die Decken sind
von einer Dicke, daß man darunter ersticken kann. Ich liege
natürlich immer nur so, d. h. mit einem einfachen Laken zu-
gedeckt. Alle Badegäste liegen so, wie man stets zu hören
bekommt, denn wenn man sich Morgens trifft, ist das erste
Gespräch, wie man gelegen hat, ob man viel Mücken gehabt
hat oder wenig, ob man tüchtig gestochen wurde oder gar
nicht? In einem Bade giebt der Mensch sich ganz wie er
ist: man wird eben ganz Natur und dieser Umstand
wirkt neben dem Salzgehalt hauptsächlich auf die Gesundheit ein.

Wir sind hier rund gerechnet gegen vierzig Badegäste,
und da es sich billig in Flunderndorf lebt, ist es selbstverständlich, daß Bleichröder nicht mit dazwischen ist. Viele wohnen
bei den Fischern, die ihre sogenannte beste Stube vermiethen,
Andere haben Quartier in dem Hotel genommen, wo man
gemeinschaftlich speist. Am Strande sind Badekarren und auf
dem Sande ist eine nach der Seeseite hin offene Bretterbude
errichtet, in der man auch bei minder gutem Wetter Luft
schnappen kann. Scheint die Sonne, dann wühlen alle im
Sande, sowohl die Damen, wie die Herren und Kinder. Anfangs wollte ich mich nicht dazu herablassen, aber ich buddle
jetzt ganz tapfer mit. Ich glaube, es ist auch besser, wenn
einige ältere Damen beim Sandwühlen dabei sind.

Außer uns ist aus Berlin nur noch eine Familie hier und
zwar, wie man gleich sieht, wegen offenbarer Gesundheits-
rücksichten. Der Mann ist ja nur noch ein Schatten und die
Frau und das kleine Töchterchen kommen auch gewiß nicht
oft an die frische Luft. Es ist mit Menschen wie mit Kleidern,
man merkt es gleich, wenn sie zu lange im Spinde gehangen
haben.

Die Leute haben gewiß einmal bessere Tage gesehen.
Ich wollte sie schon manchmal theilnehmend ein bischen aushorchen, weil man doch gern wissen will, mit wem man in
den Ozean steigt, aber sie waren „nicht rühr' an' — der
reine Polargletscher mit 'nem Eisbären drauf.

Dagegen weilt eine Hamburgerin mit ihrem Söhnlein
hier, die sich gleich an uns attachirte. Eine sehr nette Dame,
immer sehr elegant in Zeug. Neulich hatte sie ein Kleid an,
das ganz aus schwarz und weißem Plissé gearbeitet, einen

strahlenden Effekt verbreitete, wozu noch große Bouquets von Pensees kamen: eins vorn, eins hinten und eins links oben an der Taille. Meine Emmi und ich waren ganz hingerissen. Auch sehr hübschen Schmuck besitzt die Frau, Alles dick aus Gold und, wie sie selbst sagt, gediegen. Meistens sind es Geburtstagsgeschenke, wie sie sagt, da sie nicht dafür ist, selbst dergleichen zu kaufen. Ich lobte hierauf ihren freigebigen Gemahl, worauf sie mir mit dem Ellenbogen in die Seite stieß und lachte. Als ich mich hierüber wunderte, erklärte sie mir, ihr Mann sei über See und mache dort horrende Geschäfte, während sie mit dem kleinen Hannis — so heißt das Kind — in Hamburg ein ruhiges Leben führe. Sie würde mich gern einladen, sie einmal zu besuchen, aber da ihr Haus gerade abgebrochen wäre, wohnte sie jetzt selbst zur Miethe. — Klein Hannis war sehr zuthunlich zu Emmi, aber er wollte immer etwas geschenkt haben. Er meinte, er hätte in Hamburg so viele hübsche Tanten, die ihm Spielzeug und Boltjes mitbrächten, nun sollte Emmi ihm auch eine liebe gute Tante sein. Die feine Madame aber wischte klein Hannis eine Tachtel aus und rief auf plattdeutsch: „Willst Du verdammte Sleef gliik dat Muul holl'n!" worauf das Kind schwieg.

So elegant die Hamburger Dame auch immer gekleidet war, so schrecklich ging sie jedoch mit der deutschen Sprache um. Morgens, wenn wir an dem Strand spazierten, sagte sie stets: „Wollen wir uns nun ein bitschen auf die Banke setzen," so daß ich mich gedrungen fühlte, sie darauf aufmerksam zu machen, daß es nicht die Banke heiße, sondern die Bank. Sie aber lachte mich aus und meinte, so etwas aus Holz, worauf man sitzt, das nennt man eine Banke, aber das Haus in Hamburg, mit dem Wachtposten davor, am Adolfsplatz, worin alles Silber und Gold aufbewahrt wird, das sei die Bank. Unmöglich könne man doch die Bank eine Banke nennen, ebensowenig wie eine Banke eine Bank sei.

Die übrigen Damen halten sich ziemlich isolirt. Wenn sie nicht baden, suchen sie Muscheln und Bernstein oder gehen in das kleine Gehölz, das auf der Landzunge liegt, welche die Flunderndorfer Bucht kennzeichnet, und pflücken dort Waldblumen. Eine von den Gästen, eine Stettinerin, ist recht

6

hübsch. Die feine Madame meinte, die könne ihr Glück machen. Mir gab diese Bemerkung einen Stich durch die Seele, denn ich dachte an die bevorstehende Ankunft des Dr. Wrenzchen, der um diese Zeit fällig sein mußte. Ich fragte daher, ob meine Emmi nicht auch recht hübsch sei und ebenso gut Aussichten habe, wie die Stettinerin?

Die feine Hamburger Madame sagte, meine Emmi sei ja ganz nett, aber es käme doch auf die Stimme an und die Garderobe.

Diese Antwort verschnupfte mich stärker, als ich merken ließ, denn ich mußte annehmen, daß die Madame auf Emmi's Malheur bei der Grün-Reiffersteinschen Aufführung anspielen wollte. Was ging sie sonst Emmi's Stimme und Garderobe an? Etwas kühl verabschiedeten wir uns und ließen die feine Madame mit ihrem Hannis am Strande. — Im Dorfe gingen wir zufällig an dem Bauernhause vorbei, in welchem Dr. Wrenzchen Quartier zu nehmen pflegt; natürlich erkundigten wir uns, ob er schon avisirt sei und wann er zu kommen gedenke? Der Bauer theilte uns mit, der Berliner Herr werde wohl noch an diesem Abend spät eintreffen, worauf ich zu Emmi sagte: „Du ziehst morgen früh Dein cremefarbenes Kleid an, und machst Dich so niedlich, wie nur irgend möglich. Der Doktor wird eine Mordsfreude haben, wenn er solche Aufmerksamkeit wahrnimmt."

Soweit war ja Alles recht gut, aber es sollte doch wieder anders kommen, als wie ich dachte. Schuld ist natürlich kein Anderer als der Doktor; ich wenigstens brauche mir keine Vorwürfe zu machen.

Am nächsten Morgen stehen wir zeitig auf. Ich ziehe das Kind an, daß die Stettinerin wirklich Mühe haben sollte, dagegen aufzukommen. Das Wetter war herrlich. Ueber dem Meere lag ein ganz leichter Dunst, der allmälig immer zarter wurde, bis das Wasser klar wie ein Spiegel vor unseren Blicken lag, in dem die Sonne sich besah. Und über dem Meere war der Himmel so blau, daß man glauben konnte, man sähe in ein frisch gemaltes Küchenspinde. Es war ein landschaftliches Gemälde von trefflicher Stimmung, wie man immer in den Berichten über die Kunstausstellung liest. Mein Plan ging nun dahin, den Doktor am Morgen zu begrüßen, uns sehr über seine Ankunft freuen, ihn dann den ganzen Tag nicht außer Acht lassen und am Abend zu einer kalten Kalbskeule einzuladen. Dies konnten wir thun, da er als Hausarzt mit uns auf bestem Fuße steht und es nie als unschicklich gedeutet werden kann, wenn man seinem öfteren Lebensretter Artigkeiten erweist. Darauf hätte ich ihn gebeten, mir und dem Kinde Unterricht im Skatspiel geben zu wollen, und das Uebrige wäre dann meine Sorge gewesen. Bratkartoffeln, die er so gern ißt, hätte er selbstverständlich auch bekommen. — Aber was nützen die besten Absichten, die schönsten Pläne, wenn die Menschen, mit denen man Etwas vorhat, schlecht sind.

Einem Kossäthenkinde gab ich einen Nickel mit der Weisung, mir sofort Nachricht zu bringen, wenn der neue Herr aus Berlin aufgestanden sei. Emmi und ich warteten im Garten und banden jede einen Blumenstrauß. Mit welchen Empfindungen eine Mutter Morgens früh Blumen windet, wenn der Tag womöglich über das Geschick ihres Kindes entscheidet, das ist unmöglich zu sagen, aber alle Mütter, die wissen, wie schwer es heutzutage ist, eine Tochter an einen anständigen Mann zu bringen, können taxiren, wie mir zu Muthe war, als ich dachte: Hier sitzest du nun im Garten, mit den Blumen, bei dir sitzt dein Kind, drüben in dem Bauernhause schläft der Doktor und über uns Allen ist die Sonne so herrlich aufgegangen. Wie viel klüger sind wir wohl geworden, wenn sie untergegangen ist?

Nun kam das Kossäthenkind angerannt und rief:

„Hei rührt sich all. — Un sung'n hett hei ok all, ümmer op und dahl. Wenn Sei gau taulopen, drapen's em nochl"

„Seit wann singt denn der Doktor?" fragte ich.

„Er wird wohl nur so gethan haben," meinte Emmi. Bei diesen Worten machten wir uns auf, um dem Doktor die zugedachte Morgenüberraschung zu bereiten. Wer aber überrascht wurde, das waren wir.

Das Fenster öffnete sich. „Werf zu, Emmi," rief ich, und Beide schleuderten wir unsere Blumensträuße in das Fenster hinein. — „Ich danke Ihnen, meine Damen," rief eine fremde Stimme, und der Mann, dem diese Stimme gehörte, ward sichtbar. Es war Herr Meyer, der angehende Opernsänger, um dessentwillen wir von Berlin geflohen waren.

„Mein Herr!" rief ich wüthend, „wie können Sie sich
unterstehen, uns nachzureisen." — „Bitte, ereifern Sie sich
nicht. Mein Arzt hat mir Flunderndorf verordnet und mir
gleichzeitig die Adresse dieser Wohnung gegeben, da er in
diesem Jahr keine Zeit zum Baden hat!" — „Ihr Arzt?"
schrie ich höhnisch. — „Gewiß!" antwortete er, „Dr. Wrenzchen
hatte die Güte, mir — — — —" Ich ließ ihn gar nicht
erst ausreden, sondern nahm Emmi bei der Hand und zog sie
mit mir fort.

Es war mir unmöglich, an diesem Morgen ins Wasser
zu gehen, so alterirt war ich; mich hätte ja der Schlag treffen
können. Emmi war wieder ganz weg in dies lange Reff von
Sänger, seitdem sie ihn aufs Frische gesehen, so daß wir uns
genau auf dem alten Stadium befinden. Wir müssen fort
von hier ... aber wohin? O, dieser Doktor, uns solchen
Streich zu spielen — — —!

Nach dem Table d'hôte.

— — Wir bleiben! — Die feine Hamburger Madame
hat Herrn Meyer engagirt, sie ist nämlich Inhaberin einer
Konzert · Sing · Spiel · Halle, oder sonst eines Stullentheaters,
wo die Verzehrung über die Kunst geht. Meyer wird bei
ihr auftreten. Und mit solcher Person waren wir intim!
Diese Erniedrigung Meyer's hat die Neigung meiner Emmi
wie Seegras aus ihrem Herzen geschwemmt, ein wahres Glück,
das ich hochpreise. Er wird heute Abend im Wirthshaus-
saale eine Soirée geben, auf der wir selbstverständlich fehlen.
Wir werden dagegen einen weiteren Spaziergang mit den
Leuten machen, welche uns so grenzenlos ärmlich schienen.
Er ist ein Obergerichtsrath und von Adel dazu, der mit
seiner Familie ganz der Natur lebt. Da dies auch mein
Fall ist, werden wir schon Umgang mit einander finden, denn
die Natur vereinigt gleichgestimmte Seelen viel inniger als
die Kunst, weil kein Brodneid dabei ist. Die Leute haben sehr
etwas Vornehmes an sich, selbst wenn sie blos Dickmilch und
Schwarzbrod essen. Die Frau Obergerichtsräthin hatte am
Morgen bemerkt, daß Emmi geweint hatte (NB. über Meyer)
und dies gab den ersten Anlaß zu unserer Bekanntschaft.
Wie theilnehmend sie war, das kann man sich kaum denken,
und auch er wurde ganz aufgeknöpft und umgänglich; unser
bisheriger Verkehr war ihnen nicht ganz sympathisch gewesen.

Der Doktor ſoll mir noch büßen. Ich wollte nur, ich wäre erſt ſeine Schwiegermutter!

❦ ❦

Wieder ein Jahresanfang.

Hatte das Schickſal aufgehört, Steine auf den Lebenspfad der Frau Buchholz zu werfen, oder lagen andere Urſachen vor, die ſie vom Schreiben abhielten, denn nach dem Briefe aus Flunderndorf hörte man nichts mehr von ihr? Der Sommer war vergangen, mit dem Herbſte waren die letzten Ausflügler nach Berlin zurückgekehrt, dann hatte man ange‐ fangen einzuheizen und die Tage ſchrumpften ein, wie ſie im Winter zu thun pflegen. Das alte Jahr rüſtete ſich zum Ab‐ ſchied, wie alle ſeine Vorgänger es thaten, es wurde alt und ſchwach und kümmerlich. Ein altes Jahr, das vor dem Ab‐ bruch ſteht, macht einen wehmüthigen Eindruck, wenn man be‐ denkt, daß es einmal jung war und auch einmal eine Kindheit hatte, gerade wie wir Menſchen, die wir in Staub zerfallen, wenn wir nicht ausnahmsweiſe in einem Muſeum aufbewahrt werden.

Was aber wird aus den alten Jahren? Irgendwo müſſen ſie doch bleiben. Es iſt freilich wahr, daß ſie mit dem Glockenſchlage Zwölf am Sylveſter in das Meer der Ver‐ geſſenheit tauchen, ſo habe ich wenigſtens ſehr oft in Blättern geleſen, an deren Aufrichtigkeit ich zu zweifeln durchaus keine Urſache habe, wenn mir auch immer unklar geblieben iſt, warum die alten Jahre ſich zum Baden keine wärmere Jahres‐ zeit ausſuchen?

Daß die alten Jahre aus ihrer Vergangenheit nicht wieder zurückkehren, kann man ihnen nicht verdenken, denn was wird ihnen nicht Alles nachgeredet? Gewöhnlich heißt es, daß ſie ſchlecht waren und nichts taugten, ganz im Gegen‐ ſatz zu den Menſchen, von denen man nach dem Tode nur Gutes ſpricht, mit Ausnahme von den Hingerichteten. Und mit welchem Jubel wird das neue Jahr begrüßt, von dem man höchſtens weiß, ob es ein Schaltjahr iſt oder nicht, und das iſt wenig genug.

Nur einen jungen Mann habe ich getroffen, der nicht viel von neuen Jahren hielt. Er ſagte, ſie fingen ſtets mit

Kopfschmerzen an. Das haben Andere mir bestätigt. Warum
schilt man denn aber auf die alten Jahre, die meistens so
fidel endigen? Außerdem muß berücksichtigt werden, daß die
Jahre sich gar nicht ordentlich entwickeln können: — die Zeit
ist ja viel zu kurz. Ich sprach einmal mit einem Gelehrten
darüber, ob es nicht möglich sei, die Jahre dreimal oder vier-
mal so lang zu machen, als sie jetzt sind? Er meinte, das
wäre allein wegen der Zinsen unmöglich. Der Mann ist
nämlich Nationalökonom und muß es wissen. Ferner, sagte
er, ginge es nicht wegen der Neujahrsrechnungen. Ich
kenne aber Leute, denen es auch um Neujahr nicht einfällt,
ihre Rechnungen zu bezahlen, und mußte mich daher sehr
wundern, daß ein studirter Volkswirthschafter von den
simpelsten Dingen keine Ahnung haben kann. Er versprach
mir, bei den Geschäftsleuten von Haus zu Haus zu gehen
und sich das Material für die Statistik unerledigter Conten
im neuen Jahr geben zu lassen, sobald er mit der wichtigen
Arbeit fertig sein würde, die er vorhätte. Er berechnete
nämlich, wie hoch die Malzsteuer aufschlagen könnte, wenn es
möglich wäre, die uns zugewandte Seite des Mondes mit
Gerste zu bebauen. Wenn er das heraus hat, will er auch
die andere Seite in Betracht ziehen, wovon er sich eine
außerordentliche Wirkung auf die wissenschaftliche Welt
verspricht.

Was aus den alten Jahren wird, wußte er jedoch
nicht. Ich wandte mich deshalb an einige Dichter, denn die
sind es, die das alte Jahr tauchen lassen. Man hat
zwei Arten von Dichtern: solche, die nicht davon bleiben
können, weil der Genius sie treibt, und solche, die nur um
Neujahr davon befallen werden, vom Dichten nämlich. Diejenigen, welche vom Genius getrieben werden, haben die
längsten Haare, weil es ihnen an Zeit gebricht, zum Friseur
zu gehen. Daran erkennt man sie früh genug von Weitem,
um ihnen ausweichen zu können, wenn man ihnen begegnet.
Andere, welche anfallweise dichten, bereuen hinterher die mit
Versemachen vergeudete Zeit, wenn die Redaktion ihnen statt
des erhofften Honorars die Anzeige schickt, daß ihr Gedicht
nur aus besonderer Gefälligkeit aufgenommen worden sei.
Es ist eben ein Unglück, daß das Dichten vor der Patent-
gesetzgebung erfunden wurde. Mit den Licenzen könnte

man Summen erwerben, viel größere, als mit dem patentirten Kunst-Lakritzen aus Hartgummi verdient werden, von dem eine zahlreiche Familie mit einem einzigen Stück für die ganze Lebenszeit auskommt.

Die Dichter wußten jedoch auch nicht, was aus den alten Jahren wird. Sie kümmerten sich nicht weiter um das, was sie zu Grabe gesungen hätten, sagten sie, denn die Hauptsache wäre das richtige Versmaß. Ich konnte nicht umhin, diese Aeußerung für herzlos zu halten.

Zuletzt fragte ich eine liebe alte Frau mit Silberhaar und einem Antlitz, das immer noch schön ist, obgleich jedes Jahr ein kleines Fältchen darauf schrieb. Die sagte: „Mein Junge, aus den alten Jahren wird die gute alte Zeit. Sie kommen alle wieder als Erinnerung, und dann sind sie viel holder, denn je zuvor." — „Großmama," fragte ich, „wie ist es denn aber mit dem Tauchen?" — Sie lächelte. — „Das geht so zu," sprach sie. „Wenn die Jahre in die Vergessen-heit tauchen, dann verlieren sie alles Schlimme und Herbe, was sie brachten, und nur das Gute und Liebe, so wenig es auch sein mag, bleibt und breitet sich später wieder vor unserm geistigen Auge aus. Denkst Du noch an die Regenschauer des Tages, wenn am Abend ein herrlicher Sonnenuntergang den Himmel färbt? O nein, dann erscheint Dir der ganze Tag schön, und Du zürnst nicht mehr. So ist es auch mit den Jahren, aus denen die gute alte Zeit wird."

Dem mag wohl so sein, denn woher soll die alte Zeit kommen, wenn nicht von den Jahren, die gewesen sind? Und nie habe ich anders gehört, als daß die alte Zeit — gut war!

Auch Frau Wilhelmine beschäftigte sich damit, den Schatz ihrer Erinnerungen durchzukramen, nachdem sie von Flundern-dorf zurückgekehrt war. Sie hatte vor einigen Jahren in Begleitung von ihrem Karl und Onkel Fritz das Land Italien besucht, dessen heilsames Klima Herrn Buchholz von Dr. Wrenzchen gegen einen festen Rheumatismus verordnet worden war, und nun, da ihr die Reiseerlebnisse als gute alte Zeit erschienen, versuchte sie die im Süden erhaltenen Eindrücke auf dem Papier wiederzugeben. So entstanden „Buchholzens in Italien" und da kein Ungemach sie bei der Arbeit störte, verliefen die Tage, Wochen und Monate in Ruhe und Frieden. Vielleicht auch blieb Frau Buchholz unbehelligt, weil sie zum Aufstöbern von Widerwärtigkeiten zu wenig Zeit hatte.

Ganz ohne Kummer sollte jedoch das alte Jahr nicht vorübergehen, es tauchte nicht eher in die Vergessenheit, als bis es eine unangenehme Erbschaft ausfindig gemacht hatte, die es Frau Wilhelmine hinterließ. Wir schrieben das Jahr 1882, als zum ersten Tage des neuen Jahres der Postbote wieder einen Brief aus der Landsbergerstraße zu besorgen hatte.

✱ ✱

Herrn Bergfeldt's Unglück.

Dieser Schreibebrief wird Sie gerade am Neujahrsmorgen treffen, wenn Stephan seine Postmaschinerie gut geölt hat, wie sonst immer. Wenn Sie wüßten, mit welchen Empfindungen ich diesmal die Feder ergreife! Ach, könnte ich doch vergnügter mit meiner Neujahrsgratulation zu Ihnen kommen! Denn wenn mich Jemand in diesem Augenblick abphotographirte und Ihnen das Bild schickte, würden Sie rufen: „Herr Du mein, was fehlt der Buchholzen? Die sieht ja aus, als hätte sie 'n Topf voll Mäuse hintergeschluckt!"

Natürlich liegt wieder Alles an Bergfeldts, besonders an ihr. Er, Bergfeldt selber, ist ja ein netter Mann. Sein Beamtengehalt reicht genügend aus, und dann verdient er sich damit noch etliche Groschen nebenbei, daß er kleinen Ge-schäftsleuten und Handwerkern die Bücher in Ordnung hält.

Aber sie, die Bergfeldten! Man begreift nicht, wie der Mann sie hat nehmen können, denn er zählt doch halbwegs zu den Studirten, während sie jeglicher Spur von Bildung mit Konsequenz aus dem Wege gegangen ist. Natürlich ließ so Etwas weder ein erhebendes Buch, noch eine beleh-rende Zeitung, sondern das sitzt den ganzen Tag und trinkt Kaffee und ißt Kuchen dazu. Darunter leidet die Wirthschaft, und die Folge davon ist, daß man mit dem, was der Mann verdient, nicht auskommt. Daß eine Frau zuweilen mit der Feder Einiges dazu erwirbt, das kommt freilich nur selten vor und ist von der Bergfeldten auch nicht zu verlangen.

Mit einem Worte: es steht bei Bergfeldts nicht so, wie es stehen sollte, und ihm habe ich schon seit langer Zeit angemerkt, daß er Sorgen hat. Sie kümmert sich selbstverständlich nicht darum.

Nun kommt noch hinzu, daß sie ihre Auguste doch ein bischen aussteuern mußten und Schulden machten. Wegen des Skandals auf dem Polterabend kündigte der Wirth ihnen die Wohnung, und sie mußten eine neue suchen. Und was ein Umzug kostet, davon kann Jeder, der in Berlin sich einmal veränderte, Trauerhymnen singen. So ein Möbelwagen ist wirklich das Grab der Habe, namentlich der Glassachen.

Emil studirt immer noch auf den Assessor, und daß er sich mit meiner Betti verlobte, ist das Dümmste, was je geschehen konnte. Die Bergfeldten mußte darum, die hätte die Verlieberei nicht leiden müssen, denn in ihrem Hause keimte das plemperige Verhältniß auf, während ich durch die Thatsachen gezwungen war, Ja und Amen zu diesem Bunde zu sagen, der den größten Verdruß meines Lebens bildet. Und keine Aussicht, ihn zu zerreißen, denn in Bezug auf ihre Liebe zu Emil ist Betti bockbeiniger, als in allen übrigen Dingen! —

Oft dachte ich in meinem Kummer, es könnte ja doch noch Alles gut werden, man hat ja Fälle gehabt, daß befähigte Juristen schließlich sehr hohe Posten erhielten, allein wenn ich Emil mitunter darauf ansehe, ob er wohl Grips zum Landesdirektor oder Minister hätte, so kommt er mir stets geistig nicht genügend verassekurirt vor, wenn sich auch nicht leugnen läßt, daß er äußerlich ein strammer junger Mensch geworden ist. Aber das ewige Zupfen an dem Schnurrbart ist doch kein Zeichen vorwärts strebenden Seelenlebens? Zum Obergerichtsrath gehört mehr, besonders Anlage! Man wird mir auch zugeben, daß, wo die Bergfeldten Mutter in einer Familie ist, die Kinder überhaupt froh sein können, wenn sie lesen und schreiben und die vier Spezies begreifen lernen. Meine Betti sagte schon im zehnten Jahre zum Geburtstage ihres Vaters ein französisches Gedicht auf und zwar so gut, daß die Schulmamsell behauptete, ein geborener Pariser könnte es nicht besser, während die Bergfeldtens natürlich für den französischen Kursus nichts übrig hatten. Bei einer solchen Ungleichheit der Charaktere ist es meine Pflicht, die Ehe zwischen Betti und Emil so weit als möglich hinauszuschieben.

Vorläufig ist auch — dem Himmel sei Dank — nicht im Geringsten daran zu denken, denn Bergfeldts sind schrecklich in der Klemme.

Ich merkte schon seit langer Zeit, das etwas nicht richtig sei, denn Herr Bergfeldt nahm zusehends ab. Von Zeit zu Zeit hatte er Unterredungen mit meinem Karl, der jedesmal, wenn Herr Bergfeldt bei ihm gewesen war, ein eben so sorgenvolles Gesicht machte wie dieser. — „Karl!" sagte ich zu ihm, „Ihr habt ein Geheimniß, Du und Dein Freund Berg-feldt. Ich bin nicht neugierig, aber ich will wissen, was es ist, denn ich sehe, wie es an Dir zehrt, und wie es Dich mit-nimmt." — „Wilhelmine!" antwortete mein Karl ernst: „Es ist nicht mein Geheimniß, sondern das meines alten, lieben Freundes, und deshalb erfährst Du von mir keine Silbe!" — „Karl, so kommst Du mir, Deiner Gattin?" — „Wilhelmine, ich bitte Dich, werde nicht heftig!" — „Ich heftig? O nein, dazu ist mir die ganze Heimlichthuerei viel zu gering. Aber das sage ich Dir, besucht Dich Dein Freund Bergfeldt noch einmal... dann..." — „Nun und dann?" — „Dann rede ich mit ihm und zwar so deutsch und deutlich, wie es in der Landsbergerstraße Mode ist!"

Mein Karl lachte laut auf.

„Karl, ich bitte mir aus, daß Du die Mutter Deiner Kinder respektirst!" — „Mit Dir ist heute nicht auszukommen," er-widerte mein Karl. „Du brauchst mit dem Abendbrod nicht auf mich zu warten." Und damit ging er fort.

Ich ließ ihn ruhig ziehen, that auch der Kinder wegen, als vermißte ich ihn gar nicht. Als er um Elfen noch nicht da war, gingen wir schlafen. Was bleibt Einem in solchen Fällen auch übrig als das Bett, das so zu sagen der Mutterschoß für den Erwachsenen ist, wenn auch nur ein mangelhaftes Surrogat, ohne ein fühlendes Herz. Schläft man erst, so kann es ganz einerlei sein, wo und wie man liegt, aber das Einschlafen, das ist das Wesentliche. So ein Kopf-kissen sagt kein liebes Wort, es streichelt nicht Wange noch Haar, es schließt die Augen nicht mit einem sanften Kuß, es singt kein Wiegenlied und ist tückisch genug, gerade dann heruntergerutscht zu sein, wenn der Schlummer einen Ansatz macht.

Ich bin oft zu Bett gegangen, ohne aufzusitzen, um meinen Karl zu erwarten, und freute mich jedesmal, wenn er früher nach Hause kam, als ich berechnete. Aber dann hatte er auch kein Geheimniß vor mir, kein Geheimniß, an dem diese unglückseligen Bergfeldts Schuld waren, das mir den Schlaf raubte und meinen Mann ins Wirthshaus trieb. War dies Geheimniß nicht ebenso gut wie eine Wand, die man zwischen uns aufgerichtet hatte?

Und konnte ich anders vermuthen, als daß die Bergfeldten der Grund alles Uebels sei? Wie ich diese Person verabscheute, das ist gar nicht zu sagen. Wäre sie bei mir gewesen, ich hätte ihr die Wurst schon anschneiden wollen.

Schon zweimal hatte ich das Kopfkissen neu aufgeschüttelt und mein Mann kam immer noch nicht. Die Uhr hatte bereits Eins geschlagen. „So!" dachte ich, „nun wird mein Karl auch noch ein Säufer und Nachtschwärmer wegen dieses Weibes. Die armen Kinder! Sie werden ihren Vater nicht mehr achten, und er wird immer tiefer sinken, wenn er fühlt, wie die Liebe der Seinigen von Tage zu Tage erkaltet. Aber den Schwur thust du, Wilhelmine, wenn du auch keine Liebe mehr zu ihm hegst, Mitleid wirst du ihm nie versagen, und sollte es auch noch so weit kommen!" Das sagte ich zu mir selber, und ich mußte bitterlich weinen, als ich an all' das Unglück dachte, das die Zukunft bringen würde.

Da kam mein Karl.

Ich that, als ob ich schliefe. Er zündete das Licht an, zog leise seine Stiefel aus und machte seine Nachttoilette, als sei gar nichts vorgefallen. Nicht ein Wort, nicht einen Gruß hatte er für mich. Dann legte er sich nieder und löschte das Licht. Es war dunkel um mir und in mir. Ich hätte vergehen mögen vor Kummer.

„Weinst Du, Wilhelmine?" fragte mein Karl nach einer Weile.

Ich konnte nicht antworten. Die Kehle war mir wie mit einem Stricke zugeschnürt. Ich mußte weinen und weinen, sonst wäre ich erstickt.

„Wilhelmine," sagte mein Karl, „was ist Dir? Du erschreckst mich, soll ich ein Brausepulver holen?"

„Nein!" schluchzte ich. „Ich bin nicht krank, aber so
elend, so schrecklich elend und unglücklich!"

„Wilhelmine, was ist geschehen?" Deutlich hörte ich,
wie mein Karl sich erhob und aufstehen wollte.

„Nichts!" erwiderte ich, „bleibe nur ruhig liegen. Mache
Dir meinetwegen keine Sorge. Was ist Dir auch Dein Weib?
— Bergfeldtens sind Dir ja mehr."

„Du bist albern!" sagte mein Mann strenge.

„O nein!" antwortete ich. „Du hast Geheimnisse mit
Bergfeldtens, die Du vor mir verbirgst. Und das müssen
schreckliche Dinge sein, die Du mir, Deiner bisherigen
Lebensgefährtin, nicht mitzutheilen wagst. Ach, es ist Alles
aus, Alles!"

Karl schwieg einen Augenblick. Dann sagte er: „Ich
hätte Dich für gescheidter gehalten, Wilhelmine. Mein Freund
Bergfeldt hat schwere Sorgen, die er mir, seinem alten Schul-
kameraden, offen darlegt, weil er weiß, daß ich ihm beistehe,
so weit und so gut ich vermag. Selbst seine Frau weiß nicht
darum . . ."

„So?" unterbrach ich ihn.

„Nein," entgegnete Karl. „Es giebt Sorgen, die der
Mann allein trägt, ohne sie der Frau zu offenbaren, die er
liebt. Das sind Sorgen, die er zu überwinden hofft und nieder-
zuhalten trachtet, mit denen er allein kämpft, damit sie Anderen nicht auch noch Weh bereiten. Wie würde Euch Frauen
das Leben verbittert, wollten die Männer Euch mit jeder
Widerwärtigkeit im Geschäft, mit jeder Sorge in dem Ringen
um die Existenz behelligen, und wie qualvoll macht die Frau
ihrem Manne das Dasein, wenn sie ihm jeden kleinen Haus-
ärger auftischt, jeden Zank mit dem Dienstmädchen vordekla-
mirt, jeden Verdruß von den Nachbarn von ihm gerächt wissen
will. Mache das Jeder mit sich in seinem Departement ab,
damit Sonnenschein im Hause ist, wenn die Familie sich in den
Stunden zusammenfindet, die der Erholung und der Ruhe gewidmet sein sollen!"

„Du hast wohl Recht, Karl!" erwiderte ich, „aber ich
bin doch der Meinung, wenn der Hausherr das Dienstmädchen hin und wieder einmal gehörig anlappt, so wirkt

das mehr, als wenn die Frau es vornimmt. Und was nun
Deinen Freund betrifft, so halte ich es für sehr unrecht, daß er
seine ganzen Angelegenheiten nicht für sich behält, sondern sie
Dir aufhängt und dadurch das Familienglück anderer Leute
stört. Aber natürlich gilt Dir die Bergfeldten mehr als Dein
Weib!"

„Wilhelmine, sei nicht komisch. Morgen, wenn Du vernünftig geworden bist, sollst Du wissen, warum es sich handelt.
Du mußt es sogar wissen, weil ich ohne Deine Zustimmung
nicht gerne vorgehen möchte."

„Meinst Du, daß diese Zusicherung mir Ruhe giebt?
Was ich morgen erfahren soll, sagst Du mir am besten jetzt,
denn schlafen kann ich so wie so nicht."

„Nun," sagte mein Karl nach einer kleinen Weile, „Du
weißt, daß Bergfeldts in letzter Zeit Ausgaben hatten und
etwas zurückgekommen sind ...."

„Durch wessen Schuld?" fragte ich. „Wenn eine Frau
so unpraktisch ist, wie die Bergfeldten ...."

„Einerlei wodurch!" unterbrach mich mein Karl. „Die
Verhältnisse sind einmal so, wie sie sind, und nicht zu ändern.
Aber das Schlimmste kommt noch. Bergfeldt hat sich verleiten
lassen, eine Bürgschaft zu übernehmen, und da der Mann, für
den er gut gesagt hat, vor dem Banquerott steht, muß er
zahlen." — „Das ist unerhört!" rief ich. — „Er hat mich in
sein Vertrauen gezogen, und nun kommt die Reihe an uns,
Wilhelmine. Wir müssen helfen, wenn er nicht ganz zu
Grunde gehen soll."

„Wir?" fragte ich entsetzt. „Und wie viel soll er
zahlen?" — „Zweitausend Mark," erwiderte mein Karl klein-
laut. — „Nie!" rief ich, „das hieße einen Raub an unsern
Kindern begehen. So reichlich haben wir es doch auch nicht.
Dürfen wir unser bischen sauer Erworbenes zum Fenster
hinauswerfen?"

„Ich weiß," sagte mein Karl, „Du hegst keine allzu
freundlichen Gesinnungen gegen die Bergfeldten, aber trotzdem wirst Du Deine Einwilligung geben. Wir haben ja die
Erbschaft von der Tante aus Bützow." — „Das war meine
Tante, Karl!"

„Eben deshalb wünsche ich Deine Zustimmung. Könntest
Du noch eine frohe Stunde haben, wenn Du sehen müßtest,

wie eine Familie durch Deine Unbarmherzigkeit ganz ins Verderben geräth? Und Bergfeldt verliert sein Amt, wenn er
gezwungen wird, sich ebenfalls Konkurs zu erklären!"

Ich antwortete nicht. Ihr wäre die Demüthigung recht
heilsam, dachte ich. Aber ihm und der Auguste und seinem
Sohne könnte ich doch nie wieder gerade in die Augen
sehen.

„Du schweigst, Wilhelmine? Hast Du auch keine Antwort,
wenn ich Dich recht von Herzen bitte?"

„Thu', was Du nicht lassen kannst, Karl?" sagte ich,
„Ich will nicht Schuld an ihrem Unglück sein."

„Ich wußte, daß Du nicht nein sagen würdest," rief mein
Karl froh. „Du bist im Grunde gut und liebreich, wenn Du
es auch nicht immer scheinen willst. Und nun sollst Du auch
einen Kuß haben!"

„Karl!" rief ich, „erkälte Dir die Füße nicht!" Aber er
ließ sich ja nicht rathen. — Und dann erzählte er mir, wie
Alles gekommen, und wie Bergfeldt in das Unglück gerathen
sei, und was geschehen müsse, um ihm zu helfen. Der
ganze Plan war schon beinahe fertig, und Alles dünkte mich
klug und praktisch. — Nein, einen solchen herzensguten Mann
wie meinen Karl giebt es nicht zum zweiten Male auf der
Welt! — —

Am nächsten Morgen erschien mir die ganze Angelegenheit
jedoch nicht in demselben rosigen Versöhnungslicht, wie in der
Nacht und je weiter ich meinen Mann über die Einzelheiten
abhörte, um so brenneriger kam mir die Bürgschaft vor, welche
Herr Bergfeldt für einen Kneipwirth übernommen hatte. Ich
beschloß daher, erst einmal die Wirthschaft in Augenschein zu
nehmen, um zu sehen, ob man sein Mitleid auch vielleicht an
Unwürdige verschleuderte. —

Es war Nachmittags gegen Fünfen, als ich an Ort und
Stelle gelangte, denn ich wählte absichtlich eine Zeit, in der es
in den Wirthschaften still zu sein pflegt.

Was mir bei meinem Eintritt in das Restaurations-
zimmer gefiel, das war eine wirkliche Sauberkeit. Es lagen
weder Cigarrenstummel, noch Knöchelchen auf dem Fußboden,
sondern man hatte, wie ich an den Flecken von dem Spreng-
wasser erkannte, frisch ausgekehrt und der Kellner stand gerade im Begriff, die kleineren Tische für die Abendzeit zu

arrangiren. Das Zimmer war ziemlich groß; nach der einen
Seite hin bog es sich im Winkel zu einem schmaleren Raum
aus, an dessen Ende sich das Büffet befand, in dessen Nähe
ein größerer runder Tisch stand, den ich natürlich gleich für
einen der sogenannten Stammtische hielt, an denen gewissen-
lose Familienväter die Existenz und das Glück der Ihrigen
frevelhaft opfern und von den Genossen alle jene Untugenden
lernen, mit denen sie das Zartgefühl ihrer Gattinnen ver-
letzen. Ich wiederhole es: der Stammtisch ist der Opfer-
tisch, auf dem die Häuslichkeit geschlachtet wird. Manches
gebildete Mädchen würde verheirathet sein, wenn den jungen
Männern dies verabscheuenswürdige Stück Möbel verboten
werden könnte.

Trotzdem ließ ich mich an dem runden Tische nieder und
fragte den Kellner, ob es mir vergönnt sein könnte, Frau
Helbich — die Speisewirthschaft heißt nämlich ‚Café Helbich‘
— in einer wichtigen Angelegenheit zu sprechen.

Es dauerte auch nicht lange, als die Frau erschien.
Sie machte einen ebenso sauberen Eindruck wie das Lokal
und gefiel mir deshalb gleich. Ihre Figur war mehr unter-
setzt und rundlich, als lang und zerrig, wie ich dem Namen
nach anzunehmen glauben mußte. Das Gesichtchen sah freundlich und niedlich unter dem einfachen Häubchen hervor, und
doch schien es mir, als ob die Augen eben mit Weinen fertig
geworden wären und im nächsten Moment wieder anfangen
wollten.

Sie fragte, womit sie mir dienen könne.

„Liebe Frau," antwortete ich, „es handelt sich um ernste
Dinge. Ich bin nämlich wegen der Bergfeldtschen Angelegenheit zu Ihnen gekommen. Sie wissen wohl, wegen
der Bürgschaft, die Herr Bergfeldt für Herrn Helbich über-
nommen hat!"

„Ach Du lieber Gott!" rief die Helbichen aus. „Sie sind
gewiß seine Frau und wollen uns Vorwürfe machen!"

„Nein!" unterbrach ich sie indignirt. „Ich bin die
Buchholzen und Gott sei Dank nicht die Bergfeldten, aber
ich weiß von Allem Bescheid." Und nun sagte ich ihr, daß
Bergfeldts total in die Verschmetterung geriethen, wenn
andere Leute ihnen nicht beisprängen, und daß andere Leute
es auch nicht so dicke hätten und Räuber und Mörder an

ihren eigenen Kindern werden müßten, und daß die ganze
Sache himmelschreiend unverantwortlich sei. „Und wenn Sie,
meine Liebe," so schloß ich, „am Ende besser aufgepaßt
hätten und vielleicht etwas ökonomischer gewesen wären,
dann würden andere Leute nicht mit in die Verluste hinein-
gerissen!"

Ich wollte aber doch, ich hätte diese Worte nicht gesagt,
denn als ich nun die kleine runde Frau strafend ansah, und
zwar mit einem Blick von der Nummer, vor der selbst meine
Köchin den Muth verliert, da schlug sie ihre treuherzigen
Augen zu mir auf und schüttelte den Kopf ganz leise und fast
unmerklich. Hätte sie aufbegehrt und auf den Tisch geschlagen, es wäre mir angenehmer gewesen, denn dieser stumme
Vorwurf biß mir ins Gewissen. Sollte ich ihr Unrecht gethan haben?

Es trat eine Pause ein, die mich sehr verlegen machte
und deshalb stotterte ich: „Sie müssen meine Offenherzigkeit
schon verzeihen, aber wäre ich zu Ihnen hergekommen, wenn
ich es nicht gut mit Ihnen meinte? Wir wollen Ihnen ja
helfen, aber ehe wir uns entschließen, müssen wir klar auf den
Grund sehen!"

„Es kommt Alles auf den Bierbrauer an," entgegnete
die Frau.

„Wieso?" fragte ich.

„Das ist nicht leicht auf einmal zu sagen," antwortete
Frau Helbich. „Aber wenn Sie sich nicht geniren, und · mit
mir hinter in die Küche kommen wollen, wo ich noch vielerlei
für den Abendtisch zu besorgen habe, dann erzähle ich Ihnen,
woran es liegt, daß wir dicht vor dem Ruin stehen. Unsere
Schuld ist es nicht, Frau Buchholzen!"

Ich folgte der Frau durch die Schenke nach der Küche.
Auch hier war Alles sauber und ordentlich. „Du kannst die
Kartoffeln in der Aufwaschküche schälen," sagte Frau Helbich
zu dem Mädchen, „und wenn Du damit fertig bist, rupfe
die Hühner, aber vorsichtig, daß die Pelle nicht eingerissen
wird." Das Mädchen ging. Frau Helbich nöthigte mir
einen Knickebein auf und wir setzten uns an den großen
Küchentisch, wo sie eine Rehkeule zum Spicken vornahm.
und da ich mich auch nützlich machen wollte, ging ich an
einen Korb mit Teltower Rübchen und fing an, die zu putzen.

Sie wollte dies zwar nicht zugeben, aber ich ließ nicht ab, und es war, als wenn wir durch die Rüben so befreundet wurden, als hätten wir uns schon lange gekannt.

„Sehen Sie," begann die kleine Frau, „wir sind zu der Wirthschaft gekommen, als unser erstes Geschäft nicht mehr gehen wollte. Mein Mann hatte eine kleine Pappenfabrik, aber als in unserer Nähe die Konkurrenz aufkam mit großem Kapital und neumodischen Maschinen, da war es vorbei. Es ging rascher zu Ende, als wir dachten, und das Bischen, was wir retteten, reichte gerade hin, diese Wirthschaft zu kaufen. Von allen Seiten redete man uns zu, dies Geschäft zu übernehmen, und mein Mann und ich wollten arbeiten und thätig sein. Wir dachten mit Fleiß und Ordnung schon vorwärts zu kommen!"

„Wo ist denn Ihr Mann?" fragte ich.

„Der schläft gerade," erwiderte sie.

„Na," dachte ich im Stillen, „das ist ja ein recht netter Fleiß."

„Die Hauptsache war jedoch, daß wir Kredit beim Brauer bekamen, und es fand sich ja auch einer, der sich auf den Kredit einließ; nur pro forma, wie er sagte, wollte er ein bischen Bürgschaft haben. Es würde ihm nie einfallen, uns zu drängen, wenn es mal mit dem Gelde knapp sei, und wenn er Kredit gäbe, würden Schlächter und Bäcker auch mit sich reden lassen. Und so kam es, daß Herr Bergfeldt, der ein Freund von meinem Manne ist, gutsagte. — Es war ja blos zum Schein."

„Und nun ist es Ernst geworden," warf ich ein.

Die kleine Frau wischte die Augen. „Anfangs ging Alles nach Wunsch," fuhr sie fort. „Wir konnten mit der Kundschaft zufrieden sein, den Gästen schmeckten die Speisen und das Bier war gut. Wir kamen langsam vorwärts. Miethe und Steuern waren rechtzeitig da, nur bei dem Brauer waren wir im Rückstand, denn es mußte mancherlei Inventar angeschafft werden, und da der Hauswirth den Keller nicht umbauen lassen wollte, blieb uns nichts übrig, als ihn für unsere Rechnung machen zu lassen. — Da bekamen wir das erste schlechte Bier".

„Die Gäste murrten. Mein Mann machte dem Brauer Vorstellungen, der aber sagte, so wie die Kunden zahlten,

7

so wäre auch das Bier, und es blieb beim Alten. Da fingen
die Gäste an, sich allmälig wegzugewöhnen, und in der Küche
verdarben die theuren Sachen. Die Schulden beim Schlächter
und Bäcker wuchsen von Tage zu Tage; es war schier kein
Einhalten. Für Geld und gute Worte bekam mein Mann
bei einem anderen Bierverleger anderes Bier. Wir glaubten
schon uns durchzuhelfen, aber nun der Brauer erfahren hat,
daß wir uns nach anderem Bier umgesehen haben, will er
ohne Nachsicht bezahlt sein. Steckt er sich nun hinter den
Bäcker und Schlächter, so sind wir am Bettelstab, und ich
weiß, er thut das, denn er hat schon einen neuen Reflektanten
auf diese Wirthschaft."

„Aber," warf ich ein, „Sie müssen, der Küche nach zu
urtheilen, doch noch Kundschaft haben."

„Eßkundschaft, ja!" rief sie, „aber was wird daran verdient? Ich stehe selbst den ganzen Tag vor dem Herd, allein
was nützt das, wenn die Gäste nicht bleiben, um einige Seidel
zu trinken? Freilich sitzen einige Kunden bis spät in die Nacht,
aber die spielen Skat und vergessen das Verzehren, die bringen
den Gas nicht ein. Gestern wurde es wieder gegen zwei Uhr
und nun ruht mein armer Mann sich von dem Nachtwachen
ein wenig aus!"

„Ja so!" sagte ich und fügte dann hinzu: „Glauben
Sie mir, liebe Frau, das Skatspiel ist eine ganz teuflische
Errungenschaft, die nur Unglück in die Familie bringt."

„Gewiß!" bestätigte die Frau, „da sitzen sie, als ginge
es um ihrer Seelen Seligkeit und nachher giebt es Krakehl.
Da ist ein Herr Kleines darunter, der jedesmal Stank anfängt. Wenn die Andern ihm sagen, daß er schlecht gespielt hat, dann wirft er die Karten auf den Tisch und
führt schreckliche Reden und schwört, nie wiederzukommen.
So, denke ich dann, nun bleiben die letzten paar Gäste auch
noch weg."

„Thun sie das denn?"

„Nein. Sie bringen immer wieder einen frischen Bekannten zum Spielen mit, bis Herr Kleines auch wieder-
kommt und den gleichfalls weggrault. Er überlegt ja nie, was
er spricht."

„Schade, daß es nicht mein Sohn ist," sagte ich, „den
wollte ich schon erziehen."

„Ach nein," erwiderte die Frau, „der hat keine Stelle,
wo man ihn erziehen kann, den schlägt man gleich kurz und
klein, so dürr ist er. Der muß schon baufällig auf die Welt
gekommen sein."

„So meine ich's nicht, liebe Frau. Ich würde ihn mo-
ralisch nehmen."

„Das schlägt bei dem ebensowenig an, wie das Essen."

„Das fragt sich," antwortete ich. „Wer sind denn die
andern Spielgesellen?" forschte ich weiter. — „Sehr achtbare
Leute, aber sie reden sich meistens mit Beinamen an." —
„Das finde ich sehr ungebildet." — „Es klingt aber ganz
spaßig. Das Lokal hier nennen sie Nifelheim und sich selbst
Märchen, Don Carlos, Arm Gottlieb — der steht aber blos
zu — lieben Fritz, Onkel Hans, nur den Dr. Wrenzchen titu-
liren sie richtig." — „So?" rief ich, „also Dr. Wrenzchen ist
auch dabei, das ist ja sehr schön. Die Skatspieler müssen auch
mit heran. Meine Idee ist nämlich folgende, liebe Frau.
Wir sind viele Bekannte und Sie werden auch Freunde haben,
die Skatspieler nehmen wir ebenfalls dazu, Dr. Wrenzchen ist
ein Gentleman, der schließt sich gern mit an, und so giebt es
mehrere. Wir Alle gründen Ihre Wirthschaft! Jeder zahlt
fünfzig oder hundert Mark und statt der Dividende geben Sie
Biermarken. Geht das Geschäft dann flott, so fangen Sie an,
die Gelder allmälig zurückzuzahlen."

„Wäre dies möglich?" rief die kleine Frau.

„Gewiß," sagte ich. „Es hat mich Jemand auf diese
Idee aufmerksam gemacht und ich bin gekommen, um zu
sehen, wie es bei Ihnen hergeht. Sie sind eine ordentliche Frau
und Alles ist so propper und sauber, und es wäre schändlich,
wenn sie wegen eines Biertyrannen ins Unglück gerathen
sollten."

Die kleine Frau stand auf und umarmte und küßte mich
und weinte, wie sie nur konnte. „Sie sind unser rettender
Engel," schluchzte sie.

„Ich bin nur praktisch," sagte ich, „und mein Mann und
Onkel Fritz werden mit Ihrem Manne sprechen und das Ge-
schäftliche besorgen."

„O, wenn wir nur gutes Bier haben, wird es uns nicht
fehlen!" rief sie. „Ich lasse mich ja keine Mühe verdrießen,
aber es ist hart, mit aller Arbeit rückwärts zu kommen. Wie

7*

oft habe ich nicht ein Faß Bier zuschlagen müssen, weil es nicht zu trinken war und jeder Schlag klang mir, als wenn ich auf den Sarg schlug, in dem unser bischen Glück begraben werden sollte." Sie weinte und dann lachte sie wieder: „Wenn es möglich wäre. — Es wäre zu viel!"

Die Rüben waren geputzt, ich hatte nichts mehr zu thun und brach daher auf. Im Lokal war der Gas angezündet und der Kellner stand da und wartete auf Gäste, aber die gingen dem Bier aus dem Wege.

Ich möchte nicht Wirth sein, man ist doch zu sehr abhängig vom Brauer und dem Publikum.

P. S. Onkel Fritz hat Alles in Ordnung gebracht. Er sagte, die Sache habe sich über Erwarten leicht regulirt, nur Dr. Wrenzchen hätte sich anfangs gesperrt. Herr Kleines hat sehr erfolgreich in seinen Kreisen gewirkt, ich lade ihn nächstens einmal ein, da er nicht nur gebildet, sondern auch amusant ist und drei lebende Sprachen spricht. Onkel Fritz sagt zwar, die fremden Sprachen wären bei ihm durcheinander wie Vogelfutter, aber was schadet das? Wenn ich ihn einlade, soll er ja doch nur Spaß machen.

Und wie kam Herr Bergfeldt dazu, die Bürgschaft zu übernehmen? Seine Frau brummte immer, wenn er Abends einmal ein Glas Bier trinken ging, und um den Zank zu vermeiden, hatte er sich dafür den Frühschoppen angewöhnt, der das Verderblichste für die Männer sein soll, was es nur auf der Welt giebt. Wie können sie auch am Nachmittage mit dem Bierschädel auf dem Posten sein? Der Frühstückstisch ist noch viel schlimmer als der Stammtisch am Abend. Den Beweis lieferte Herr Bergfeldt, der die unselige Bürgschaft in der Frühschoppenlaune leichtsinnig übernahm. Aber, wer trieb ihn zum Morgentrunk? — — Sie, die Bergfeldten. Sie verdient es kaum, daß er von seinen Verpflichtungen so butterglatt losgekommen ist.

❦ ❦

Der Erstgeborene.

Ich bin fest überzeugt, daß, wenn Virchow später das Gehirn der Bergfeldten nachmißt, er es viel zu kurz finden wird, denn die Frau hat wieder einmal ganz Unglaubliches geleistet. Es ist um geradezu auf die Bäume zu klettern, aber wenn man längst weiß, daß Eine dumm geboren ist und nichts zugelernt hat, so wundert man sich kaum mehr, sondern schüttelt blos den Kopf.

Ich sitze also neulich Nachmittags und stricke, als ganz unerwartet Herr Weigelt auf der Bildfläche erscheint. Meine Emmi brachte die Lampe, meine Betti fragte, wie es Augusten ginge und warum sie nicht mitgekommen sei, und ich bat ihn, Platz zu nehmen, mein Mann müsse jeden Augenblick da sein.

Herr Weigelt hatte von jeher etwas Unbestimmtes und Cunteriges in seinem Wesen, aber so bekniffen, wie heute, war er mir doch noch nie vorgekommen. Er setzte sich halb auf einen Stuhl und warf mir einen so delinquentenhaft flehenden Blick zu, daß ich fragte: „Mein Gott, Herr Weigelt, was ist Ihnen denn passirt? Sie sehen ja aus wie'n krankes Huhn, das kein Geld für'n Apotheker hat?" — Er antwortete jedoch keinen Ton, sondern sah erst meine Betti, dann meine Emmi und dann mich wieder an. — „Aber ich bitte Sie, Herr Weigelt," fragte ich ihn abermals, „was soll man von Ihnen denken? Sie haben doch am Ende keinen Mord auf dem Gewissen?" — Nun knickte er zusammen, wie'n mißrathener Bibberpudding und brachte nur mit Mühe die Worte hervor: „Wenn es irgend anginge, möchte ich gerne mit Ihnen alleine sprechen, Frau Buchholz — —"

„Geht hinaus, Kinder," rief ich, „und wartet bis Vater kommt." Die Kinder entfernten sich und ich brannte vor Neugierde, zu erfahren, was Herr Weigelt denn eigentlich wollte. Ich vermuthete, daß er eine Szene mit seiner Frau oder mit der Bergfeldten, vielleicht mit beiden gehabt hätte.

Als wir unter vier Augen waren, begann er nach einigem Zögern trübselig: „Es ist nun so weit." — „Was?" fragte ich. — „O, Frau Buchholz," antwortete er, „mein armes Weib! meine arme Auguste!" — „Du meine Güte,

was giebt's denn?" — „Noch nichts ... aber, aber" — seine
Stimme zitterte — „sie kommt nicht durch, es ist unmöglich,
daß sie durchkommt!" — Dies Benehmen von einem Manne
mißfiel mir sehr und ich rief daher strenge: „Hören Sie einmal, Herr Weigelt, Sie flößen mir durchaus keinen Respekt
ein. Ein Mann muß vor allen Dingen forsch sein — —."
— „Ich war ja auch noch so forsch bis vor Kurzem," unterbrach er mich, „aber in der letzten Zeit hab' ich zu viel
gelitten!" — „Wieso das?" fragte ich. — „Nun denn,"
erwiderte er, „zuerst fing der Kummer mit dem Mädchen an.
Auguste behalf sich mit der Scheuerfrau so lange es gehen
wollte, aber sie mußte reellen Beistand haben, und wir schafften
deshalb ein billiges Mädchen an, das meine Schwiegermutter
uns besorgte." — „Ja," lachte ich, „wenn die ihre Hände
dazwischen hat, dann wird es meistens hübsch!" — „Das
Mädchen ist herzensgut," fuhr Herr Weigelt fort, „aber
dumm wie ein Stück Torf. Kein Tag vergeht, an dem meine
Auguste sich nicht über dasselbe ärgert, und gerade vor
Aerger muß man sie bewahren. Mir haben Leute gesagt,
daß Verdruß direktes Gift für sie werden könnte. Ich sage
Ihnen, ich lebe in steter Todesangst, aus reiner Sorge um
Augusten!"

„Ja!" antwortete ich sehr ernst, „ein Mann, der seine
Frau aufrichtig liebt, dem wird wohl beklommen zu Muthe,
wenn er bedenkt, daß dem Weibe keine dornenlosen Rosen
blühen und ihr Weg durch dieses Jammerthal zuweilen hart
am Abgrunde vorbeiführt. — Haben Sie denn schon für eine
zuverlässige Wartefrau gesorgt?"

„Wir haben bereits eine an der Hand," erwiderte er.
„Aber das ist das Wenigste. Das größte Unglück hat meine
Schwiegermutter angerichtet." — „Da bin ich doch gespannt!"
rief ich, „was hat sie denn nun wieder ausgeübt?" —
„Es ist kaum zu sagen," antwortete Herr Weigelt. „Ihre
Bildung läßt ja leider zu wünschen übrig — —" — „Das
wissen die Götter!" bemerkte ich. — „Aber," fuhr er fort,
„sie ist noch abergläubisch dazu, und so fiel es ihr ein, eine
Kartenlegerin aufzusuchen und die zu befragen, ob Auguste
durchkommen werde. Die Karten hatten geweissagt, sie
würde es nicht, und die Bergfeldt hatte nichts eiliger zu
thun, als Augusten diese Hiobsprophezeiung brühwarm zu

hinterbringen." — „Die Möglichkeit!" rief ich aus, „sie muß
wirklich ihre Fünf nicht beisammen haben! Und wie nahm
Ihre Frau diesen Wahnsinn auf?" — „Erst lächelte sie darüber, aber dann brach sie in ein krampfhaftes Schluchzen aus,
daß sich mir das Herz im Leibe umdrehte. Seit jener Zeit
gleicht sie einer stillen Dulderin, deren Tage gezählt sind.
Sie glaubt selbst, daß sie nicht durchkommt, und ich glaube es
auch und die ganze Nachbarschaft auch. Wenn sie nicht
durchkommt, bin ich Schuld daran. Warum habe ich das
zarte kleine Geschöpf auch geheirathet? Ach, ohne mich würde
sie noch leben. Und sie hatte sich so sehr auf den nächsten
Frühling gefreut, wir wollten dann meine Eltern besuchen.
Und wie würden die sich gefreut haben. Die Landluft hätte
ihr so gut gethan. Das ist jetzt Alles vorbei und ich wanke
verzweifelnd hinter ihrem Sarge her!" — Und nun weinte er
richtig.

„Trösten Sie sich doch, Herr Weigelt," beschwichtigte ich
ihn. „Wer giebt überhaupt etwas auf Karten? Noch lebt
Ihre Auguste ja und mit Gottes Hülfe wird schon Alles gut
werden. Es giebt Frauen, die so schwach aussehen, als könnte
der Wind sie umblasen, und haben ein Stücker Sieben bis
Acht und sind kreuzfidel. Ihre Auguste ist noch lange die
Schwächste nicht, die hat nur einen einzigen Fehler und das
ist ihre Mutter, die Bergfeldten!"

„Sie mögen nicht Unrecht haben, liebe Frau Buchholz,"
entgegnete Herr Weigelt und trocknete seine Thränen, „es
war schrecklich unvernünftig von ihr, Augusten mit traurigen
Vorahnungen zu quälen. Und wenn ich es recht bedenke,
ist Auguste eigentlich gar nicht so schwach. Sie hat ganz
nette Kräfte. Sie konnte vor einem halben Jahre noch den
kleinen Rohrstuhl mit steifem Arm heben. Wie gut Sie sind,
Frau Buchholz, und nicht wahr, Sie thun es meiner Frau zu
Liebe und kommen zu uns und sehen nach dem Rechten, wenn
es so weit ist? Darum wollte ich Sie bitten und deshalb bin
ich hier!"

„Sie können doch die eigene Mutter nicht übergehen!"
wandte ich ein.

„Wenn Sie wollen, daß meine Auguste gemordet werden
soll . . . dann sagen Sie nein. Aber das können Sie nicht,

das wollen Sie nicht. Sie haben ja auch immer so viel von ihr gehalten!"

„Gut!" gab ich ihm zur Antwort. „Gehen wir lieber gleich, damit ich Alles mit ihr besprechen kann und sehen, wo es noch fehlt."

In diesem Augenblicke wurde heftig an der Hausglocke gerissen. „Das ist mein Karl," sagte ich, aber ich hatte mich geirrt, denn Betti kam und meldete, draußen stehe ein Dienst- mann und Herr Weigelt möchte so gut sein und so rasch wie möglich nach Hause kommen.

Als der arme Mensch diese Botschaft hörte, wich alle Farbe aus seinem Angesicht. Seine Augen waren rein ver- glast und seine Lippen bebten. „Seien Sie ein Mann!" fuhr ich ihn an. „Munter, rasch eine Droschke geholt, in zwei Minuten bin ich angezogen und fertig!"

Er holte die Droschke, aber an diese Fahrt will ich mein Leben denken. Bald rief er: ich bin ihr Mörder, bald stöhnte er, wie einer, der hingerichtet werden soll. Dann rief er: Ach wir kommen noch früh genug zu ihrer entseelten Hülle. Endlich sagte ich: „Wenn Sie mit Ihren Verrücktheiten kein Ende machen, lasse ich halten und steige aus. Warten Sie doch erst ab, wie es kommt, ehe Sie lamentiren, wie nicht recht gescheidt." — Da legte er sich blos noch aufs Seufzen.

Als wir nun in seiner Wohnung anlangten, wollte er mir nichts dir nichts ins Schlafzimmer stürzen. — „Halt!" rief ich und hielt ihn am Schlaffittchen fest. „Das sind Frauen- sachen, die Euch Männer nichts angehen. Sie würden die Auguste nur erschrecken mit Ihrem Ungestüm; ich will Ihnen schon Bescheid sagen, wie es geht!" Und bei diesen Worten öffnete ich vorsichtig die Thür und ging hinein. — — —

Was er nun anstellte, weiß ich nicht, ich hoffe aber, daß er die Zeit nützlich anwandte und einmal ernsthaft über sich nachdachte. Als ich wieder zu ihm kam, konnte ich ihm guten Bescheid bringen. „Kommen Sie nur!" flüsterte ich, „Auguste erwartet Sie." — Er trat herein und blieb stehen, als ge- traute er sich nicht näher, denn auf dem Schooß einer frem- den Frau, die auf einem Schemel vor einem Badewänn- chen saß, lag ein kleines lebendes Wesen, ein Menschen- kindlein, das sie in weiche Tücher und Windeln hüllte. Und

Da streckte Auguste ihm ihre Hand entgegen. „Franz!" rief sie
leise. Er sank vor ihrem Bette auf die Knie und bedeckte ihre
Hand mit Küssen, und dann küßte er ihren Mund und sagte:
„Mein süßes, mein liebes, liebes Weib!"

Nun schrie das Neugeborene. Herr Weigelt spitzte
ordentlich die Ohren und warf einen langen, langen Blick auf
das kleine verrunzelte, rothbraune Geschöpf, dessen Gesichtchen
eher einem vorjährigen Apfel, als einem angehenden Welt-
bürgers-Antlitz glich. Meine waren in dem gleichen Alter viel
hübscher, namentlich war die Jüngste engelhaft.

„Na ja!" sagte die fremde Frau. „Sehen Sie sich den
Jungen man an, es is Ihr erster!" — „Ein Knabe?" stammelte
er. „Mein Knabe?" — Die Frau lachte. „Wollen Sie'n mal
uf'n Arm nehmen?" fragte sie. — „Wenn ich ihn nur nicht
zerdrücke!" meinte er und griff ungeschickt nach dem Kinde. —
„Nee, lassen Sie man," sagte die Frau, „Vater müssen Sie erst
besser lernen, das steht Ihnen noch nicht an. Und nun sollen
's Kind und die Frau schlafen; wie wär's, wenn Sie die
Thüre von draußen zumachten?"

Er gehorchte willig und wir sorgten für Mutter und
Kind. Als die Beiden zur Ruhe gebracht waren, mußten wir
auch an den Mann denken, denn es war schon ein bischen
späte Abendbrodzeit geworden. In der Küche war die Magd.
„Höre mal," sagte ich zu ihr, „nun gehe zum Destillateur
und hole eine Flasche Rum, aber nicht in der Flasche, denn
im Liter ist es billiger. Hier hast Du Geld." Die Dirne
trabte ab und ich kalkulirte, wenn Herr Weigelt nach all der
ausgestandenen Angst eine kleine Herzstärkung bekäme, so
würde ihm das ganz dienlich sein, denn mein Karl trinkt
auch stets seinen Grog bei außergewöhnlichen Fällen. Für
die kluge Frau und die Wärterin machte ich Kaffee, denn
den nehmen sie am liebsten und dann belegte Stullen dazu, so
kam denn Niemand zu kurz.

Wir setzten uns zum Abendbrod, ich und die Frau und
Herr Weigelt. Die Magd hatte Rum in einem Milchtopf ge-
holt, weil ich beordert hatte ihn nicht flaschenweise zu nehmen.
Eine gräßlich dumme Person!

Es schmeckte Herrn Weigelt prächtig und er war sehr
froh, als wir beiden erfahrenen Frauen ihm versicherten, daß
Auguste brillant durchkommen würde und er mit Recht in

die Zeitungen setzen könnte ‚leicht und glücklich‘. Und daß
es ein Junge war, machte ihm zu viel Vergnügen. „Er muß
Franz heißen, so wie ich,“ meinte er, „das heißt, wenn Auguste
es auch wünscht.“

Ich sagte: „Herr Weigelt, ich weiß nicht, ob der Grog
Ihnen so recht ist, Zucker steht auf dem Tisch, heißes Waſſer
kann Ihnen das Mädchen noch bringen. Sie können sich
nach Geschmack zugießen, und über den Namen sprechen Sie
morgen mit Ihrer Frau, heute ist sie dazu wohl nicht recht
aufgelegt.“

Auguste hatte mir den Schlüſſel zum Wäscheſpind gegeben,
damit ich herausnehmen könnte, was nothwendig war, und es
gab außerdem allerlei zu thun, so daß ich Herrn Weigelt
allein laſſen mußte. Ich wollte jedoch, ich hätte beſſer auf
ihn geachtet, denn das einfältige Mädchen hatte, wie ich nachher sah, ihm statt des Topfes mit heißem Waſſer den ganz
ähnlichen Milchtopf hingestellt, in dem sich der Rum befand,
und davon hatte er nun unbewußt statt des Waſſers zum Grog
gegoſſen.

Ich bin in der Küche und spreche mit der klugen Frau,
als ich plötzlich singen höre. Ich stürze ins Wohnzimmer und
merke natürlich gleich, was los ist. Die Gemüthsbewegung,
der Rum und die angeborene Dämlichkeit hatten ihre Schuldigkeit gethan — Herr Weigelt war molum.

„Ich will nach Auguſten,“ rief er: „Sie ist ein
Engel,“ und dann sang er: „Sie allein nur lieb’ ich, sie
allein!“

„Wollen Sie Frau und Kind mit dem Skandal tödten?“
puſtete ich ihm zu. „Sie sind ja ein Kannibale!“

„Ich meine es so gut mit Ihnen, Wilhelmine,“ sagte er
zu mir. „Komm alte Seele, gieb mir einen Kuß!“

Ich wehrte seine Berührung mit aller mir innewohnen-
den Hoheit ab. „Schämen Sie sich, Herr Weigelt, eben erst
sind Sie Vater geworden, und nun ein solches Betragen?!
Schämen Sie sich vor Auguſten, vor der Wartefrau, vor
dem neuen Mädchen und vor Allem vor Ihrem eigenen
Kinde!“

„Das hat ja noch gar keine Augen!“ entgegnete er.

Ich verwies ihm das Unpaſſende dieser Bemerkung und
hoffte, daß er sein Kind doch wohl nicht zu den Feldmäuſen

und jungen Möpsen rechnete, denn die kämen, so viel ich
wüßte, blind auf die Welt. Genug, ich war sehr erzürnt
und rieth ihm, sein Bett aufzusuchen, und beschwor ihn bei
den Häuptern seiner Familie, sich ruhig zu verhalten. Endlich nahm er Vernunft an. Ich eilte zu Augusten, die
wach geworden war und nach dem Grund des Lärmens
fragte.

Ich sagte, ihr Mann könnte sich vor Freude gar nicht
fassen, aber ich hätte ihn vermocht, sich zur Ruhe zu begeben, ohne sie weiter zu stören. So mußte ich mich allen
Unannehmlichkeiten aussetzen und obendrein lügen, blos weil
die einfältige Trina von Dirne ihm den Rum im Milchtopf
vorgesetzt hatte.

Nach einer Weile denke ich, nun wird er wohl liegen,
und hielt es für meine Pflicht, nachzusehen, ob er das Licht
auch ordentlich ausgelöscht hatte. Aber bewahre, mein Weigelt
lag noch lange nicht. Im Gegentheil, er saß auf dem Bett-
sopha und hatte ein aufgeschlagenes Buch in den Händen, das
er dem Büchergestell entnommen. „Herr Weigelt, wollen Sie
sich denn nicht legen?" — „O, Frau Buchholz," stöhnte er,
„das arme Kind, das arme Kind!"

„Nanu," fragte ich, „was ist denn nun wieder los?"

„Ich stieß eben zufällig an das Bürgergestell," sagte er,
„und da blieb mir dies Buch in der Hand. Das arme Kind.
Es muß ja auch das Gymnasium besuchen. Aus dieser
Grammatik habe ich gelernt. Griechisch! Es muß auch
Griechisch lernen. Die Verba auf ‚mi' begreift es nicht, ich
habe sie auch nicht begriffen. Dann schlagen sie es und es
ist so klein und kann das Anfassen nicht vertragen. Aber ich
bringe den Schulmeister um, der mir das Kind anrührt. Es
ist mein Junge. Meiner ganz allein! Können Sie die Verba
auf ‚mi'?" — „Herr Weigelt," entgegnete ich mit Würde,
„ich weiß nicht, welche Beleidigung diese Frage enthält und
will deshalb nicht mit Ihnen rechten. Machen Sie aber, daß
Sie zu Bett kommen. Ziehen Sie erst die Stiefel aus. So
und nun helfe ich Ihnen den Rock ausziehen und die Weste,
ich bin eine verheirathete Frau und geniere mich weiter
nicht; mit dem Rest werden Sie wohl selbst fertig; mehr
wäre gegen mein Zartgefühl!" Und damit ließ ich ihn
allein.

Nach einer Viertelſtunde ſah ich wieder bei ihm ein.
Richtig hatte er das Licht brennen laſſen und ſchnarchte wie
eine Sägemühle. Wenn mein Karl ſchnarcht, lege ich ihm
eine Schlummerrolle unter den Kopf, das hilft etwas, aber
da ich hier nichts Derartiges fand, ſtopfte ich Auguſten's
Mann die alte dumme Grammatik unter den Nacken. Dann
nahm ich das Licht mit mir und dachte noch im Stillen: nein,
wie ein ganz anderer Mann iſt doch mein Karl.

Auguſte ſchlief, als ich auf den Fußſpitzen ins Schlafzimmer ſchlich, um noch einmal bei ihr nach dem Rechten zu
ſehen. Als ich an die Wiege trat und mich über das Kleine
beugen wollte, ſchlug ſie die Augen auf; ſelbſt im Schlafe
hatte ſie gemerkt, daß Jemand ſich ihrem Kinde näherte. Sie
ſah mich an, und in dem Dämmerlichte, das dort herrſchte,
konnte ich doch erkennen, wie holdeſte Seligkeit aus ihrem
Auge leuchtete und unausſprechliches Glück auf ihren Zügen
ruhte. Sie war wirklich hübſch in dieſem Moment, obgleich
ſie ſich über Schönheit nie beklagen konnte. Ich nickte ihr
freundlich zu und dann ging ich.

„Auf einen Löffel Suppe.“

Es iſt mit dem Schickſal akkurat wie mit dem Wetter.
Man hofft, daß es endlich einmal ſchön werden ſoll, man
ſieht nach dem Barometer, man betrachtet die Abendwolken,
man ſpricht darüber, daß es ſich doch ändern muß, man lieſt
die Berichte der Seewarte und ſagt zu ſeiner Familie: ‚Liebe
Kinder, morgen wird das Wetter gut, legt die Kleider nur
zurecht, wir gehen aus,‘ aber am nächſten Tage gießt es, als
wäre die Waſſerleitung im Himmel geplatzt. Und gerade ſo
ſteht der Menſch dem Schickſal gegenüber, er mag ſich anſtellen
wie er will, hoffen und wünſchen, ſich mühen und plagen und,
wie die Dichter ſagen, die Weltenuhr ein bischen vorſtellen,
es hilft doch Alles nichts. Schließlich und zuletzt muß er ſeine
Ohnmacht einſehen und zerknirſcht die Gewalt der ewigen
Urgeſetze anerkennen.

Das heißt jedoch, ich für meine Person nehme den Kampf mit den ewigen Gesetzen auf, dafür bin ich zu resolut. Rom wurde auch nicht an einem Tage ruinirt, o nein, es steht noch eine ganze Menge davon da. —

Ich hielt es für geboten, dem Doktor zu zeigen, daß wir ihn nicht ausschließlich als Hausarzt schätzten, sondern, daß wir auch den Hausfreund in ihm sähen, und lud ihn deshalb zum Sonntag auf einen Löffel Suppe ein. Daß er blos auf Suppe kommen würde, durfte ich nicht erwarten, und deshalb fügte ich hinzu, daß wir aus Mecklenburg eine Kalbskeule von zwanzig Pfund geschenkt erhalten hätten, die nur von Kennern gewürdigt werden könnte.

„Wilhelmine, was ist das für ein Schwindel mit der Kalbskeule?" fragte mein Karl, als ich ihm die Einladung zur Begutachtung vorlegte.

„Sie wird schon da sein, wenn es soweit ist," entgegnete ich, „und nachgewogen braucht sie nicht zu werden."

Mein Karl schüttelte den Kopf, aber ich bedeutete ihm, daß es Dinge gäbe, von denen die Männer nichts verständen. Der Doktor müßte einmal eingeladen werden, das sei man ihm und uns schuldig.

Der Doktor sagte zu. Er schrieb, daß er am Nachmittag um fünf allen seinen Verpflichtungen nachgekommen sein werde und sich freue zu erscheinen. Daraus konnte man sehen, wie gewissenhaft er es mit der Praxis nimmt, denn es giebt Aerzte, die keinerlei Sonntagsarbeit verrichten, einerlei ob sie bestellt sind oder ob sich ihnen zufällig etwas bietet. Ein solcher Arzt, wie Dr. Wrenzchen, mit so soliden Ansichten, mußte ja jeder Familie willkommen sein. Mein Mann fragte, ob wir Onkel Fritz nicht auch bitten wollten, aber für diesen Vorschlag hatte ich nur ein vielsagendes Lächeln. Ich konnte keine Gesellschaft gebrauchen, ihn allein wollte ich haben, ihn, den Doktor ganz allein. Diesmal sollte er mir nicht entschlüpfen! Ich sorgte rechtzeitig für den Braten und der Sonntag war da, als die Woche Feierabend gemacht hatte. —

Um drei Uhr schob ich die Keule in den Bratofen. Emmi war gerade in der Küche und fragte, ob sie nicht rasch zu Bergfeldtens laufen sollte, um sie einzuladen. So unschuldig war das Kind, es hatte keine Ahnung von der

Wichtigkeit des heutigen Tages. Ich umarmte sie, Thränen
füllten meine Augen und erstickten meine Stimme; ich konnte
nur sprachlos auf die Kochmaschine deuten, als wenn dort
die ganze Zukunft meines Kindes briet.

„Du hast wohl Recht, wenn Du über den Braten un·
glücklich bist, Mama," sagte Emmi, „Du sollst sehen, er wird
nie alle. So viel Kalbfleisch haben wir noch nie auf einmal
im Hause gehabt. Und kein Mensch mag ihn!" — „Einer
wird ihn mögen!" rief ich mit Beziehung. „Geh nur, mein
Kind, und schmücke Dich. Zieh die gepuffte Sammettaille an,
stecke Dir die Blumen ins Haar, die ich vom Markt für
Dich mitgebracht habe. Es sind Orangenknospen." — „Die
sehen nach Nichts aus," entgegnete Emmi. — „Aber sie sind
symbolisch!" erwiderte ich. „In Italien windet man . . . .
den Brautkranz daraus. Nun geh, mein Kind!" — Emmi
wurde roth bis über die Ohren, sah mich groß an, und
entfernte sich, ich aber wandte mich zu dem Braten, der sich
bereits schön bräunte, und sagte zur Köchin: „Jette, nach
zehn Minuten wird er zum ersten Male begossen. Mir liegt
daran, daß er vorzüglich werde." — „Mir ooch!" entgegnete
Jette, „Madame kann sich ruhig anziehen, ick werd' schonst
Acht jeben." —

Der Tisch war gedeckt. Mein Karl sah so nett frisch·
gewaschen aus, daß ich ihm einen Kuß gab, und die Töchter
glichen seraphischen Gestalten, namentlich Emmi in dem stahl·
blauen Sammet. „Wie eine kleine niedliche Doktorsfrau,"
flüsterte ich meinem Karl zu. Je näher der Zeiger auf Fünf
rückte, um so beklommener wurde mir. Wenn der Dokter
noch im letzten Moment absagte? Wenn einer seiner
Patienten nach ihm schickte? Dann überkam mich die Angst,
der Braten könne ansengern und die gute Sahnensauce
verdorben werden. Ich flog nach der Küche. Die Jette
begoß den Braten gerade mit liebevoller Sorgfalt; er sah
herrlich aus. Wir gaben die Sauce durch ein Sieb, ich
machte sie noch mit einem Theelöffelchen voll Kraftmehl
seimig und zog ein Stückchen frischer Butter durch, damit
sie so recht milde und schmackhaft würde. „Der Doktor wird
sich alle zehn Finger lecken," dachte ich und schmunzelte und
die Jette schmunzelte auch, als wenn sie ebenso dächte
wie ich.

Präzise um Fünfen war der Doktor da. Mir fielen die ganzen Alpen vom Herzen. „Sie müssen mit uns allein vorlieb nehmen, lieber Herr Doktor," sagte ich. „Einige Freunde, die leider . . . . ." Hier unterbrach mich mein Karl, dem Nothlügen ziemlich fatal sind, und sagte: „Je kleiner der Kreis, um so größer die Gemüthlichkeit." — Und der Doktor fiel lächelnd ein! „Wenn's Herz nur schwarz ist!" — Unter Lachen und Scherzen setzten wir uns zu Tisch. Ich reichte dem Doktor meinen Arm, ihm gegenüber kam Emmi zu sitzen. Mein Karl saß des Einschenkens halber zu seiner Linken und Betti an meiner anderen Seite.

Erst hatten wir eine einfache Hausmannsbouillon mit Marx und Portwein dazu, den der Doktor ausgezeichnet fand. Dann gab es Zander mit Austernsauce (natürlich nur amerikanische Dosen-Austern), und dann kam der Kalbsbraten. So muß Napoleon die Pyramiden angelächelt haben, wie der Doktor die Keule. Auf einen Wink von mir lächelten Emmi und Betti auch, obgleich sie schon den Mund verziehen wollten. Die Keule war delikat und ward denn auch sichtlich kleiner. Ich hatte die schwache Seite des Doktors getroffen, und wenn er auch, wie Onkel Fritz sagt, Alles heruntertrinkt, was naß ist, und es noch obendrein lobt, so hatte mein Karl doch für vorzügliche Weine gesorgt: einen Johannisberger Schloßabzug für eine Mark zum Fisch und ein Chateau la Pancha für eine Mark und Dreißig. Der Doktor erklärte, er ließe sich einen Nagel in den Leib schlagen, wenn er jemals besseren Wein wünschte. — Wir waren ungemein heiter. Namentlich freute es mich, wenn er sich mit Emmi unterhielt und ihr die kleinen Geschichten erzählte, die er in der Zeitung gelesen hatte. Wir kannten sie zwar, weil wir auf dieselbe Zeitung abonnirt sind, aber ich konnte ihm doch ein Kompliment darüber machen, daß er so gut von Gedächtniß sei.

Als wir gegessen hatten, tranken wir den Kaffee im andern Zimmer und die Herren zündeten eine Cigarre an. Mein Karl bat hierauf den Doktor um Entschuldigung, wenn er ihn auf eine halbe Stunde verließe, er habe einen wichtigen Gang. Dies war auch richtig, denn er hatte Kassenrevision in seinem Bezirksverein. Betti ging, ohne ein Wort zu sagen, nach Bergfeldts und die Jette schickte ich mit einem Stück Zander nach der Ackerstraße zu Weigelts, von woher sie vor 'ner Stunde nicht zurück sein konnte. Als ich Alle entfernt hatte, bat ich selbst den Doktor um ein Viertelstündchen Urlaub, auf einen kurzen Sprung in die Nachbarschaft. Ich verließ das Haus aber gar nicht, sondern kehrte von der Hausthür auf den Zehen leise zurück und verbarg mich in der Speisekammer. Dort setzte ich mich auf einen Küchenstuhl.

„Gut gegessen und getrunken hat er," dachte ich. „Wenn er nur eine Spur dankbar für das Genossene ist, trägt er ihr Herz und Hand an. Aber" — so regte sich der Zweifel — „giebt es nicht auch Menschen, die sich aus einer Einladung gar nichts machen, die es sogar für ein Opfer halten, mit Leuten zusammengebracht zu werden, die ihnen nicht zusagen?" — Vor mir auf dem Tisch stand eine Schale mit weißen Bohnen. Ich nahm eine Hand voll heraus und sagte: „Ist die Zahl paar, dann werden die Beiden heute noch richtig mit einander." — Ich zählte die Bohnen auf den Tisch. Es waren siebenundzwanzig. — Also unpaar. „Das erste Mal gilt nicht," dachte ich, „nun also einmal unpaar." Es waren ausgerechnet vierzehn!

Aber alle guten Dinge sind drei. Ganz vertieft in das Bohnenorakel hörte und sah ich Nichts von der Außenwelt, als plötzlich zwei kräftige Arme mich faßten und mir Jemand einen Kuß aufdrückte, daß mir die Ohren klangen. Ich sprang auf. In der Dämmerung erkannte ich, daß ein militärischer Mensch, so ein richtiger Siebenfüßer, vor mir stand. „Wer sind Sie? — Was wollen Sie?" herrschte ich ihn an. Er stellte sich in Positur und schnarrte: „Jefreiter Jehren vom Jarderrrmt." — „Was wollen Sie!" rief ich. — „Zu Befehl," antwortete er, „die Jette hat mir heute zu Kalbsbraten injeladen!" — „Die Jette?" rief ich ergrimmt. „Der ist verboten, einen Bräutigam in die Küche kommen zu lassen." — „Sie is ooch nich meine Braut, sie is man blos meine Schwester!" erwiderte der junge ReichsGoliath. — „Ihre Schwester?" fragte ich empört, „das ist nicht wahr! So wie Sie mich eben, faßt man keine Schwester, an, das würde nicht einmal mein Karl sich erlauben. Machen Sie, daß Sie fortkommen." — Er ging aber nicht sondern liebäugelte mit dem Kalbsbraten, den er auf dem Speisekammertisch entdeckte, und den ich am Abend zum Punsch als Aufschnitt geben wollte, wenn wir dazu kämen, die Verlobungsbowle anzusetzen. — „Gehen Sie oder ich rufe nach Hilfe!"

Schmach, Zorn und Wuth übermannten mich. „Mörder!" schrie ich, „Einbrecher, Diebe, zu Hilfe!" Kaum merkte der Soldat, daß ich Ernst machte, als er auf der Hintertreppe verschwand. Der Doktor und Emmi kamen angestürzt. Was sollte ich nun thun? Die Wahrheit konnte ich nicht sagen. Ich murmelte etwas von Schreck, Gespenstern und that, als wenn ich ohnmächtig werden würde. Emmi war ganz außer sich, als sie mich in diesem ungewohnten Zustande sah, aber ich dachte: „Wilhelmine, du bist doch überraschend schlau, denn so ruchlos kann kein Doktor sein, der auf Pflicht und Gewissen hält, daß er eine arme Leidende verläßt, zumal wenn er vorher reichlich Kalbsbraten bekommen hat und mit dem Wein so außerordentlich zufrieden war." — Ich erholte mich daher langsam und erzählte, ich müßte mich wohl über das Küchenhandtuch im Halbdunkel erschreckt haben, denn durfte ich bekennen, daß ich, statt in die Nachbarschaft zu gehen, mich lauernhalbers in die Speisekammer gesetzt hatte; konnte ich auch nur ein Wort von dem verwegenen Ueberfall des Soldaten sagen, der mich für die Jette gehalten? — Nein, niemals! —

Der Doktor benahm sich nun bezaubernd gegen mich; es ist förmlich ein Vergnügen, Patient bei ihm zu sein. Er meinte, so ein Schreck sei nur etwas Aeußerliches und würde sich bald geben. Ihm thäte es blos leid, jetzt gehen zu müssen, da er verpflichtet sei, einen Patienten zu besuchen, der an der fixen Idee litte, jeden Sonntag-Abend einen Lachs zu fangen, und ehe dieser Mann, der obendrein Familienvater sei, nach Dalldorf käme, wolle er versuchen, ihn nach allen Regeln der Kunst zu erleichtern. Da er sich auf keine Weise halten ließ, mußte ich ihn schweren Herzens ziehen lassen.

Als er fort war, fragte ich Emmi: „Nun, wie war er gegen Dich?" — „Sehr nett!" — „So? und worüber sprach er?" — „Er meinte, es müßten Orangenblüthen im Zimmer sein, die möchte er nicht riechen, denn als Kind sei

8

ihm einmal ein Brechmittel mit Orangenblüthenwasser verordnet worden, und seit der Zeit wäre ihm der Geruch
äußerst fatal." — „Nun und Du?" — „Ich sagte, ich würde
die Blumen aus meinem Haar nehmen; aber er meinte, das
könne er nicht verlangen. Ich that's aber doch, und da setzte
er sich zu mir heran . . . ." — „Und da?" — „Da erzählte
er mir allerlei von seinem guten Papa und seiner lieben
Mutter, wie die ihm immer sagte, eine Schwiegertochter
wäre das Beste, was er ihr einmal bringen könnte, und
da . . . ." — „Und da?" fragte ich athemlos. — — „Und
da fingst Du an zu schreien, Mama, und wir stürzten nach der
Küche." — —

Mir ward schwarz vor den Augen. Wie vernichtet glitt
ich auf das Sopha. So nahe am Ziel — schon lag ihm das
erlösende Wort auf den Lippen, als das Schicksal in Gestalt
eines hungrigen Kriegers grausam dazwischen trat. Mein
erster Gedanke war, die Jette sofort nach ihrer Zuhausekunft
durch einen Schutzmann abholen zu lassen, da sie doch offen-
bar die Thür nicht verschlossen hatte, damit die bewaffnete
Macht ins Haus dringen konnte. Aber ich durfte nicht. Was
würden mein Karl, die Kinder, Dr. Wrenzchen und gar Onkel
Fritz von meiner freiwilligen Verbannung in die Speisekammer gesagt haben, die dabei zur Sprache kommen mußte?
Entsetzlich. — Und die Jette ist seitdem so frech und impertinent, daß ich ihr kaum ein Wort zu sagen getraue, ja
ich gehe Abends nicht einmal in die Küche, weil ich fürchten
muß, den Gefreiten dort anzutreffen. Statt des erhofften
Glücks habe ich nur Kummer und Verdruß geerntet und wer
weiß, wann es mir wieder gelingt, den Doktor einzufangen?
Ich bin sehr niedergeschlagen und gebeugt, aber ich gebe
trotzdem den Kampf mit dem Schicksal um den Doktor nicht
auf. — — — —

P. S. Der Doktor ist an dem betreffenden Abend gar
nicht bei einem Kranken gewesen. Im Gegentheil, er hat
mit seinen Kumpanen in Nifelheim bei Helbichs Skat gespielt. Onkel Fritz hat ihn dort getroffen und sagte mir,
‚Lachs fangen' bedeutet soviel, als das Bier im Skat aus-
spielen. Also verhöhnt hat er mich trotz der Kalbskeule
und des Zanders mit Austernsauce. Ich möchte wohl mal

fehen, ob er fich das als Schwiegerfohn erlauben würde?
Das Cachsfangen wollte ich ihm fchon abgewöhnen.

❄❄

Caufe.

Seinen Namen hatte das Kleine bei Weigelts ja fchon
auf civilftandsamtlichem Wege erhalten, aber es ward nach
diefem nun doch die höchfte Zeit, daß es getauft wurde
und nicht länger als junges Heidenkind in den Tag hinein-
lebte. Die Verzögerung hatte jedoch ihren guten Grund,
denn Herrn Weigelt's Vater ift Candpaftor, dort irgendwo
an der pommerfchen Küfte, und nun wollten Weigelts doch
gerne, daß der Großvater den Enkel taufen möchte, aber
dem war es fchwer geworden, von feinem Amte auf einige
Tage abzukommen. Jetzt aber hatte er gefchrieben, daß er
Zeit habe und den Tag feines Eintreffens in Berlin ange-
meldet.

Dies Alles fetzte mir Herr Weigelt auseinander, als
er zu uns kam, um meine Emmi zur Gevatterin zu bitten.
Natürlich gewährte ich ihm diefen Wunfch, denn Emmi und
Augufte waren von jeher gute Freundinnen, und man kann
fich nichts Reizenderes denken, als eine junge, niedliche Gevatterin. Es rangirt das gleich nach Brautjungfer, obgleich
Braut in meinen Augen noch einen bedeutenden Grad
höher fteht.

Als er mir nun fagte, daß fein Vater kommen werde,
fragte ich, wo der denn logiren folle, da doch die Räumlich-
keiten bei ihnen nur befchränkt feien und eine Taufe außerdem allerlei Unruhe verurfache. — „Ach, Frau Buchholz,"
fagte er, „Sie find ftets fo wohlwollend zu uns gewefen,
und Platz haben Sie auch. Wenn mein guter alter Papa
bei Ihnen wohnen könnte, ich wüßte nicht, wie dankbar ich
fein würde! Bei meinen Schwiegereltern fehlt es leider
auch an Raum!" — Ich überlegte einen Augenblick und
fagte dann: „Ihr Herr Vater foll mir fehr willkommen
fein. Ganz außerordentlich willkommen, aber ich fordere
einen Gegendienft." — „Mit Freuden," antwortete er. —
„Sie bitten Dr. Wrenzchen ebenfalls zu Gevatter. Sie find
mit ihm bekannt. Wollen Sie?" — „Was an mir liegt,

soll geschehen," erwiderte Herr Weigelt, „und müßte ich ihn mit der Raupenscheere heranzerren!" — Wir lachten beide über dies grausame Mittel, das kürzlich von einem Mörder ersonnen war, um seine Kunden zu erwürgen, und dann verabschiedete Herr Weigelt sich seelenvergnügt.

Als er fort war, sagte ich mir: Wilhelmine, dieser Einfall ist Goldes werth. Der Doktor entrinnt Dir nicht. Daß Emmi aussieht wie eine junge Fee, dafür wirst Du schon sorgen.

Am nächsten Tage kam Herr Weigelt wieder heran. „Er hat zugesagt!" rief er mir schon in der Thüre entgegen. — „Ohne viele Ausflüchte?" fragte ich. — „Im Gegentheil, als er hörte, daß Fräulein Emmi mit ihm Gevatter stehen würde, acceptirte er sofort und sah so fidel aus, als hätte er einen Grand mit Vieren in der Hand." — „Das geht ja vortrefflich," dachte ich, „er scheint schon selbst zu der Ansicht gekommen zu sein, daß er reif ist." — Nun beredeten wir noch allerlei praktische Dinge in Bezug auf das Tauffest, ich versprach ihm, unsere Punschbowle mit den Gläsern hinzuschicken und was sie sonst brauchten, denn Bergfeldts ihre hat beim Umzug natürlich einen Stoß weggekommen und ist ohne Schamröthe nicht mehr auf den Tisch zu stellen. In meiner Freude hätte ich ihm unsere ganze gute Stube geliehen, wenn es möglich gewesen wäre.

Nun richteten wir das Fremdenzimmer für den alten Herrn ein. Die Kinder meinten zwar, es würde tödtlich langweilig sein, einen Geistlichen im Hause zu haben, da dürfte man ja kein lustiges Wort reden und müsse sauer aussehen, aber ich sagte mit Beziehung: „Kinder, nach Regen folgt Sonnenschein, aus der Säure wird noch eitel Honigseim werden. Ueberdies sucht Eure Gesangbücher hervor und legt sie auf den Nähtisch, das wird einen guten Eindruck machen. Du, Emmi, bekommst ein weißes Kleid mit blaßblauer Garnirung. Mattes Blau steht Dir sehr gut. Im Winter kannst Du damit zu Ball gehen, ich sage Dir, weggeworfen ist es nicht." Das war am Freitag.

Wir hatten mithin noch Zeit genug zur Herstellung der Toilette, denn der alte Herr Weigelt traf erst am Dienstag Nachmittag ein und am Mittwoch sollte die Taufe sein.

Der alte Herr hatte natürlich erst seine Kinder besucht und dann kam er mit seinem Sohne zu uns. Mir war anfangs etwas beklommen, denn man ist doch nicht gewöhnt, mit der Geistlichkeit umzugehen, allein der alte Herr hatte so viel Herzliches und Gewinnendes, daß wir nach zehn Minuten schon so nett miteinander waren, als hätten wir uns bereits seit Jahren gekannt. Als wir zum Abendbrod gingen, bot er mir galant den Arm und das erste Glas Wein nahm er und sprach, er wünsche die Gesundheit der Familie zu trinken, von der sein Sohn und seine Schwieger-tochter ihm so viel des Guten gesagt hätten, und im Namen seiner Kinder dankte er uns für die vielen Beweise der Freundschaft. Mein Karl entgegnete, so viel Lob mache seine Frau ganz verlegen, aber der alte Herr reichte mir seine Rechte mit herzlichem Händedruck und sagte, er wisse recht gut, woran er sei und habe kein Wort zu viel gesagt.

Nachdem wir gespeist hatten, beschwor ich Herrn Weigelt junior, doch um des Himmels willen noch einmal nach dem Doktor zu sehen und ihn an seine Zusage und seine Pflicht als Christenmensch zu erinnern, und deshalb verließ der uns auch bald. Der alte Herr unterhielt sich mit den Töchtern. Er fragte, ob sie auch spielten und sängen, als er das Klavier bemerkte. Ehe wir es nur dachten, saß er an dem Instrument und erzählte, wie er früher als Student den „Freischütz' gesehen habe und wie alle Welt davon be-geistert gewesen sei, und sang ganz munter die Arie „Durch die Wälder, durch die Auen'. Emmi sang dann auch einige Lieder, aber zu seinem Leidwesen kannte sie das „Kommt ein schlanker Bursch gegangen' nicht. „Nun," sagte er, „als ich noch jung war, wurde das Lied überall gesungen, mir gilt es als eine Erinnerung an die ferne Jugend." Da spielte er es und sang dazu, und wir Alle lauschten, wie den welken Lippen noch so frohe Töne entquollen. Ich hatte mir den Pastor ganz anders gedacht, finster und gänzlich scherzlos, aber nun ich ihn so gesellig und gemüth-lich fand, reifte ein Plan in mir, der nicht fehlschlagen konnte.

Ich ließ die Töchter sich absondern und dann sagte ich ihm vertraulich: „Herr Pastor, Sie werden morgen einen

Gevatter vor sich haben, der ein recht angenehmer Mensch und mir als Schwiegersohn willkommen ist, aber das sünd- hafte Berliner Leben hat ihn ganz umgarnt. Reden Sie ihm doch ein bischen ins Gewissen und malen Sie ihm das Glück der Ehe recht hübsch aus. Wenn er Gevatter steht, muß er schon zuhören." — Der Pastor überlegte einen Augenblick und sagte dann: „Ich will versuchen, ihn auf den rechten Weg zu führen." — „Sie thun ein gutes Werk," erwiderte ich, „Sie haben keine Ahnung davon, wie verderbt die Berliner jungen Leute sind. Auch meinem Bruder Fritz könnte eine Er- mahnung nicht schaden!" — — —

Am nächsten Tage war die Taufe. Weigelts hatten Alles sehr niedlich eingerichtet, es war so freundlich bei ihnen und sauber, und ich mußte staunen, wie doch ein paar Blumen- töpfe und fröhliche Gesichter eine Wohnung festlich machen, wenn sie noch so klein ist. Von den Bekannten waren selbst- verständlich Bergfeldtens von A bis Z da, Herr und Frau Krause, die den kleinen Eduard mitgebracht hatten, Onkel Fritz, der Hauswirth Herr Meier mit Frau und Tochter, ein paar Freunde des Herrn Weigelt, worunter ein Herr Theo- phile, der Chemiker studirt und nachher allerlei Kunststücke machte. Dazu kamen wir noch Alle und Dr. Wrenzchen, so daß die Wohnung voll war wie ein Omnibus bei Regen- wetter. Wegen Dr. Wrenzchen war die Taufe um 6 Uhr angesetzt und er kam auch mit dem Glockenschlage. Herr Bergfeldt hielt seinen Enkel und Dr. Wrenzchen und Emmi standen rechts und links von ihm.

Der alte Pastor fing seine Rede an. Er wies darauf hin, daß das so sanft schlummernde Kind (es schlief nämlich herrlich) eine junge Knospe sei, die sich in dem großen Garten der Menschheit entfalten solle, bei der die Gevatter die Gärtnerpflicht übernähmen, damit die Blüthe dem Herrn des Gartens gefalle. Dies führte er mit mannigfachen Ver- gleichen aus und wußte unser Gemüth zu bewegen, daß in uns Allen recht innige Wünsche für den jungen Erdenbürger wachgerufen wurden. Dann aber wandte er sich zu den Gevattern und sprach, wie die Pflicht, die sie übernähmen, so zu deuten wäre, daß ihr Schützling nun auch Anforderungen an sie stelle. Er wisse wohl, daß Berlin, wie dereinst Babel, der Versuchungen voll sei und namentlich Denen mit dem

Untergange drohe, die ihre Wege, unbekümmert um Andere, wandelten. Da lauerten das Spiel, der Trunk und die Sünde in gleißenden Farben und zögen den jungen Menschen in den Abgrund. — Nur ein Mittel gäbe es zur Rettung, das wäre das eigene Heim, die Sorge für Andere in Leid und Noth und Trübsal. Die Prüfungen, welche der Ehestand mit sich brächte, führten den dem Verderben Zueilenden auf den rechten Weg und zur Erkenntniß. Darum solle jeder junge Mann das Joch der Ehe auf sich nehmen, damit er aus den Schlingen böser Gesellschaft errettet werde und den Thorheiten der Welt entsage. — Mich überlief es eiskalt, denn er ging mir weiter als ich wünschte, der gute Pastor, aber er war einmal im Zuge und ließ sich nicht halten. Dr. Wrenzchen hörte sehr genau zu, aber trotzdem schien er nicht sehr erbaut. — „Welches Glück," fuhr der Pastor fort, „wenn einem jungen Manne sich ein Haus öffnet, in dem ein guter Geist waltet, wo die Töchter das Gesangbuch nicht in den Winkel werfen, aus dem sie fromme Verse lernten, wo eine Mutter waltet, die ihre schützende Hand auch über den Verlorenen ausstreckt, den sie ihren Sohn nennt." — Nun verzog Dr. Wrenzchen den einen Mundwinkel. „Das bedeutet nichts Gutes," dachte ich. „Wenn der Pastor nur aufhören wollte, er macht den Doktor noch ganz rabiat." — „Zwei Wege giebt es, meine Theuren," schloß der Pastor, „den der Zucht und Ordnung, der Entsagung und des Friedens und den der sündigen Welt mit ihren Genüssen, dessen Ende Verzweiflung und Gewissensqualen sind. Wer kann sich da lange besinnen? Nur der Verstockte, dem Bösen Verfallene, der Verruchte. Und was verlangt unser Täufling? Daß seine Gevattern ihm auf der Bahn des Guten vorangehen!"

Dann folgte die Taufhandlung und der kleine Franz wurde in das Schlafzimmer zurückgebracht.

Ich war neugierig, welche Wirkung die Rede wohl auf den Doktor ausgeübt haben würde. Der Pastor hatte es zu gut gemeint, denn für so ganz verloren, wie er ihn hinstellte, erachte ich den Doktor keineswegs, aber wenn die Pastoren auf die Sünde zu sprechen kommen, malen sie meistens reich- lich schwarz.

Es wurde rasch gedeckt und wir setzten uns zu Tische. Doktor Wrenzchen führte Emmi, die allerliebst aussah, der

Paſtor ſaß mit der Bergfeldten auf dem Sopha und Kraules
nahmen ihren Eduard zwiſchen ſich.   Ich wunderte mich,
daß der Junge während der Taufe ſo ruhig geweſen war,
aber das dicke Ende kam nach, denn er hatte die Konfekt-
ſchüſſel entdeckt und ſich gehörig daran gehalten. Auguſte
mußte raſch zum Konditor ſchicken, um den Schaden wieder
gut zu machen.   Da ich noch mit der Krauſen etwas ge-
ſpannt war, ſagte ich nichts, aber ich warf Blicke, die ſie
wohl verſtand.

Auguſte hatte ein ſehr gutes Eſſen bereitet.   Es ſchmeckte
uns Allen, und als wir ſchon ein bischen in Stimmung waren,
ging das Toaſten los.   Herr Krauſe ließ die Eltern leben,
mein Karl ſehr hübſch den alten Weigelt, und der wieder die
Gevattern.   Onkel Fritz ließ die vier Franzen leben: den Täufling, den Vater, den Großvater und Dr. Wrenzchen, der auch
Franz heißt, und meinte, wenn es ſo weiter ginge, würde es
noch ein ganzes Kaiſer Franz-Regiment in der Familie geben,
worüber wir Alle in ein lautes Gelächter ausbrachen und
Dr. Wrenzchen ſtark erröthete.   Der Doktor unterhielt ſich zwar
mit meiner Emmi, aber, wie mir ſchien, ein bischen reſervirt
und kühl.   Ich war ſehr unruhig darüber.

Zum Deſſert kam die Punſchbowle, und nun machte Herr
Theophile verſchiedene ſehr amüſante Kunſtſtücke.   Er fraß
Feuer, ohne ſich zu verbrennen, und verſchluckte Meſſer und
Gabeln.   „Das ſind ja faſt Wunder wie zu Moſis Zeiten und
Aarons!“ ſagte der Paſtor lächelnd.

„Meinen Sie den Nietenkommiſſarius Aarons?“ fragte
die Bergfeldten, „das iſt doch ein ſehr ordentlicher Mann, ich
glaube nicht, daß der Feuer frißt!“ — Jedermann ſchwieg ob
dieſer grenzenloſen Bonirtheit.

Der kleine Krauſe war aufgeſtanden und zu dem Herrn
gegangen, um die Kunſtſtücke in der Nähe zu ſehen, und rief
mit einem Male laut: „Aeh, äh, er hat das Meſſer gar nicht
gegeſſen, das liegt auf ſeinem Schooß.   Aeh, äh!“

Herr Krauſe gebot Eduard Stillſchweigen.   Die Herren
ſtanden theilweiſe auf und rauchten ihren Ziehgarn, und ich
ſetzte mich zum Doktor.   „Nun, lieber Doktor,“ fragte ich,
„wie hat Ihnen denn die Taufrede gefallen?“

„Sie hat mir viel Stoff zum Nachdenken gegeben,“
antwortete er.   „Meine gute Frau Buchholz, ich liebe die

perſönliche Freiheit, ohne gerade den Sündenweg zu wandeln, und würde mich doch ſehr beſinnen, ehe ich mich unter Kuratel, ſelbſt der ausgezeichnetſten Schwiegermutter ſtellte. Der Himmel mag wiſſen, wer dem alten Herrn bei ſeiner Rede geholfen hat, aber für das Joch der Trübſal bin ich nicht erwärmt worden! Auch kann ich nicht annehmen, daß Ihnen ein ver= ruchter Schwiegerſohn willkommen wäre."

Nun wußte ich's. Das war eine Ablehnung, und zwar in der Größe eines Waſchkorbes. Warum kannte der alte Herr den Doktor auch nicht beſſer? Er hätte ſich doch ſagen können, daß delikate Angelegenheiten auch delikat behandelt werden müſſen.

Ich wollte dies Thema noch ein wenig weiter verfolgen, denn Zureden hilft manchmal, als die Krauſen rief: „Wo iſt Eduard?" — Ja, wo war Eduard?" Im Zimmer keines= wegs, denn ſein Platz war leer. Im Nebenzimmer war er nicht; in der Küche auch nicht. — „Mein Gott, wo iſt Eduard?" Herr Krauſe ſuchte überall, Eduard war nicht zu finden. Im Nebenzimmer war ein Fenſter geöffnet, um den Tabaksrauch und die Hitze auszulaſſen. Sollte er aus dem Fenſter gefallen ſein? Herr Krauſe blickte hinab. Unten auf dem Trottoir lag etwas Dunkles. „Mein Kind!" ſchrie die Krauſen, „es liegt unten zerſchmettert!" Dabei fiel ſie in Ohnmacht. Herr Krauſe und noch einige Herren eilten die Treppe hinunter, wir ſuchten indeſſen die Krauſen ins Bewußtſein zurückzurufen. Ein Glück, daß wir einen Doktor bei uns hatten, denn der Paſtor hatte ſchon die Oelflaſche ſtatt der Eſſigflaſche ergriffen und wollte der Krauſen die Schläfe einreiben. — Sie rührte ſich noch nicht, als Herr Krauſe wiederkam. „Es iſt nur das Fenſterkiſſen, nicht unſer Kind, erwache wieder, Adelheid, beſinne Dich doch!" rief er. Sie kam wieder zu ſich. „Wo iſt Eduard?" ſchluchzte ſie. „Ach, Ihr wollt mir nur das Schreckliche verbergen. Sagt mir die Wahrheit, die Ungewißheit tödtet mich!"

Wir mußten Alle nicht, was wir dazu ſagen ſollten, als plötzlich die Bergfeldten, die bisher ſtupide auf dem Sopha ſaß, laut aufkrähte und rief: „Mich hat Jemand gepiekt!" Und ſo war es auch. Der kleine Krauſe, die Kröte, hatte ſich unter das Sopha verkrochen und dort eine vergeſſene

Tapeziernadel gefunden, mit der er der Bergfeldten ins
Bein stach.

Die Bergfeldten war außer sich und wollte gleich auf der
Stelle nachsehen, ob es schlimm geworden sei. Nur mit Mühe
konnte ich sie davon abhalten. Wir gingen ins Schlafzimmer
und da stellte sich heraus, daß kaum ein Tropfen Blut ge-
flossen war, nur ein kleiner rother Punkt war auf dem
weißen Strumpf zu sehen. Uebrigens wunderte ich mich, daß
die Bergfeldten so stämmig zu Fuß ist.

Krausens waren wie närrisch über das glücklich wieder-
gefundene Kind. Sie küßte und hätschelte den Jungen, daß
ich es nicht mehr ansehen konnte.

„Gehen Sie doch mit ihm nach der Mädchenkammer,"
rief ich, „die liegt nach dem Hof zu, da hört es Niemand,
wenn er seine wohlverdiente Jacke voll kriegt."

„Was sagen Sie?" fuhr die Krausen wüthend auf. „Den
süßen Engel schlagen? Sie sind keine Priesterin der Humanität!"

„Der Himmel bewahre mich vor solcher Humanität," erwiderte ich. „Ich sage Ihnen nur, wenn Sie den Jungen
weiter so verziehen, dann ist für ihn auch schon der Kalch
mitgelöscht worden, als sie das neue Gefängniß in Moabit
bauten!" — „Frau Buchholz, schonen Sie das Gefühl einer
Mutter!" rief Herr Krause. — „Sie sollten ihm den Puckel
nur gehörig mit hölzernem Balsam einreiben," erwiderte ich.
— „Richtet nicht, auf daß Ihr nicht gerichtet werdet!" predigte
Herr Krause. „Komm, Adelheid, so etwas brauchen wir uns
nicht gefallen zu lassen!"

Krausens gingen, und da die Krausen schrecklich aufgeregt
war, bat Herr Krause den Doktor, sie zu begleiten. — Und
der Doktor ging mit! Er konnte gehen!

Wir blieben noch ein wenig, aber es kam kein Zug mehr
in die Gesellschaft. Die Punschbowle war kaum zur Hälfte
leer, als wir auch aufbrachen. Wie schön hätte man mit dem
Rest noch Verlobung feiern können!

Emmi war sehr niedergeschlagen. Ich glaube, sie liebt
den Doktor aufrichtig.

Das arme Kind! Es ist förmlich, als verfolgte das Unglück sie.

* *

Eine Pfingſttour.

Ich war noch nicht mit der Stadtbahn gefahren, die
Kinder auch nicht, und deshalb ſagte ich zu meinem Karl, es
könnte doch wohl nichts Reizvolleres geben, als am erſten
Pfingſttage einen Ausflug mit theilweiſer Benutzung der Stadtbahn zu machen. Dies käme billiger als alles Andere, ſei
belehrend und intereſſant, zumal das Getobe vom Volk erſt
am zweiten Feiertag ſtattfände.

Mein Karl war damit einverſtanden. Ich ſchickte Betti
nach Bergfeldtens, ob ſie auch mitmachten, aber als Betti
wiederkam, hatte ſie nur halbe Antworten bekommen und ſah
ſo windſchief aus den Augen, daß mir irgend etwas ſengerich
roch; ich wußte nur noch nicht was. Hab's aber nachher
erfahren.

„Warum haben Bergfeldts nicht feſt zugeſagt?“ fragte
ich. „Sie meinten, Stadtbahn ſei zu ordinär!“ — „Auch wenn
wir damit fahren?“ entgegnete ich ſcharf und fragte dann
weiter: „Fährt denn Dein Emil mit uns?“ — Sie ſchwieg.
— „Oder fährſt Du etwa mit Bergfeldts?“ Abermaliges
Schweigen.

„Ich denke doch, daß der Bräutigam an ſolchem Tage
ſeine Braut nicht allein läßt,“ bemerkte ich. — „Ich habe
Emil nicht geſprochen!“ erwiderte Betti. — „Dann frage
ihn morgen früh.“ — „Vielleicht!“ antwortete ſie. — „Was
heißt das, vielleicht?“ rief ich, „habt Ihr Euch erzürnt? —
Seid Ihr böſe mit einander?“ — „Nein,“ erwiderte Betti
ganz leiſe. — „Nun, alſo was denn? Was giebt's? Heraus mit der Sprache!“ — „Nichts,“ flüſterte ſie, und dann
brach ſie in lautes Weinen aus und wollte reell ohnmächtig
werden.

Ich that Alles, was man in ſolchen Fällen thut, ich holte
Eau de Cologne, ich machte ihr das Zeug auf, es war ihr
ein bischen knapp, denn ſie hatte ſehr zugenommen, und
kajolirte mit ihr herum, bis ſie wieder zu ſich kam. — „Nun
ſag' mir doch, was iſt denn paſſirt?“ fragte ich, „Deiner
Mutter kannſt Du doch wohl Alles vertrauen?“ — „O nein,“
rief ſie aus. „Nein, nein, frage mich nicht, es iſt zu
ſchrecklich!“

Mir stiegen allerlei furchtbare Vermuthungen auf, aber ich lächelte, während mir das Herz zerspringen wollte.

„Es wird das Beste sein, Ihr macht bald Hochzeit," sagte ich endlich. „Nicht wahr, zum Herbst heirathet Ihr?"

Den Blick, den das Kind mir nun zuwarf, vergesse ich in meinem Leben nicht. Die Betti hat ja so hübsche Reh-augen, aber sie sah mich damit an, als wäre sie bis auf den Tod verwundet, so jammervoll und so wehleidig; es schnitt mir wie mit einem Messer in die Seele. — „Nie!" sagte sie, „nie!" — „Na nu?" rief ich. „Er wird Dich heirathen, so wahr ich Wilhelmine heiße." — „Aber ich nehme ihn nicht," entgegnete Betti. — „Nun wird's immer schöner. Und warum nicht?" — „Weil ich ihn hasse, ihn verabscheue; o — o — er —." Und nun bekam sie Zufälle, daß ich sie zu Bette bringen mußte. Was eigentlich vorgefallen war, konnte ich nicht aus ihr herauskriegen, denn sie ist von Natur etwas bockig, und was sie nicht sagen will, das sagt sie nicht. Sie schwieg auf alle Fragen, und ich blieb so klug wie zuvor.

Mit meinem Karl sprach ich nicht über meine Sorgen; ich dachte, wenn ich erst weiß, was los ist, soll er's schon er-fahren. Um so eifriger betrieb ich die Vorbereitungen zu der Pfingstfahrt, zumal Betti am andern Morgen ganz so war wie gewöhnlich. Nur die Mundwinkel hingen tiefer und unter den Augen schien sie mir reichlich blau. —

Wir Damen hatten uns natürlich einfach, aber doch ge-fällig gekleidet. Emmi sah in ihrem neuen Cretonkleid reizend aus, daß ich wohl wünschte, Dr. Wrenzchen wäre ihr zu-fällig begegnet. Betti ging egal mit Emmi, und ich hatte mich in Taubengrau mit rothen Fuchsias drauf geworfen, was jetzt erste Mode ist. Mein Karl sah nobel aus wie immer.

Wir waren übereingekommen, erst zu Hause gemüthlich zu essen und den Nachmittag zur Ausfahrt zu benutzen, denn so den ganzen Tag mit neuen Kleidern unterwegs zu sein, das halte ich nicht für ökonomisch, und so kam es, daß wir denn gegen drei Uhr auf dem Bahnhof Alexanderplatz in ein ziemlich leeres Kupee stiegen und davonsausten.

„Siehst Du, mein süßer Karl," sagte ich, „am ersten Feiertage findet man schon Platz; schöner können wir es gar nicht wünschen." — Ehe mein Karl antworten konnte, hielten wir schon auf dem Bahnhof „Börse". — „Die Leute, welche ihren Feiertag genießen wollen, fahren bereits früh aus," entgegnete mein Karl, „halb Berlin wird draußen im Freien sein."

Ich wollte ihm meine entgegengesetzte Meinung ausdrücken, da fuhren wir schon in den Bahnhof Friedrichstraße ein. Und so dampften wir aus Berlin heraus am Zoologischen Garten vorbei nach dem Stadtbahnhof Charlottenburg, und von da gingen wir zu Fuß unter dem Diadukt durch, über die Haide nach dem Halensee.

„Kinder," sprach ich, „seht doch, was Alles hier auf der Haide blüht" und wollte mir ein bescheidenes Blümchen pflücken, wie das auf Landpartien so Stil ist, aber ich kam doch zur Ansicht, daß, wenn die Natur zu dicht bei der Stadt liegt, sie nicht mehr unverfälscht bleibt, weil die Menschen überall ihre Spuren zurücklassen: ein einziges Butterbrodpapier, eine einzige Eierschale nimmt dem ganzen Tableau seinen unschuldigen Ausdruck. Es giebt eben zu viel schlechterzogene Menschen, namentlich im Freien.

Unser Ziel war das Wirthshaus am Halensee, denn aufrichtig gesagt, Bernau und Biesenthal habe ich satt, die Festverpflegung ist da zu grimmig und grüner sind die Bäume dort auch nicht, wogegen am Halensee nicht nur bestes Bier auf Eis liegt, sondern Ozonquellen ersten Ranges sein sollen. Außerdem kannten wir den Wirth persönlich, der mir schon im Winter sagte, wenn ich hinauskäme, sollte ich extra ausgesuchten Protektionsspargel bekommen. Er hatte dies zwar, wie wir erfuhren, vielen von seinen Bekannten versprochen, aber es giebt ja dicken Spargel genug auf der Welt, und das ist ein großes Glück für die Restaurateure, wie für das Publikum.

Es waren viele Leute draußen, aber wir erhielten einen netten Tisch mit entzückender Aussicht auf den See, auf dem die Gondeln nur so herumlavirten. Hin und wieder fuhr ein Bahnzug am Horizont durch die Natur, während der Vordergrund, wie die Poeten sagen, anmutig mit weißbeschürzten Kellnern und festlich geschmückter, anständiger Gesellschaft belebt wurde.

Wir bestellten gleich Spargel im Voraus, zähmten uns

ein Glas ‚Echtes‘ und promenirten dann in dem Park.
Es war wirklich amüsant und ich kann wohl sagen, unsere
gewählte Toilette fiel gebührend auf. Auch die Kegelbahn
besuchten wir und dort fanden wir zu unserem freudigen
Erstaunen gute Bekannte, nämlich Herrn Kleines, Herrn
Theophile, einen Hamburger Doktor, der uns vorgestellt
wurde und sich als sehr gebildet erwies, und noch einige
Andere. Und wer saß, als wir kamen, an dem Anschreibe-
pult? — Dr. Wrenzchen! — Ich begrüßte ihn herzlich, aber
er kam nicht heran, sondern nickte nur ängstlich lächelnd mit
dem Kopfe. Alle Anderen waren so artig, uns zu be-
komplimentiren, aber er blieb sitzen, als wäre er festgenagelt,
was ich natürlich sehr rücksichtslos fand. Nun luden sie
meinen Karl ein, mitzukegeln, aber er lehnte ab, weil ja
schon eine gerade Anzahl Spieler vorhanden sei, worauf der
Doktor ihm gerne seinen Antheil einräumen wollte. „Ach,“
sagte ich, „wenn Sie doch nicht mitwerfen, lieber Doktor,
dann fahren Sie uns ein bischen im Boot, ich weiß, Sie
segeln gerne.“ — Er wurde ganz verlegen und machte
allerlei Ausflüchte, und seine Kameraden, namentlich ein
Herr King, lachten sehr verschmitzt, daß mir nichts übrig
blieb, als meinen Karl, der schließlich nicht übel Lust zum
Kegeln zeigte, etwas energisch unterzuhaken und fort-
zuziehen.

„Du siehst, daß man uns dort nicht haben will,“ sagte ich
erbost. „Der Doktor setzt die einfachsten Anstandsregeln bei
Seite, er steht nicht einmal auf, wo er doch die schöne Kalbskeule bei uns verzehrt hat, und Herr Kleines wollte schon
Lachkrämpfe kriegen, als ich den Doktor ironisch zum Gondeln
aufforderte. Die heutige Jugend ist Pöbel, das ist meine
Meinung.“

Mit einem Worte, ich war sehr erzürnt. — „Tob' Dich
nur aus, Mine,“ sagte mein Engels-Karl, „sonst bekommt
es Dir nicht gut.“ Ach, wo giebt es einen Mann, der so
zartfühlend ist, wie mein Karl? Ich wollte jedoch noch
einige Bemerkungen machen, die gerade nicht von Zucker-
kante waren, als mir das Wort im Munde stecken blieb,
wie eine zu heiße Kartoffel. Denn vor dem Parkthor hielt
eine Equipage und in der Equipage saß die Bergfeldten!
Die Bergfeldten in blauer Seide, bramsig in die Kissen

zurückgelehnt, wie eine reife Katharinenpflaume, und neben ihr
eine ältere magere Dame. Auf dem Rücksitze saß Herr Bergfeldt mit einem jungen Mädchen, das, der langen Nase nach
zu schließen, die Tochter der Mageren vorstellte. Emil hatte
auf dem Bock Platz genommen und sah so kühn in die Welt
hinaus, als hätte er das große Loos gewonnen.

„Die fahren Equipage und wir Stadtbahn Dritter,"
rief ich, aber weiter kam ich nicht, denn die Betti war
weiß wie der Tod geworden — „Betti! . . . Kind!" rief ich.
„Was ist Dir? — Karl, hole den Doktor! Schleife ihn an
der Kravatte von der Kegelbahn, Du siehst, er ist nothwendig!" — Mein Karl stürzte ab. — „Betti, Du erschreckst
mich, was fehlt Dir, mein liebes Kind? Ich will ja Alles
verzeihen." — — — — „Es ist schon vorüber," sagte Betti.
„Ich weiß nun genug. Sei unbesorgt, liebe Mutter. Du
siehst, ich bin wieder ganz munter." — „Wir wollen nach
Hause," sagte ich. — „Nein, wir bleiben," entgegnete sie fest.
„Er soll nicht sagen, daß ich um seinetwillen mich auch nur
eine Minute gegrämt hätte." — „Wer?" — „Er, den ich
jetzt hasse . . . Emil!" —

Mein Karl kam retour, aber ohne den Doktor. „Wenn
es dunkler geworden wäre, wollte er erscheinen," sagte mein
Karl. — „Er braucht sich unsertwegen nicht zu inkommodiren,"
erwiderte ich spitz. „Uebrigens ist er auch nicht mehr von-
nöthen. Und daß ich es Dir nur kurz sage, Betti ist mit
Emil auseinander, und das kann uns nur recht sein; ich hatte
so wie so nie Etwas mit dieser poweren Familie im Sinn.
Unsere Betti an einen so habenichtsigen Zukunfts-Referendarius
wegplempern! Das fehlte gerade. Morgen schreibst Du an
Bergfeldt, daß wir die Verlobung aufheben, oder besser, ich
bringe es ihr bei, daß ihr die Ohren summen wie ein Tele-
graphendraht."

„Und was sagst Du dazu, Betti?" fragte mein Karl, indem er ihren Arm nahm und sie an sich zog. — „Möge Emil
mit der jungen Dame glücklich werden, der er seine Neigung
zugewendet hat, und sie . . . mit ihm!" antwortete sie.

„Also wegen einer Anderen!" rief ich. „Wegen der
langen dürren Person, die im Wagen saß? Wegen so einer
Mamsell, so einem Knochenspinde. Na warte!"

Ich glaube nicht, daß man meine Stimmung hätte huld-

reich nennen können, aber doch war ich gewissermaßen froh,
einmal weil ich wußte, warum Betti sich in der letzten Zeit
gegrämt hatte, und zweitens, weil es nun mit Bergfeldts
gründlich aus sein würde. — Wir blieben noch, um unseren
Spargel zu essen, nachher kam auch Herr Kleines, der die
Kinder sichtlich durch seine Erzählungen aufheiterte, aber wir
gingen doch früher, als wir ursprünglich wollten. Spargel
mit Aerger gegessen, liegen wie Blei im Magen und wenn sie
noch so delikat sind. — — — —

Zu Hause fand mein Karl einen Brief von Herrn Bergfeldt vor. Vier Seiten lang. Drei Seiten nur Hin- und Her-
geziehe und zuletzt die Bemerkung, sein Sohn müßte nach einer
wohlhabenderen Partie aussehen und die biete sich ihm. Die
Verlobung mit Betti sei auch nur ein unbesonnener Jugend-
streich. Unsere Betti könnte ja viel bessere Partien machen,
als ihren Emil. — „Das hat sie ihm diktirt!" rief ich.

Wie lange ich sehr im Zorn war, weiß ich nicht, aber es war
für Bergfeldts vortheilhaft, daß sich Keiner von der ganzen
Sippe sehen ließ, denn es lag etwas wie ein Unglück in der
Luft. Betti war am gefaßtesten! Sie erzählte, wie sie allmälig eine Umänderung Emil's im Benehmen gegen sie bemerkt habe, wie die Bergfeldten von den schlechten Aussichten
der Juristen und reichen Partien gesprochen und wie sie längst
schon gefühlt, daß es aus sei. Und nun, da sie Gewißheit
habe, sei sie ruhiger und zufriedener als je zuvor. — Das
besänftigte mich wieder.

Als ich mit meinem Karl allein war, besprachen wir uns
ernst. Auch er hielt dafür, daß die Lösung der Verlobung
das Beste sei.

„Wäre es nach mir gegangen, so hätten Betti und Emil
sich nie verlobt," rief ich, — „daran sind nur Onkel Fritz und
Dein weiches Herz Schuld. Und dieser Doktor," fügte ich
hinzu, „kann auch bleiben, wo er ist. Eine solche Unhöflich-
keit ist mir noch nicht passirt. Kommt nicht zu mir, nicht einmal zu dem kranke Kinde."

„Er konnte nicht, Wilhelmine, mit dem besten Willen
nicht."

„O, wenn er nur hätte wollen."

„Er konnte wirklich nicht."

„Warum nicht?"

„Er hatte die Hose beim Kegeln zerplatzt. Im Uebrigen legt er Dir und den Töchtern die devotesten Huldigungen zu Füßen."

Es freute mich, daß der Doktor durch triftige Gründe verhindert gewesen war, aber warum nimmt er sich einen Schneider, der zu eng arbeitet? Das muß anders werden. — Den nächsten Tag kam er jedoch bei uns heran, um sozusagen eine Entschuldigungsvisite von Stapel zu lassen, was ich gebührend aufnahm. Gleichzeitig gebrauchte ich die Gelegenheit, ihm zu sagen, daß meine Nerven sich in Zerrüttung befänden. Er empfahl mir, spazieren zu gehen, da er mich für ein Rezept noch nicht herunter genug schätzte.

Das that ich auch, aber das Mittel war wohl nicht richtig gewählt, denn nach und nach überkam mich eine Unruhe, die nicht weichen wollte. Im Schlafe und im Wachen sah ich nämlich Kinder vor meinen Augen, viele kleine Kinder, daß sie gar nicht zu zählen waren. Hiergegen verordnete er mir Marienbader, der ihm stets vollendete Dienste leiste. „Doktor," fragte ich, „sehen Sie denn auch zuweilen bei Tag und bei Nacht Kinder?" — „Nein," sagte er. — „Na," sagte ich darauf, „dann bleiben Sie mir nur mit Ihrem Marienbader vom Leibe!" — Hierauf empfahl er mir wieder fleißige Spaziergänge und ging einen Kunden weiter.

Als er fort war, legte ich mir die Frage vor: Was ist doch eigentlich die Medizin? — Viel ist sie nicht, denn wenn man den Aerzten nicht Alles selbst sagt, wissen sie auch nichts. Dr. Wrenzchen hätte doch sofort ahnen müssen, daß es nämlich gerade die Spaziergänge waren, denen ich mein Leiden verdankte.

Es ist ja ganz einerlei, wohin man geht: vor den Thoren und in der Stadt, überall, wo nur ein größerer Platz ist, da grimmelt und wimmelt es von Kindern. Im Thiergarten, im Friedrichshain, im Humboldtshain, auf dem Mariannenplatz bei Bethanien und ganz besonders auf dem Belle-Alliance-Platz, da sieht es aus, als käme es auf eine Hand voll Kinder mehr oder weniger gar nicht an. Von allen Sorten, von jedem Alter, von jeder Größe, von jeder Farbe sind da, die Hunderte und die Tausende. Viele werden ja noch auf dem Arm getragen, und manche liegen zu zweit und auch zu dritt im Korbwägelchen, aber die meisten sind

9

doch schon so weit, daß sie laufen können. Und das krabbelt
und wühlt und schwankt und wankt daher, wie kleine Kähne,
die man zu voll geladen hat, und das fällt und steht wieder
auf, das lacht und schreit und weint und quarrt, das stößt
sich und das haut sich, das ißt und trinkt und weiß nichts
vom helllichten Tage.

Wenn man nun die bloßbeinige Gesellschaft sieht, die
Schlafenden, welche schon müde von der Luft sind, die Spielenden, welche in den Sandhaufen buddeln und Alles um sich
her im Eifer der thörichten Arbeit vergessen, die Laufenden
und die sich Haschenden, die Masse von unschuldigen, kleinen
Erdenwürmern, dann kann es Einem heiß überlaufen und
plötzlich ist es, als wenn Jemand fragt: „Was soll aus all'
diesen Kindern werden?"

Ueber die Jungens will ich mir keine Sorge weiter
machen, die lernen das Ihrige, werden Soldat und müssen
zusehen, wie sie durchkommen, denn als Rentiers werden doch
wohl nur die wenigsten geboren. — Aber die kleinen Mädchen
. . . da hapert's.

Früher, als ich jünger war, da wußten wir nicht anders,
als daß wir Mädchen verheirathet würden, wenn es an der
Zeit sei, und nur, wenn Eine einsah, daß sie doch wohl leer
ausgehen würde, dann belernte sie sich als Gouvernante oder
so etwas Aehnliches, und war dies nicht, dann gab es immer
noch so viel Angehörige und verwandte Familien, daß sie sich
um ihr Sterbekleid keine Sorge zu machen brauchte. Die
Tanten hatte man immer gern und sie waren auch nützlich,
wenn irgendwo die Familie gerade größer wurde, oder wenn
Jemand krank lag oder die Frau gestorben war, und wo sie
sonst überall verwendet werden konnten. — Jetzt aber werden
nicht mehr Familien gegründet, als eben nothwendig sind,
der Familienzusammenhang wird immer dünner, und Allein-
stehende giebt es immer mehr. Daher kommt es auch, daß
die jungen Mädchen heutzutage schon frühzeitig Gouvernante
und dergleichen lernen, als wäre es ausgemacht, daß sie nie
heirathen würden.

Früher gab es doch noch Klöster, wo sie Nonnen
werden konnten (obgleich mir dies ja nie eingefallen wäre),
wenn man anfing, in der Welt mit ihnen herumzustoßen;

jetzt lernen sie von Klein auf solche Herumstoßgeschäfte, wie
Lehrerin, Malerin, Holzschnitzerin und so etwas. Musik ist
ja derart im Preise gesunken, daß es nicht werth ist, damit
anzufangen, und die Erfahrungen, welche ich in dieser Beziehung mit Emmi machte, können mich nur in meiner Abneigung bestärken. Das Klavier ist ein Hausthier, das mit
seinen weißen und schwarzen Zähnen viel zu viel Zeit frißt
und obendrein Geld verschlingt, statt daß es Nutzen schafft.

Betti will nun auch etwas werden, entweder Gouvernante oder Malerin, sie weiß nur noch nicht, wozu sie die
meiste Neigung hat, sie will es machen, wie so viele junge
Mädchen, die arbeiten, arbeiten, arbeiten, damit sie ihr Leben
haben, oder damit ihr Leben irgendwo nach aussieht.

„Betti,“ sagte ich, „was willst Du malen oder Kinder
erziehen, es giebt genug für Dich in unserm Hausstand zu
thun!“ — Da sagte sie blos „Hausstand?“ mit einem ver-
ächtlichen Ton, und zog die Oberlippe hoch, daß ich sofort
schwieg, denn in solchem Fall ist alles Reden für die Katze.
Das Nasenrümpfen, das Lippenziehen über Geringes und das
Hochhinauswollen taugt nicht; warum kann man nicht zufrieden sein mit dem, was man hat?

Die Zufriedenheit ist eine so herrliche Erfindung, daß
man die Leute nicht begreift, die Nichts von ihr halten und
ohne Ruhe dem Glück nachjagen. Aber mit dem Glück ist
es, wie mit dem Bier, es sieht manchmal wunderschön aus,
allein wenn man es kostet, ist es sauer, und wenn man meint,
es liefe aus purer Forsche über den Rand, so ist es schlecht
eingeschenkt und eitel Schaum.

Wer weiß, was das Schicksal all dem kleinen spielenden
Volk einschenkt, wenn es hinaus muß in den Kampf um's
Dasein, wie sie das Leben jetzt nennen, und der ja auch Mode
bei den Mädchen geworden ist? Wenn ich die vielen Kinder
sehe, dann denke ich auch an meine beiden: es geht mir durch
und durch, und ich möchte laut aufschreien. Wenn's nicht noch
einen Herrgott im Himmel gäbe ... es wäre zu gräßlich auf
dieser Welt.

✱ ✱

Sommerfrische.

Es ist ja am Ende keine Kunst, dicke zu thun und mit einem billigen Extrazug irgendwo hinzureisen, um nachher sagen zu können: wir waren in der Schweiz oder Zoppot oder sonst in der fern entlegenen Fremde, aber bescheiden in der Nähe von Berlin zu weilen, daß Frau und Kinder sich am Luftwechsel erfreuen und der Mann Sonntags heraus-kommt und auch sein Vergnügen hat, ... das halte ich für keine leichte Aufgabe. Da heißt es, die Krone des Hoch-muths abzulegen und das einfache Waschkleid der Tugend anzuziehen.

Deshalb entschieden wir uns dafür, nach Tegel hinaus-zuziehen, sowohl wegen der Wohnung und der Umgebung, die uns sehr gefiel, als auch wegen meines Karl.

Mein Mann hat trotz des Schutzzolles ja brillant zu thun, so daß ich glaube, wenn dieser fehlte, würde er in zwei Jah-ren bereits zu den oberen Zehntausend gehören, und darum kann er nicht auf Wochen vom Geschäft bleiben. Soll er nun ganz auf mich verzichten und seine Kinder? — Nein, er muß die dankbaren Gesichter derer sehen, für die er sich abarbeitet, wenigstens alle acht Tage einmal. Und für solche Zwecke liegt Tegel sehr angenehm.

Und dann ist von dem Dorf Tegel das Schloß Tegel mit seinem Park nicht weit entfernt, und in dem Park liegt Alexander v. Humboldt begraben, dieser außerordentliche Ge-lehrte, der ja auch den Globus erfunden hat, der jetzt zu den beliebtesten Zimmerzierden gehört, obwohl seine blaue Farbe nicht immer mit den Möbelstoffen harmonirt. — Hat man einen solchen historischen Hintergrund in unmittelbarer Nähe, so fühlt man auf den Spaziergängen das Walten des Genius und ist glücklich in dem Bewußtsein, ebenfalls zu den Gebil-deten zu gehören.

Emmi ist beim Vater in der Stadt geblieben, um ihm die Wirthschaft zu führen; ich und Betti sind hier draußen. Betti mußte aus den alten Verhältnissen herausgerissen werden, die sie überall an den treulosen Emil erinnern. Das Kind war so still und schweigsam geworden, daß es mir durch die Seele schnitt, wenn ich es heimlich beobachtete, und sagen durfte man nichts, denn dann gab es gleich schroffe Antworten und Thürenzuschlagen. Dies Alles, dachte ich, sollte sich in Tegel ändern. Wir wohnen hier allerliebst. Dieselben großen Linden und Ulmen, welche das Dach der kleinen Kirche beschatten, halten die Sonnenstrahlen von den Fenstern unseres Vorderzimmers ab, und wenn wir vor der Thüre sitzen, haben wir den alten Kirchhof mit seinen Denkmälern, Trauereschen und blühenden Gesträuchen vor uns. Der Anblick ist zwar ein ernster, aber wer ein reinliches Contobuch im Himmel hat, der wird durch ihn erbaut und gehoben. Ich glaube nicht, daß die Krausen ihn ertragen könnte. Doch von den schrecklichen Ereignissen später.

Nach hinten liegen zwei kleine Zimmerchen mit Aussicht auf den Garten und auch die Küche; die andere Hälfte des Häuschens ist ebenso gebaut, und dort wohnen die Hausleute, die zum Umgang für uns zu niedrig stehen, da sie, obgleich in Tegel geboren, von Humboldt und seiner Bedeutung auch nicht die geringste Ahnung haben.

Ueberhaupt hatten wir uns vorgenommen, mit der dortigen Einwohnerschaft nicht kordial zu werden, und daran thaten wir gut, denn man wird doch nur mißverstanden. Aus Rache dafür nennen sie uns die Gespensterfamilie. Das hat nun folgende Bewandtniß.

Es giebt in und um Tegel nämlich erschreckend viele Mücken, die der See ausbrütet. Als Betti und ich den ersten Abendspaziergang an den Gestaden des Sees machten, kamen wir Beide schön zugerichtet wieder heim. Bei mir hatten diese Geißeln des Menschengeschlechts es namentlich auf den Hals abgesehen, so daß ich aussah, als hätte ich einen Kropf, und wenn ich auch nicht leugne, daß mein Hals ein bischen fett ist, so findet mein Karl ihn doch immer sehr schön, und ich habe nicht nöthig, mir ihn ruiniren zu lassen. Für den nächsten Spaziergang rieben wir uns deshalb mit Lorbeeröl ein, das gut gegen Mückenstiche sein soll, aber das Zeug riecht so niederträchtig, daß es den Genuß an der balsamischen Natur vollkommen verkümmert. Ich schrieb daher an Emmi, sie sollte uns die beiden Musselinballröcke mit herausbringen, und daraus haben wir zwei egyptische Schleiergewänder hergestellt, die den Oberkörper und die Arme schützen. Wenn wir am Waldrande sitzen und im Anblicke der Natur schwelgen, schmücken wir die

Gewänder mit Feldblumen und verzieren die Sonnenschirme mit großen Blättern. Dies poetische Treiben halten die Tegeler nun für Verrücktheit, und wegen der weißen Schleier nennen sie uns die Gespensterfamilie. Ihnen zum Aerger gehen wir mit unserm Kostüm und den geschmückten Schirmen unentwegt durch das Dorf, um zu zeigen, daß wir über lächerliche Vorurtheile hoch erhaben sind. —

So waren ich und Betti ganz allein auf uns angewiesen. Das wäre ja auch recht schön gewesen, wenn Betti ihr verschlossenes Wesen nur ein wenig abgelegt hätte. Es kamen aber Stunden, in denen sie kein Wort redete, auf Fragen keine Antwort gab, und wenn ich in sie drang, sagte: „Mama, Du weißt ja doch Alles besser, was nützt Dir meine Weisheit?"

Neulich kam sie mit einem weißen Kaninchen an, das sie von den Dorfknaben, die es hetzten und peinigten, für einige Nickel gekauft hatte. „Kind," rief ich, „was soll das schaudervolle Geschöpf?" — „Ich will ein Wesen haben, das ich liebe," antwortete sie. — „Liebst Du mich denn nicht, Betti?" — „O gewiß, so meine ich es nicht, aber das Kaninchen wird mich zerstreuen. Es ist so hübsch und hat so klare rothe Augen." — Wohin nun aber mit dem Thiere? Da der unterste Kommodenkasten leer war, thaten wir es da hinein, und ich mußte mich zufrieden geben, weil Betti sich wirklich an dem kleinen Vieh erfreute. Wir nahmen es auf unseren Spaziergängen mit ins Freie. Aber die Kommode und das Zimmer rochen sehr strenge nach dem Stallhasen, so viel wir auch lüfteten.

Unser Leben regelte sich gar bald. Morgens wurde erst im See gebadet und Betti schwamm bald ausgezeichnet. Dann frühstückten wir und Betti besorgte das Kaninchen, während ich die Wohnung in Ordnung brachte. Dann kam die Frau, welche die groben Arbeiten verrichtete, ich kochte und wir aßen zu Mittag. Dann nahmen wir ein paar Augen voll Schlaf und rüsteten uns darauf zum Spaziergang.

Natürlich waren wir auch mit Lektüre versehen; Onkel Fritz hatte den Kosmos von Humboldt besorgen müssen. Er sagte, als er ihn brachte: „Wilhelmine, er wird Dir zu hoch sein." Aber da kam er schön an. Ich erwiderte ihm:

„Ich habe leider oft genug erfahren, daß Du die Fähig-
keiten der Frauen unterschätzest, weil Du ein Freigeist bist; deshalb ist jedoch noch lange nicht gesagt, daß ich nicht verstehe,
was Du nicht zu begreifen vermagst!"

Hierauf lächelte er maliziös und sagte: „Glück mit dem
Kosmos. Schicke ihn nur bald zurück, damit er wieder in die
Bibliothek kommt."

Es war nun erst recht meine Pflicht, den Kosmos zu
lesen. Wir nahmen ihn und das Kaninchen, das wir Muck
genannt hatten, mit in den Wald, und Betti las mir aus dem
Buche von den Gebirgen in Mexiko vor und den Gesteins-
schichtungen, die obendrauf liegen. Das erste Mal schlief ich
leider ein, weil es sehr heiß war, das zweite Mal hatten
wir Bohnen zu Mittag gehabt, wodurch wir beide müde
wurden. Das dritte Mal las Betti sehr schlecht, weil Muck
immer davonhüpfte und sie ihn wieder greifen mußte. Wir
werden dessenungeachtet den Kosmos im Winter mit Ruhe
lesen, denn es wäre doch lächerlich, wenn man ein gedrucktes
Buch nicht verstehen sollte. Das sind Prätensionen von
Onkel Fritz.

Als nun eine ausdauernde Regenzeit kam, wurde es
ziemlich triste, zumal Betti meistens verstimmt war. Ohne
Muck wäre es nicht auszuhalten gewesen. Betti nähte ihm
eine blaue Jacke, und wir amüsirten uns, wenn er darin
umherhopste.

An den Sonnabend-Abenden kamen mein Karl und Emmi
heraus. Das waren dann wahre Festtage. Sie brachten
stets allerlei Genußreiches mit, und wenn die Sonne schien,
gingen wir in den Wald und delektirten uns an den guten
Sachen. Aber wie kurz so ein Sonntag ist, davon macht
man sich kaum einen Begriff. Wenn mein Karl am Abend
wieder in die Pferdebahn stieg, war mir, als sei er erst
eben angekommen, und wenn ich und Betti dann nachher
noch vor der Thür saßen, den Kirchhof vor uns, war mir
mitunter, als müßte einmal eine Zeit kommen, wo er mich
umschlungen hielte und ich fest, ganz fest an seinem Herzen
ruhte, ungetrennt für alle Ewigkeit. Mein lieber, lieber
Karl! —

Wir sollten aber nicht ohne Umgang bleiben, nämlich
Krauses zogen ebenfalls nach Tegel. Ich hatte mich freilich

mit der Krausen auf der Taufe bei Weigelts wegen des
kleinen Eduard ein bischen überworfen, aber wir trafen uns
eines Morgens auf dem schmalen Badesteg, so daß ich sie
nicht schneiden konnte. Sie begrüßte mich sehr artig, und ich
war auch froh, endlich Jemand zu haben, mit dem ich mich
einmal aussprechen konnte, weshalb ich sie auf den Nachmittag einlud.

Sie kam auch, aber allein. Eduard war mit ihrem
Manne auf die Schmetterlingsjagd an den See gegangen.

Anfangs wollte das Gespräch nicht recht in den Zug
kommen. Sie fand den Kaffee jedoch sehr schön und bald
gab ein Wort das andere, und so erfuhr ich denn zu meiner
Freude, daß sie den Umgang mit Bergfeldtens auch auf-
gegeben.

Sie sagte, man könne mit der Familie nicht mehr verkehren. Er sei wieder gänzlich verschuldet und Emil habe sich
nur mit dem reichen Mädchen verlobt, um aus dem Dalles
herauszukommen. Er trüge jetzt immer helle Anzüge, aber ob
die Braut sie bezahle, wisse man nicht, die Verhältnisse seien
nicht klar. Daß Bergfeldts nicht im Stande wären, ihn Auf-
wand machen zu lassen, das wisse ja Jedermann.

„Ja," sagte ich, „kümmerlich geht es nur her bei
ihnen."

„Sagen wir ärmlich," meinte die Krausen. „Mir ist es
schon öfter aufgefallen, daß ihre meisten Kaffeetassen keine
Henkel haben, und als ich zuletzt da war, hatte sie Thee-
löffel, wie man sie in der „Neuen Welt" bekommt!"

„Dem Manne werden die Augen erst aufgehen, wenn sie
gefaßt wird," entgegnete ich. „Man kann schließlich nur froh
sein, daß man nicht mit Leuten zu thun hat, die ohne Zweifel
einmal in dem grünen Wagen fahren müssen. Zwei Jahre
kriegt sie mindestens."

Es war ein Glück, daß Betti Muck gerade im Garten
grasen ließ, denn sobald sie nur den Namen Bergfeldt hört,
läßt sie den Kopf hängen. Aber sie soll gelegentlich doch erfahren, wie die Welt über jene Familie denkt.

Um vier Uhr wollte Herr Krause mit dem kleinen
Eduard wieder zurück sein, und wir gingen nach dem See,
um ihn zu empfangen. Das Dampfschiff kam gerade von
Saatwinkel an, und viele Leute stiegen aus, so daß es recht

belebt an der Landungsbrücke war. Auch Equipagen hielten
unten. Herr Krause und Eduard waren schon da mit ihren
Schmetterlingsnetzen. Wir begrüßten uns und sprachen über
dies und das, als wir plötzlich einen lauten Schrei hörten.
Die Krausen hatte ihn ausgestoßen. „Eduard!" rief sie.
Eduard stand aber ganz ruhig auf der Brücke und sah in
das Wasser hinab.

Was war geschehen? Leute eilten herbei. Ein Knabe,
hieß es, sei in den See gefallen. Die Fischer machten ein
Boot los, aber ehe sie damit fertig wurden, sprang Jemand
rasch wie der Blitz in das Wasser hinab und tauchte unter.
Es war ein ängstlicher Augenblick. „Da ist er," riefen die
Leute. — „Hat er den Knaben?" — „Nein, er taucht wieder
unter." — Und abermals verschwand der Mann, welcher
hinabgesprungen war. Dann aber kam er wieder empor. . . .
er hatte den Knaben, den er in das mittlerweile herbeigeeilte
Boot legte.

Am Ufer stand eine junge Frau; sie wollte sich in den See
nachstürzen denn es war ihr Knabe, der nun in dem Boote
lag. Man mußte sie mit Gewalt zurückhalten. Als das Boot
landete und man den Knaben brachte, als sie ihn bleich und
leblos vor sich liegen sah, brach sie zusammen. Dann trugen
sie den Knaben in das Badehaus.

Mir war als sei mit einem Male die ganze Schönheit
der Natur plötzlich verschwunden, als der Tod so plötzlich und
unerwartet in die sonnenbeleuchtete Welt trat, um ein junges
Leben abzurufen in sein fernes, trauriges Land.

Ich sah nicht mehr den blauen See mit seinen Ufern
und dem klaren Himmel, ich sah nur das Badehaus, das den
ertrunkenen Knaben barg, und blickte unverwandt auf die
Leute, welche vor der geschlossenen Thür standen, als wenn
ich von denen erfahren könnte, ob Hoffnung vorhanden sei,
das entflohene Leben zurückzurufen. Die Eltern des Kindes
waren in dem Badehause. Die Equipage hielt in einiger
Entfernung, der Kutscher stand neben den Pferden und sah
unverwandt auf das Bretterhaus im Wasser. Ob der Kleine
wohl je wieder auf den Pferden reiten würde? Ob er ihm
wohl je wieder sagen würde: „Johann, wir fahren spazieren,
ich sitze bei Dir auf dem Bock und Du giebst mir dann die
Zügel?"

Es war ein heißer Sommernachmittag, und doch kam es mir vor, als wenn von Zeit zu Zeit ein kalter Hauch über den See herüberwehte, der mich frösteln machte. Und es war so still, trotz der vielen Leute.

Da flüsterte Betti mir zu: „Mama, Mama! ich habe eben etwas Furchtbares gesehen."

„Was hast Du gesehen?" fragte ich leise.

„Wenn der Knabe lebt, will ich Dir es sagen," entgegnete sie kaum hörbar. „Vielleicht habe ich mich getäuscht. Aber die Krausen sah es auch."

„Wo sind Krauses?"

Wir sahen uns überall nach ihnen um. Krauses waren verschwunden.

Ich wollte Betti weiter fragen, als die Thür des Badehauses sich öffnete. Die Leute schritten vom Steg herab an das Ufer. — „Lebt er?" — „Er lebt!" — Dann kam der Vater, der den Knaben trug, den man in ein Plaid und in weiche Tücher gehüllt hatte. Die Mutter folgte von der Badefrau unterstützt. Sie nahmen Platz in dem Wagen; der Kutscher stieg auf den Bock und sah in den Wagen hinein. Dann verklärte sich sein Gesicht, und fort ging's in raschem Trabe.

Die Leute zerstreuten sich. Nur eine Gruppe junger Männer blieb noch stehen, als warteten sie auf Jemand. Der Erwartete trat aus dem Badehause. Er war durch und durch naß. Das war der junge Mann, der den Knaben gerettet hatte.

Die jungen Leute eilten auf ihn zu und streckten ihm ihre Hände entgegen, und dann, so schien es, hielten sie eine Berathung. Ich ging auf sie zu. „Meine Herren," sagte ich, „ich wohne in der Nähe. Ueberlassen Sie es mir, für Ihren wackeren Freund zu sorgen, denn in den nassen Kleidern kann er nicht bleiben!" — Sie machten Einwendungen, aber sie kannten mich schlecht: — ich ließ nicht locker.

Sie gingen mit uns. Vor dem Hause nahmen sie Abschied und sagten, daß sie gegen Abend wieder vorsprechen und sich bis dahin im Schloßrestaurant aufhalten würden. Einer von ihnen trat auf den Retter des Knaben zu und legte ihm seine Rechte auf die Schulter. Dann blickte er

ihn fest und innig an und sagte: „Gehab' Dich wohl, Felix!"
Die Beiden mußten gute Freunde sein, und das gesiel mir
gut. — Die jungen Leute schlugen den Weg zum Schloß ein
und wir traten in das Haus.

Der junge Mann sagte: „Gestatten Sie, daß ich mich
Ihnen vorstelle, ich heiße Felix Schmidt."

„Und ich bin die Buchholzen. Nun kommen Sie nur in
das Schlafzimmer. Hier ist ein Hausrock von meinem Mann
und hier Hose und Weste und hier ein Nachthemd und
Strümpfe. Die Morgenschuhe stehen in der Ecke. Kleiden
Sie sich nur um. — Wollen Sie Kaffee oder trinken Sie lieber
einen Grog?"

„Ein Grog würde nicht schaden — —"

„Sollen Sie haben. Aber jetzt nur, rasch aus dem nassen
Zeuge!"

Ich ging in die Küche und machte ein gehöriges Feuer
an. Nach einer Weile öffnete sich die Thür, die vom Schlafzimmer in die Küche führt, und Herr Felix Schmidt stand auf
der Schwelle.

„Ich mache Ihnen zu viel Mühe," sagte er verlegen.

„Nichts da!" rief ich und nahm ihn beim Arm. „Nun
kommen Sie nur mit in's Wohnzimmer."

Dort setzte ich ihn in den großen Lehnstuhl, und wie er
so da saß, sah ich mir ihn an. Aeußerlich war es freilich
mein Karl, und doch war er es wieder nicht. Mein Karl ist
dunkel, der junge Mann ist blond, mein Karl trägt einen
Backenbart, er dagegen einen braunen Schnurrbart, der ihm
gar gut zu Gesicht steht. Aber doch sind sie sich ähnlich, denn
so jugendfrisch und blühend sah mein Karl auch aus, als wir
uns kennen lernten und ich noch nicht wußte, wie lieb ich ihn
einst haben würde.

Mittlerweile mußte das Wasser kochen. Die Frau von
der anderen Seite des Hauses erwartete mich in der Küche
und fragte, ob sie mir behilflich sein könnte. Es that mir
leid, daß ich sie immer links hatte liegen lassen, ich schämte
mich jetzt sogar ein wenig vor ihr, aber ich nahm ihr Anerbieten gerne an.

Wir holten nun das nasse Zeug, wrangten es aus und
hingen es im Garten in den Sonnenschein auf die Leine.
Die Stiefel stülpten wir über zwei Pfähle. Sie waren voll

Wasser gewesen, denn auf dem Fußboden stand ein großer Pfuhl. Die Frau holte einen Scheuerlappen und wischte ihn auf.

Es war ein Glück, daß mein Karl eine Flasche von dem guten Meuckow'schen Cognac mit herausgenommen hatte, denn nun konnte ich einen deliciösen Grog brauen. Und das that ich auch. Und für uns machte ich einen kräftigen Kaffee auf den Schreck, obgleich wir schon einmal getrunken hatten. Auch die Frau bekam eine Tasse.

Drinnen im Zimmer saßen Herr Felix Schmidt und Betti, als ich mit dem Grog kam. Die beiden unterhielten sich ganz lebhaft. — Ich sagte ihm, daß er heute eine Familie vor großem Leid bewahrt habe. Er meinte, das hätten Andere an seiner Stelle auch gethan. Er habe gerade gesehen, wie der Knabe in das Wasser gefallen wäre, und sei am nächsten bei der Hand gewesen.

Betti fragte, ob er gesehen habe, wie der Knabe zu dem Fall gekommen sei?

Herr Felix Schmidt schwieg einen Augenblick und sagte dann: „Es stand noch ein zweiter Knabe auf der Landungsbrücke."

„Ganz recht," antwortete Betti.

„Kennen Sie den Knaben?"

„O ja," rief ich. „Es ist ein kompleter Taugenichts."

„Ich würde ihn nicht ohne Aufsicht lassen," sagte Herr Schmidt.

„Wie so?" fragte ich.

„Er könnte auch leicht einmal hinabfallen," erwiderte Herr Schmidt kurz.

„O nein!" lachte ich. „Unkraut verdirbt nicht."

Herr Schmidt hatte den ersten Grog aus, und ich ging, ihm den zweiten zu mischen. Die Sonne war mittlerweile herumgegangen, und die Frau und ich mußten ihr mit dem nassen Zeuge nachrücken. Es trocknete aber schon recht gut. Die Wäsche konnte bald geplättet werden, und ich legte deshalb Bolzen ins Feuer. — Da kam Betti und sagte, Herrn Schmidt's Cigarren seien sämmtlich naß geworden; er möchte gern rauchen.

„Woher weißt Du das?"

„Ich habe ihn danach gefragt."

„Wie kamst Du darauf?"

„Du weißt doch, Emil konnte keine Viertelstunde ohne Cigarre sein."

„Papa's Cigarren stehen auf dem Kleiderspinde. Nimm auch den Grog mit hinein und diese Stullen, er wird Hunger haben."

Ich hätte laut lobsingen mögen. Zum ersten Male nach langer Zeit sprach Betti den Namen wieder aus, der ihr sonst Kummer verursachte, sobald er nur angedeutet wurde. Nun war er ihr gleichgiltig geworden. Endlich!

Die Bolzen waren roth, und ich machte mich an das Plätten. Die Wäsche konnte ja nicht so gut werden, als wenn sie neugestärkt worden wäre, aber ich konnte doch meine ganze Kunst an ihr zeigen. Es war gediegene Wäsche und hübsch gezeichnet. Der junge Mann war ordentlich, das konnte man sehen. Auch die weiße Weste bügelte ich; mein Karl trägt im Sommer stets weiße Westen, und er sagt immer, daß Niemand sie ihm so zu Dank macht, wie ich. Dann kam Betti wieder und brachte Herrn Schmidt's Uhr, die voll Wasser sei und nicht gehen wolle. — „Wird ihm die Zeit denn schon lang?" fragte ich. — „Nein," erwiderte sie „wir sprachen nur davon, wie die Stunden rasch vergehen, und da sah er nach der Uhr." — Ich hing die Uhr über dem Feuerheerd auf, eine werthvolle, goldene Uhr, kein Spindenschlüssel, wie ihn Bergfeldt's Emil früher an der Kette trug. Bergfeldtens waren überhaupt eine Verirrung.

Die Frau hatte ich zum Schlächter geschickt; sie kam wieder und brachte Carbonaden, und setzte sich dann hin und schälte Kartoffeln. Das Zeug wurde nach und nach trocken. Wo ich konnte, half ich mit dem Plätteisen. Es war mir fast, als müßte ich mich für meinen Herzens-Karl, für den zu arbeiten mir ja die größte Freude auf der Welt ist. Dann legte ich das Zeug ordentlich bei einander auf mein Bett und stellte die Stiefel daneben, welche die Frau blank gemacht hatte, so gut es gehen wollte.

„So, Herr Schmidt," sagte ich, „es ist Alles wieder in der schönsten Konfusion — (man will doch auch einmal einen kleinen Witz machen) — die Maskerade kann nun ein Ende nehmen."

Er war erstaunt, wie Alles so rasch in Ordnung gekommen, aber was verstehen Männer auch von heißen Plätt-
bolzen?

Betti und ich deckten nun den Tisch im Vorderzimmer.
Wir legten sieben Couverts: für Herrn Schmidt, seine vier
Freunde und uns Beide. Wein hatten wir im Hause, und
mit Gläsern und Tellern half die Frau aus. Sie benahm
sich wirklich scharmant und ich beschloß, von nun an mehr
Umgang mit ihr zu pflegen.

Als Herr Felix seine Toilette beendigt hatte und in das
Zimmer trat, sah er aus, wie aus dem Ei gepellt. Wirklich ein stattlicher, hübscher junger Mann. Nur sein Shlips
war fort, und von meinem Karl war keiner vorhanden.
Betti aber wußte zu helfen. Sie nahm meine Scheere, schnitt
einen Streifen von dem Geisterkostüm und fertigte einen
wohlgelungenen weißen Shlips daraus, den sie ihm aber
selbst umbinden mußte. Anders wollte er ihn nicht annehmen.

Als nun die Freunde kamen, waren die Kartoffeln gar
und Coteletts sind ja bald gebraten. Es schmeckte ihnen trefflich, und wir Alle waren guter Dinge. Der Freund des
Herrn Felix erhob sein Glas und sagte, er wolle in ihrer
Aller Namen dem gastfreien Hause den Dank abstatten für
die Sorgfalt, die ihrem Kameraden gewidmet worden sei, und
dann stießen Sie an auf das Blühen und das Gedeihen des
Hauses Buchholz. — Ich toastete dagegen und sagte, ich bedauerte nur, daß mein Karl nicht zugegen sei und daß ich
hoffte, sie Alle wiederzusehen. Das versprachen sie auch. Es
war ein reizender Abend. Es mußte aber doch einmal ge-
schieden sein, und Herrn Felix schien es schwer zu werden,
wieder nach Berlin zurückzukehren. Aber auch er folgte den
Andern, die schon weit vorauf waren.

Wir räumten ab und setzten uns noch ein wenig vor die
Thür. Es war wundersam draußen, denn in den hellen
Nächten schläft die Natur nicht, sondern drusselt nur ein bischen,
weil der Morgen ja doch gleich wieder kommt. Die Bäume
und Sträucher dufteten in die Nacht hinein und in der
Hecke sangen die Heuschrecken.

„Mama," sagte Betti, „das Kaninchen muß morgen fort,
es ist unerträglich. Es verpestet die ganze Wohnung."

„Gottlob," sagte ich.

Nach einer Pause flüsterte Betti mir zu: „Mama, ich muß es Dir sagen, der Knabe ist nicht ins Wasser gefallen .... der kleine Krause hat ihn von hinten hineingestoßen."

„Betti!" rief ich entsetzt.

„Ich sah es und die Krausen sah es auch, sie wurde todtenbleich, und Herr Felix hat es auch gesehen."

„Sagte er das?"

„Nein, aber ich weiß, daß er es gesehen hat, ich las es in seinen Augen."

Ich schlang meinen Arm um Betti, und sie schmiegte sich an mich, wie sie seit langer Zeit nicht gethan. Wir schwiegen, jede hing ihren Gedanken nach, und erst als es spät geworden war, als der Himmel im Osten sich zu lichten begann, begaben wir uns in das Haus.

❋ ❋

Erntefest.

Ich muß einmal wieder mit Ihnen reden und das aus schierem Vergnügen. Sie haben oft den Regenschirm des Trostes theilnehmend über mir gehalten, wenn die Wolken der Trübsal auf mich und die Meinen herabhagelten, und nun sollen Sie auch der erste sein, dem ich einen erfreulichen Familien-Wetterbericht sende.

Also die Aussichten sind folgende: Betti's Depression wegen Bergfeldtens Emil im Abnehmen begriffen, Dr. Wrenzchens Minimum wegen Emmi scheint in ein Maximum überzugehen, mein Karl und ich konstant heiter, Onkel Fritz unbestimmt. Sie sollen nach und nach erfahren, wie das Alles gekommen ist. —

Muck ward also an die Luft gesetzt, die Kommodenschublade tüchtig ausgeseift und der Kosmos wieder zurückgeschickt, weil wir keine Zeit zum Lesen hatten und es uns auch ziemlich einerlei war, wie hoch die Berge in Mexiko sind. Dagegen machten wir Entdeckungsreisen in den Tegler Wald, wo wir wundervolle Stellen fanden. Einen Platz nannten wir Wilhelminens-Ruhe, einen anderen Betti's Waldsaal, weil die Bäume dort im Kreise stehen und ordentlich eine große Halle bilden; die Wiese vor dem Wald hieß mit einer Anlehnung an Humboldt Muck's Savanne und eine Anhöhe im Walde, von der man den See überblicken kann, nannten wir meinem Manne zu Ehren Karlshöhe. Ich nahm mir vor, hier einmal ein kleines Picknick zu arrangiren.

Weil wir nicht recht wußten, wo wir nun mit dem Kaninchen hin sollten, schenkten wir es dem kleinen Krause, unter der Bedingung, daß er es nicht markte. Herr Krause versprach, auf das Thier zu achten, und da er Mitglied des Thierschutzvereins ist, so waren wir beruhigt.

Als Eduard kam, um Muck abzuholen, begleitete ich ihn über den Kirchhof. „Hier liegen die Menschen begraben,“ sagte ich, „was meinst Du wohl, wenn sie den kleinen Knaben auch hierher gebracht hätten, der damals ins Wasser fiel?“ Er antwortete nicht, sondern machte sich mit dem Kaninchen zu schaffen. „Wenn er nun ertrunken wäre?“ fragte ich weiter. — „Er hätte ja nur schwimmen können,“ antwortete die gefühllose Kreatur. — „So? meinst Du? Aber nicht wahr, Du hast ihn nur aus Versehen angetippt?“ — „Er fiel ganz von alleine!“ entgegnete er patzig. — „Eduard, wenn ich Dir das nun nicht glaube?“ — „Mama sagt, der fremde Junge hätte Streit mit mir angefangen.“ — „Der schwache zarte Knabe? Eduard, das kann ich mir nicht denken.“ — „Es ist aber doch wahr. Mama hat es gesehen.“ — „Dann wird es wohl so gewesen sein,“ erwiderte ich, „jetzt gehe nur und sorge gut für Muck.“ — Weg rannte er wie der Wind. Ich konnte mich gar nicht fassen über die Nichtswürdigkeit des Jungen. Was soll aus ihm werden? Wohin kann solche Erziehung führen? Ich fürchte, die Mutter wird noch einmal blutige Thränen über ihn vergießen, wenn es zu spät ist. — Zu spät! das furchtbarste Wort, wenn die eigene Schuld es dem Menschen zuschreit. Dagegen hilft kein Ohrenzuhalten. —

Wenn die Luft und das Baden Betti nicht so enorm gut bekommen wären, hätte ich Tegel je eher je lieber verlassen, denn ich hatte Bange, gelegentlich einmal mit der Krausen zusammenzugerathen, aber da die Ernte bald gethan war und das Erntefest vor der Thür stand, zog ich es vor zu bleiben, weil mir diese Gelegenheit sehr geeignet erschien, einige Gäste bei uns in der Sommerwohnung zu sehen. Ich überlegte den Fall mit Betti.

„Wie wäre es, wenn wir Herrn Felix Schmidt und seine Freunde heraus bäten?" fragte ich ganz wie von ungefähr. — „Ich würde es nicht für taktvoll halten, sie direkt einzuladen," antwortete Betti. — „Aber sie versprachen doch, wieder bei uns vorzusehen, als sie an jenem Abend Abschied von uns nahmen." — „Wenn sie zufällig herauskämen, würde ich mich sehr freuen," sagte Betti, „aber wenn Du sie extra einladest, dann gehe ich für meine Person nach Berlin." — „Was willst Du in der Stadt? Papa und Emmi kommen ja heraus und Onkel Fritz dito." — „Aber ich gehe." — „Betti, Du bist unvernünftig." — Betti hatte schon wieder eine Antwort bereit, aber ehe sie den Mund aufthun konnte, hatte ich das Zimmer verlassen und die Thür mit einem gehörigen Baller hinter mir zugeworfen. Wäre ich ihr nicht zuvorgekommen', so hätte sie mit der Thür geknallt. Nun konnte sie auch einmal erfahren, wie abscheulich sich solches Thun ausnimmt. Nichts erzieht eindringlicher als Beispiele!

Am Nachmittag fuhr ich zur Stadt und zwar allein, weil Betti launisch war, und unterwegs gab ich mich allerlei Gedanken hin. In meinen Augen war Herr Felix wie geschaffen für meine Betti. Daß er sein Herz auf dem rechten Fleck hat, das hatte er bewiesen, und daß er ordentlich und reell ist, das hatte ich an seiner Wäsche und seinem Zeug gesehen. Er ist Kaufmann. Mein Karl hat auch klein angefangen ... warum könnten die Beiden nicht auch ihr Nest bauen, vorne mit einem Laden und einem Berliner Zimmer daran und oben die Wohnung?

Aber wie ihn heraus nach Tegel bringen?

Ich leugne nicht, daß es eine Vorsehung giebt. „Wenn ich Herrn Felix zufällig begegnen sollte," so dachte ich, „dann ist dies Zusammentreffen ein Wink des Himmels." Und da es doch wohl erlaubt ist, den Fügungen des Schicksals ein wenig nachzuhelfen, nahm ich mir vor, durch die Königstraße zu gehen und zu versuchen, ob ich ihn dort nicht zufällig in seinem Geschäft anträfe. Er war aber nicht da, als ich dort ankam, dagegen traf ich ihn in unserem Hause in eifrigen Verhandlungen mit meinem Karl, und zwar über einen Posten wollener Socken, den sein Prinzipal von meinem Mann kaufen wollte. „Dies ist die Stimme des Himmels," sagte ich mir, und wartete so lange, bis das Geschäft ab- geschlossen war und der junge Mann gehen wollte. Ich be- grüßte ihn und sagte so obenhin: „Am Sonntag ist Erntefest in Tegel." — „Es ist meine Absicht hinauszukommen, wenn das Wetter gut ist und es nicht regnet," antwortete er und wurde roth. — „Sie fürchten doch die Nässe nicht?" erwiderte ich lustig und er verabschiedete sich. — „Wird das Wetter am Sonntag schön," kalkulirte ich, „dann habe ich ein drittes Zeichen, und es soll mir nicht einfallen, mich gegen die Vor- sehung aufzulehnen."

Mein Karl, der früher schon erfreut war, von mir zu hören, wie trefflich sich der junge Mann benommen hatte, nannte ihn jetzt auch noch einsichtsvoll, denn ihm sei es ge- lungen, seinen Prinzipal zu bewegen, mit uns Geschäfts- verbindungen anzuknüpfen, von denen mein Karl sich guten Fortgang versprach. — „Karl," sagte ich, „siehst Du, wie Wohlthun Zinsen trägt? Hätte ich mich seiner nicht an- genommen, wer weiß, ob Du die Socken so glatt durch ihn los geworden wärst? Und die Betti scheint sich für ihn zu interessiren." — — — Nun brauste mein Karl auf. „Für einen Posten Strümpfe ist mir meine Tochter nicht feil!" rief er. „Hast Du noch nicht genug an Deinen Heiraths- stiftereien?" — „Karl," sagte ich mit stiller Würde, „was im Himmel beschlossen ist, kommt auf Erden zur Ausführung. Der junge Mann arbeitet in Deiner Branche. Wir haben nur die beiden Töchter, ... wie schön würde es später ein- mal heißen: Buchholz und Sohn, Wollenwaaren und Phan- tasieartikel en gros!" Mein Karl überlegte eine Zeitlang. „Wenn Du mir gelobst, Deine Hände ganz aus dem Spiel zu lassen, will ich Deinen Wünschen nicht entgegen sein," sagte er dann.

„Das verspreche ich Dir," sagte ich, „aber auf Sonntag habe ich ihn schon halb und halb eingeladen." — „Siehst Du wohl," rief mein Karl, „Du bist unverbesserlich; allein das sage ich Dir: ich werde meine Augen offen halten."

Ich packte nun Sachen ein, deren wir für unsere Gäste bedurften, und dann ging ich zu Onkel Fritz und befahl ihm, ebenfalls mit einigen Freunden anzutreten, damit ich Betti einen Grund für die Teller, Bestecke und das Löffel- und Gabelwerk angeben konnte.

Am Sonntag war das herrlichste Wetter.

Mein Mann kam schon am Sonnabend heraus. Am folgenden Nachmittag kamen Onkel Fritz und Herr Kleines. Emmi sollte Polizeilieutenants Mila mitbringen.

Wir warteten eine ganze Weile auf Emmi, aber vergebens, und auch Herr Felix ließ sich nicht sehen, so daß uns nichts übrig blieb, als ohne sie ins Dorf zu gehen, um die geschmückten Erntewagen vorbeipassiren zu lassen und die Ernteleute mit ihren Geräthen. Der Zug war sehr hübsch arrangirt, jedoch machte er mir kein Vergnügen, denn ich hatte Sorgen, weil Emmi ausblieb und Herr Felix mit seinen Freunden. — Endlich kam Emmi, aber allein. — „Wo ist Mila?" fragte ich. — „Sie hatte nichts anzuziehen!" — „Unsinn! Warum kommst Du so spät?" — „Ich ... ich sah erst, wie in der französischen Straße die Pferdebahngeleise gelegt werden." — „Emmi, was hast Du in der französischen Straße zu thun; was geht Dich die Pferdebahn an?" — „O, Mama, die ist so interessant!" — „Das war sonst doch nicht?" — „Wenn Alles nur ordentlich erklärt wird, ist sie entzückend." — „Wer erklärt Dir Pferdebahnen? Heraus mit der Sprache!" — „Dr. Wrenzchen!" antwortete sie schüchtern. — „Was ist das?" — „Die neue Linie geht jetzt auch an seiner Wohnung vorbei." — „Woher weißt Du das?" — „Ich traf ihn neulich in der Pferdebahn." — „Wen? — „Dr. Wrenzchen; ganz zufällig." — „Und heute auch ganz zufällig?" — „Nein, er holte mich ab." — „Um die Pferdebahngeleise zu besehen?" — „Ja. Und dann fuhren wir bis zum Hallischen Thor und wieder zurück." — „Lud er Dich zu der Tour ein?" — „Ja, aber bezahlt habe ich selber, er bezahlt nie für mich, wenn wir auf der Pferdebahn fahren." — „Also Ihr gebt Euch Rendezvous? Weißt Du nicht, wie empörend er sich gegen mich benommen hat?" — „Mama, Du hast ihn verkannt, er ist so gut." — „Wir sprechen weiter über Dein Betragen," sagte ich, „wie kannst Du einem Manne, der Dir in aller Form einen Korb gegeben hat, irgend welche Annäherung gestatten und noch dazu in Pferdebahnen? Es wird besser sein, ich nehme Dich zu mir heraus nach Tegel."

Nun werde Jemand klug aus diesem Doktor. Ich setze ihm den schönsten Kalbsbraten vor und er läßt sich nichts merken, kaum aber habe ich den Rücken gewandt, so schlängelt er sich an mein unschuldiges Kind heran. Gottlob, in der Pferdebahn sind sie unter Aufsicht.

Die Herren waren vorangegangen und ich und die Töchter folgten ihnen nach dem Schloßrestaurant, wo das Fest schon in vollem Gange war, und dort fanden wir denn auch Herrn Felix mit seinem Freunde Max. Wir begrüßten uns, nahmen einen Tisch in Beschlag und ließen uns häuslich nieder.

Onkel Fritz forderte die jungen Leute auf, ein Tänzchen zu machen. Herr Felix engagirte Betti und Herr Kleines machte Emmi sein Kompliment, aber sie erklärte, nicht tanzen zu wollen, worauf er mit hängender Unterlippe verschwand. „Emmi, wie kannst Du so unartig sein?" fragte ich. — „O, Mama," sagte sie, „den kennst Du lange nicht. Neulich in der Friedrichstraße, beim Bahnhofe, bot er mir Abends seine Begleitung an und war so ungezogen und so zudringlich, daß ich ihn gar nicht los werden konnte. Wenn Doktor Wrenzchen nicht gekommen wäre ... ich weiß nicht, was ich hätte beginnen sollen!" — „Was redest Du zusammen? Wie kamst Du in die Friedrichstraße?" — „Ich war mit der Stadt-bahn gefahren." — „Und woher kam der Doktor?" — „Der kaufte mir ein halbes Viertel von den rothen französischen Fruchtbonbons." — „Und Herr Kleines?" — „Der redete mich an, als ich vor dem Laden auf den Doktor wartete." — „Emmi, das war mehr als leichtfertig!" — „O nein, als er Herrn Kleines gehörig abgewiesen hatte und ich vor Auf-regung an Händen und Füßen zitterte, da sagte der Doktor ... ..." — „Was sagte er?" — „Es sei doch gemüthlicher auf der Pferdebahn!" — „Das war Alles?" — „Ja." — „Hat Herr Kleines Dich denn nicht erkannt?" — „Ich glaube kaum, ich war ziemlich dicht verschleiert." — „Emmi, sind das Fahrten, die sich für Dich schicken? — Damit Du nicht wieder in ähnliche Verlegenheiten geräthst, verbiete ich Dir jeden Umgang mit dem Doktor, und mit Herrn Kleines werde ich reden."

Ich suchte nun Herrn Kleines auf und stellte ihn. Anfangs leugnete er, aber ich redete ihm scharf ins Ge-

wissen, bis er sich damit entschuldigte, daß er die Dame nicht
gekannt habe. — „Um so schlimmer," sagte ich, „daß Sie ein
solcher Trottoir-Wüstling sind, der wildfremden Töchtern anständiger Familien nachstellt." — „Ueberdies," sagte er,
„empfahl ich mich sofort, als ich vom Doktor hörte, die Dame,
welche unter seinem Schutze stände, sei seine Braut. War
diese Dame Ihr Fräulein Tochter, so kann man ja gratuliren!" — „Ist das wahr?" fragte ich. — Nun spielte er
den Beleidigten. Wie ich einen Zweifel in seine Worte
setzen könnte? — „Gut," erwiderte ich, „ich will Ihren
jugendlichen Leichtsinn verzeihen, wenn Sie mir geloben, sich
zu bessern und den Mund zu halten." Das versprach er, und
da es kühl wurde und er vorgab, an Husten zu leiden, hielt
er es für nützlich, wieder in die Stadt zu fahren. Ich wußte
ja auch genug.

Wir Andern waren noch lange sehr vergnügt. Betti
blühte auf wie eine Rose und Onkel Fritz tanzte wie toll
mit den Bauermädchen. Herr Max, der Freund von Felix,
war ziemlich still, und als ich ihn fragte, warum er so ernst
sei, da sagte er, daß er sich an dem Glück seines Freundes
freue. Ich entgegnete kein Wort hierauf, aber innerlich
posaunte ich förmlich den Düppler Siegesmarsch vor lauter
Frohlocken. Die beiden Freunde mußten sich ausgesprochen
haben, und worüber, das brauchte mir Niemand erst klar zu
machen. So helle bin ich längst. Als wir später zum
Abendbrod nach unserer kleinen bescheidenen Sommerwohnung
gingen, sagte mein Karl unterwegs: „Wilhelmine, ich glaube,
die Firma ‚Buchholz und Sohn' würde sich gut ausnehmen.
Er ist ein prächtiger Mensch — aber thu' mir die einzige
Liebe und treibe nicht nach." — „Karl," stimmte ich zu,
„wie Du meinst. Ich sehe auch ein, daß gut Ding Weile
haben will. Uebrigens bleibt Emmi jetzt bei mir in Tegel;
wenn der Doktor es aufrichtig meint, weiß er ja, wo sie zu
finden ist."

„Was ist mit dem Doktor, Wilhelmine?"

„Paß auf, ich werde doch noch seine Schwiegermutter,
und dann rechne ich mit ihm ab. Er hat zu viel auf dem
Kerbholz!"

Wir waren noch fidel zusammen, bis die Herren wieder

in die Stadt zurück mußten. — In der Nacht träumte mir,
der Doktor und Emmi führen auf der Pferdebahn davon und
ich lief hinterdrein und konnte ſie nicht einholen. Hoffentlich
bedeutet der Traum nichts Böſes.

✶ ✶

Geheimniſſe.

Wenn es kalt wird, ziehe ich die Stadt doch dem Lande
vor. Als die Blätter draußen auch anfingen modefarben
auszuſehen, ſiedelten wir wieder nach Berlin über. Krauſes
gingen viel früher als wir, weil ſeine Ferien um waren, und
ich war froh, daß ſie ſich trollten. Am vorletzten Tag haben
ſie, wie ich von den Leuten erfuhr, bei denen ſie gewohnt
hatten, Muck in die Pfanne gekriegt und mit ſaurer Sauce
verzehrt. Ich begreife nicht, wie man ſolche Argliſt fertig
bringt. Ein ſo reizendes Weſen, wie Muck war! Nun die
Menſchen ſind ja nicht alle gleich in ihren feineren Empfindungen.

Im nächſten Sommer gehen wir wieder nach Tegel, vielleicht gehe ich allein. Dann beſuche ich die alten lieben Plätze
im Walde, ſetze mich auf der Karlshöhe ins Gras, und denke
an die Vergangenheit und an die Zukunft, plaudere in Gedanken mit den Töchtern, die wohl ſchwerlich bei mir ſein
werden, weil . . . . nun weil ſie nicht da ſind.

Mittlerweile waren die weihnachtlichen Zeiten wieder gekommen, wo Eins Geheimniſſe vor dem Andern hat, Jung
vor Alt und Alt vor Jung, die ſo eifrig behütet werden, als
gäb' es das größte Unglück von der Welt, wenn ſie verrathen
würden. Und doch ſind ſie lauter Liebe.

Aber mitunter hat dieſe Liebe doch auch einen etwas
bittern Beigeſchmack, und da das Bittere überhaupt nicht mein
Fall iſt, ſo danke ich für den Freudenkelch, in dem man mir
Wermuth kredenzt.

Wenn die Kinder klein ſind, ſo iſt es nicht ſchwer, ohne
daß ſie es merken, hinter ihre kleinen Geheimniſſe zu kommen,
man muß ſich ſogar in Acht nehmen, daß man ſie ihnen
nicht abſtößt, wie die Blätter einer Roſe, die ſchon zu
lange am Stengel geſeſſen hat. Wachſen die Kinder heran,

dann lernen sie schon besser auf sich achten und wissen zu schweigen, wenn auch ihr ganzes Wesen zum Verräther an dem wird, was sie mit dem kleinen Herzen nicht fest genug umschließen können. Sind sie aber allmälig groß geworden, und lieben sie noch etwas Anderes, als ihren Herrgott und ihre Eltern, dann sind sie verschlossen wie der Berg, in dem der verwunschene Prinz sitzt. Wollen die Mütter jedoch wissen, wie der Prinz mit Tauf- und Familiennamen heißt, dann müssen sie schon den Zufall abwarten und die Spur wie ein Kriminalbeamter verfolgen. Man war doch auch einmal jung, und weiß recht gut, wie es hergeht! —

Meine beiden Töchter hatten sich rechtzeitig mit den nöthigen Stickmaterialien zur Weihnachtszeit versorgt und da heutzutage nicht blos die Wischtücher und Topflappen, son- dern sogar die Scheuerwische mit neu-altdeutschen Mustern verziert werden, so widersetzte ich mich der Stickerei auch nicht. Sie ist einmal Mode, und immer noch besser, als das zeitraubende Romanlesen, denn was geht es Jemand an, ob sich Zwei kriegen oder sich nicht kriegen, die man doch nicht kennt?

Die Kinder waren sehr thätig; namentlich die Emmi. Fragte ich einmal wie verloren: „Nun, Emmi, Du wirst uns diese Weihnachten wohl ganz außerordentlich überraschen?" dann wurde sie verlegen und sagte: „Mache Dich nur nicht auf zu viel gefaßt, Mama, Du weißt ja: Wenig aber von Herzen!" Da sie aber die halben Nächte aufsaß, konnte ich mich nicht beruhigen und legte mich daher, wie es Pflicht jeder Mutter ist, aufs Spioniren. — So genau ich auch aufpaßte . . . sie war zu schlau, und obgleich ich mit jedem Tage fester davon überzeugt wurde, daß sie ein Geheimniß vor mir hegte, das nicht in gestickten Taschentüchern oder dergleichen bestand, gelang es mir doch nicht, einen Anhalts- punkt zu gewinnen. — Wenn ich Betti danach fragte, so be- kam ich die Antwort: „Mir sagt sie auch nicht, was sie vor- hat," und mit meinem Karl wollte ich darüber nicht sprechen, denn der war in der letzten Zeit stets so guter Laune, daß ich sie ihm mit Familienquengeleien nicht verderben wollte. Hätte ich aber doch nur gesprochen, obgleich sich noch Alles zum Besten gewendet hat. Jedenfalls hätte ich einen Leib voll Aerger weniger gehabt.

Eines Abends, Emmi und Betti saßen in ihrem Zimmer und arbeiteten an den Weihnachtsfachen, und ich gab meinen Gedanken Audienz — klingelte es. Ich wie ein Schießhund hinaus, denn ich hatte mir feß vorgenommen, auch nicht die kleinße Kleinigkeit unkontrollirt ins Haus zu lassen, und öffne. — „Is et hier richtig bei Buchholzens?" fragte Jemand, der wie ein Handwerkerlehrling ausfah. — „Ja wohl," antwortete ich, „hier iß es bei Buchholzens." — „Jut," antwortete er, „ick habe mit die Fräulein Emmi zu sprechen." Mit einem Male fiel es mir wie Schuppen von den Augen. „Hier iß der Schlüssel zu dem Geheimniß," rief es in meinem Innern, und ohne mich lange zu besinnen, sagte ich: „Das iß ja sehr schön, das Fräulein Emmi bin ich." — „Da find Se wohl uf's Lager liejen jeblieben?" fragte das freche Geschöpf. „Na, vielleicht helfen de Hosendreejer noch!" Bei diesen Worten holte er ein Packet heraus, in dem zwei halbfertige Hosenträger waren, die er sich wie zur Probe über die Schultern schlug. „Der Meeßer läßt jrüßen und so'n langen Leib, wo die zu paßten, hätte doch wohl keen Mensch, wenn er nich als Riese jeboren wäre. Oder aber, es wollte Eener die Hosendreejer jleich als Steeje je-brauchen."

„Ja wohl, mein Sohn, sie find zu lang," erwiderte ich, so ruhig ich konnte. „Ich werde noch einmal nachmessen. Spreche in einer halben Stunde wieder vor. Hier iß ein Groschen!" — „Behalten Sie den man so lange, bis ick retour-komme und Sie mir die anderen dazujehörigen Nickel ooch jeben. Adje! —"

Der unverschämte Patron ging. — Ich befah mir die Hosenträger. Sie waren mit feinßer Seide geßickt, lauter Rosenknospen und Vergißmeinnicht; eine wahnsinnig mühe-volle Arbeit, aber mindeßens um einen halben Meter zu lang. Für wen aber hatte das Kind sich so ab-rabazzt? — Dies mußte ich erfahren! — Ich also die Treppe hinauf nach dem Zimmer der Töchter. Ich klopfte an, damit sie Zeit haben sollten, ihre Weihnachtsgeheim-nisse zu verbergen, und trat darauf ein, als wüßte ich von gar nichts: „Emmi," sagte ich, „es war eben ein junger Bursche da, der brachte diese Hosenträger. Sie find ja viel zu lang!" — Emmi blickte mich ganz geißerhaft an

und rief: „Ach, nun ist Alles verloren!" — „Was ist verloren?" rief ich erschreckt. — „Und wir hatten uns Alle so
sehr darauf gefreut." — „Aber Kind — —?"

„Da siehst Du wieder, was darnach kommt, wenn Du
Dich in Alles hineinmischest, Mama," sagte Betti vorwurfsvoll. — „Wieso?" — „Nun, was hilft jetzt noch das Heim-
lichthun? Du giebst ja doch nicht eher Frieden, als bis Du
Alles haarklein weißt. Emmi ist mit dem Doktor Wrenzchen
verlobt, und Papa hat es zugegeben, und Dr. Wrenzchens
Eltern sind damit einverstanden, und Dir wollten wir das
Brautpaar zum Weihnachten als Ueberraschung aufbauen.
Die Hosenträger sind natürlich für den Doktor, der immer so
furchtbar kurz in den Hosenbeinen ist, und um dem Uebel ab-
zuhelfen, sind sie wohl zu lang gerathen. So, nun weißt Du
Alles; die dummen Dinger (sie deutete auf die Rosen- und
Vergißmeinnicht-Riemen) hätten Dich ja doch bald auf die
richtige Spur gebracht."

Ich mußte mich setzen. Emmi verlobt mit dem Doktor!
Hinter meinem Rücken! Ohne mein Wissen! — Mir war
zu Muthe wie einem König, dem man seine Herrschaft nimmt.
Meine Autorität in der Familie war untergraben. Und von
wem? Von einem Fremdling. Von diesem Doktor, der
mir schon so oft entgegen gewesen war und nun heimtückisch
meinen Karl für sich gewonnen hatte. Dies war zuviel.
Wäre ich mit dem Kopf in vollem Laufe gegen eine
Wand gerannt, ich hätte nicht verbiesterter dasitzen können,
als jetzt.

Mein erstes Gefühl war, in eine laute Lache auszu-
brechen, aber ich hielt an mich, denn von mir hing jetzt das
Glück meines Kindes ab; mit dem Doktor konnte ich die
betreffenden Hühner ja noch so oft und so lange pflücken,
bis einer von uns auf der Bahre liegen würde. Ich faßte
mich daher, erhob mich und ging bewegt auf Emmi zu und
umarmte und küßte sie. „Meinen Segen hast Du," sagte
ich. „Wäre der Doktor hier . . . ich würde ihn gleich mit-
segnen." — „Ist gut, Mama!" sagte Betti lächelnd und verschwand.

Ich war nun allein mit Emmi, und das Kind schüttete
jetzt sein ganzes Herz in meinen Mutterbusen aus: immer

bunt durcheinander, bald ganz Luſtiges, bald Verſtändiges, aber Alles, was es ſprach, hatte Zuſammenhang, denn Jegliches bezog ſich auf den Doktor. — Sie wäre ihm ſtets gut geweſen und er ihr auch, nur mit Gewalt hätte er nicht glücklich gemacht werden wollen. „Und dann trafen wir uns auf der Pferdebahn, und als ein Herr mich Abends einmal verfolgte, nahm er mich in ſeinen Schutz. Es war Herr Kleines, das Ekel. Der Doktor ſagte, um ihn los zu wer-den, ich ſei ſeine Braut; es war aber nur Scherz. Und eines Tages — wir fuhren wieder einmal zufällig in der Pferdebahn — da ſah er mich an und ſtreckte mir ſeine Hand entgegen und ich gab ihm die meine. Da waren wir einig.“ — „Ohne ein Wort zu ſagen?“ — „Ohne ein Wort. Aber da war es Ernſt. Und wie ich die Pferdebahnen raſend gern leiden kann, das glaubſt Du gar nicht, Mama. Dem Doktor ſind ſie auch ſein Liebſtes!“ Mit einem Kuſſe ſchloß ich der kleinen Schwätzerin den Mund. Sie war aber auch zum Küſſen, wie ſie ſo daſtand mit leuchtenden Augen und gerötheten Wangen, ſo jung, ſo jung, ſo lebensfroh und durch-glüht vom Morgenroth der erſten Liebe. Ich muß ſagen, ich gönnte ſie dem Doktor eigentlich nicht, aber ſie lieben ſich, und ich war machtlos.

Betti kam wieder und ſagte, ſie hätte zum Doktor ge-ſchickt, damit er ſeinen Theil vom Segen abbekäme, aber er wäre bis neun Uhr auf der Praxis und nach Neune könnte er nicht ausgehen, weil ſeine Treppen gemalt würden. — „Kann er denn nicht die Hintertreppe hinabſteigen?“ — „Es iſt keine zweite Treppe in dem Hauſe, Mama!“ ſagte Emmi, „ſo gemüthlich es ſonſt iſt.“ — „Du warſt ſchon bei ihm im Hauſe?“ — „Gewiß, mit Papa und den alten Wrenzchens... ach, ſind das prächtige, liebe Leute —.“

„Ohne mich?“ fuhr ich entrüſtet auf.

„Ja, Mama. Du wollteſt ihn doch immer ſo gern zum Schwiegerſohn haben, und da dachten wir, ihn Dir zu Weihnachten zu beſcheeren,“ ſagte Emmi. — „Wer kam auf den niedlichen Gedanken?“ fragte ich. — „Natürlich der Doktor. O, Mama, er iſt ſo klug und geſcheut,“ rief Emmi. — „Und wenn Du wüßteſt, wie liebevoll er ſein kann — —.“

„Emmi!" rief ich schmerzlich, „ist Deine Mutter Dir gar nichts mehr und dieser Doktor, der wie ein Wolf in die Hürden bricht, Alles? Ist das der Dank dafür, daß ich Dich geboren und groß gezogen habe, daß ich Dich hütete wie meinen Augapfel, daß Ihr nun Alle miteinander mich kalt stellt wegen dieses Doktors? Vielleicht ist es sein Glück, daß die Farbe auf den Treppen erst morgen früh trocken ist, wer weiß, wenn er hier wäre, ob ich . . ."

Emmi legte leise ihre Arme auf meine Schulter. „Hat die Großmutter auch so gescholten, als Du Papa's Braut wurdest?" fragte sie und sah mich glückselig lächelnd an. — „Nein . . . nein . . . Kind . . . ich schelte ja auch nicht. Nur, daß Ihr mich an Eurem Glücke nicht schon längst habt theilnehmen lassen . . . das verdrießt mich!"

„Und wir glaubten, wir würden Dir eine Weihnachtsfreude bereiten, wie nie zuvor. Es geschah ja nur aus Liebe, daß wir schwiegen!"

Das Kind hatte Recht und ich gab mich denn auch bald zufrieden. Als der Bursche kam, händigte ich ihm die Hosenträger wieder ein und gab ihm das Maß von meinem Karl mit, der ist einen Kopf länger als der Doktor, so daß sie wohl passen werden, wenn er sie hochschnallt. — Mein Karl kam erst spät aus seinem Bezirksverein nach Hause. Allzu liebenswürdig war ich freilich nicht gegen ihn, denn er sollte empfinden, daß man eine Frau nicht ungestraft hintenansetzt, einerlei, ob Weihnachtsüberraschungen beabsichtigt werden oder nicht, die ja nun doch dahin sind.

Ich ließ ihn am andern Morgen mit Seelenruhe die Zeit verschlafen. — Warum ist er auch so? — —

Der heilige Abend rückte immer näher heran. Die Pfefferkuchen kamen, die Tannenbäume und mit ihnen der ganze Weihnachtszauber. Auch in den Zeitungen und Journalen erschienen die kleinen Festgeschichten, die ich jedoch konsequent überschlage. Warum? — Weil sie alle so schrecklich traurig sind. Eins ist ja meistens krank, entweder die Mutter oder der Vater oder das Kind, und das Gesunde hat dann in seiner grenzenlosen Betrübniß irgendwo draußen eine gute Begegnung und zum Schluß wird ein Tannenbaum angezündet und die Noth ist aus. Wenn so viele wohlhabende Fremde in der Welt herum liefen, wie um die Weihnachts-

zeit in den Novellen, dann müßte man doch auch einmal aus
Bekanntenkreisen von einem solchen glückspendenden Weihnachtsonkel hören, aber da das nie der Fall ist, glaube ich,
daß die Erzählungsschreiber diese Art von Wohlthätern nur
als Kühlsalbe gebrauchen, um den künstlichen Schmerz zu
lindern, den sie dem zartfühlenden Leser mit dem armen
kranken Menschen versetzt haben. Wer es weiß, wieviel Elend
in der Welt ist, der braucht nicht noch nachgemachtes dazu,
der versteht es zu finden und lernt das Helfen gar bald. Deshalb bin ich gegen die erdichtete Weihnachtstrübsal.

Ich kenne Leute, die es durchaus nicht reichlich haben
und denen ein Spendir-Fremder sehr zu paß käme, aber sie
behelfen sich auch ohne ihn und sind trotzdem zufrieden. Das
habe ich so recht an Weigelts gesehen, die ich am Heiligabend
besuchte.

In unserem Hause war diesmal die Bescheerung spät angesetzt, weil der Doktor vor zehn Uhr nicht zu uns kommen
konnte. Da dachte ich denn, du gehst vorher nach Weigelts
und hilfst der jungen Frau, die das Mädchen wieder abge-
schafft hat, um zu sparen und sich allein im Hausstand plagt.
Um sieben war ich bei ihr auf der vierten Etage, und sie
freute sich sehr, als ich kam.

Der Mann hatte gesagt, daß er vom Bureau aus auf
den Weihnachtsmarkt gehen würde, und war noch nicht da.
So konnten wir Beiden Manches ganz unter uns besprechen,
und da Auguste mir Alles vertraut, wußte ich bald, wie es
bei Weigelts zugeht. Aus den Schulden sind sie immer noch
nicht, die erste auf Borg genommene Einrichtung war zu theuer
und seit der Junge da ist, kann sie mit Handarbeit nur wenig
dazu verdienen. Wenn ein Weihnachtsonkel aus Amerika
käme und sie von dem Möbelhändler befreite, wären sie schön
heraus, aber die giebt es leider nur auf dem Papier.

Trotzdem aber war Auguste keineswegs verzagt. Im
Gegentheil, sie war vergnügt, wie noch nie, denn zum ersten
Mal baute sie ihrem Jungen auf, der erste Baum stand für
den kleinen Kerl geschmückt da und harrte auf den Augenblick, in dem zwei helle Kinderaugen seinen Lichterglanz trinken
sollten. Der Stammhalter, wie sie ihn nennen, lag in seinem
Bettchen und schlief.

„Ich bin fertig mit Allem," sagte Auguste, „nur mein Mann fehlt noch." — „Ich wundre mich, daß Du ganz allein zu Stande kommst," entgegnete ich, „Deine Wohnung ist in Ordnung, zum Abendessen steht Alles vorbereitet, die Bescheerung hast Du aufgebaut ... wie wurde Dir das möglich?" — „Ganz einfach," erwiderte sie fröhlich, „ich habe ein Zauberwort; seitdem ich das kenne, geht mir Alles rasch von den Händen." — „Und wie heißt das Wort?" fragte ich neugierig. — „Dalli, dalli!" antwortete sie lachend. „Es ist ja eigentlich polnisch," fügte sie hinzu, „aber es sagt sich so leicht, viel bequemer als flink, flink, und klingt dabei lustig. Wenn ich eine Arbeit anfange, dann rufe ich mir leise ‚dalli, dalli' zu; kaufe ich auf dem Markte ein, heißt es: ‚dalli, dalli', sonst erwacht der Junge, ehe Du nach Hause kommst. Wasche ich mein Geschirr in der Küche auf, scheure ich die Wohnung, immer geht's, ‚dalli, dalli', und so kommt es, daß ich ganz allein zur rechten Zeit mit meinem Hausstand in Ordnung bin."

Das gefiel mir gar wohl, und da wirklich Alles sauber war, mußte ich gestehen, daß Auguste nicht nur dalli, sondern auch gründlich bei ihren Arbeiten ist.

Als nun der Mann kam, wurde er gleich mit dem Bescheid in das Schlafzimmer gewiesen, den Jungen aufzunehmen und munter zu machen, und als er dann von drinnen rief: „Wir sind präsentabel," brannten auch schon die Lichter an dem Bäumchen. — Er trat mit dem Jungen auf dem Arme ein und blieb an der Thür stehen. Der Kleine streckte dem Lichte die Händchen entgegen und sah mit großen Augen das Wunder an. Dann aber rief er: „Da, da!" und Auguste eilte auf ihn zu und küßte ihn und küßte ihren Mann, und der hielt sie fest umschlungen. Der Freudenlaut aus dem lallenden Munde hatte sie glückselig gemacht. Es war Weihnacht in dem Stübchen auf der vierten Etage. — Dann kamen die Ueberraschungen. Sie beschenkte ihren Mann, und er hatte Mancherlei für sie. Jeder hatte sich gewünscht, was er bekam, und ganz außer sich war Auguste über einen messingenen Mörser, den sie bis jetzt sehr entbehrt hatte; nur fand sie ihn viel zu kostbar.

Auch die Kleinigkeiten, welche ich mitgebracht hatte, machten ihnen Vergnügen. Ich blieb, bis Auguste das Abendbrod bereitet hatte, und amüsirte mich an dem Jungen.

„Er wird groß und ftark!" fagte Herr Weigelt, und der
Junge kreischte vor Luft, während er feinem Vater die Haare
zerzaufte. Nachher ging ich, fo viel Augufte mich auch zu
bleiben bat. „Kinder," fagte ich, „am liebften feid Ihr heute
doch ganz unter Euch!" — —

Als ich auf die Straße trat, rannte die Menfchheit mehr
als gewöhnlich. Jeder wollte nach Haufe und gar viele
trugen Packete, etliche ein Tannenbäumchen, das fie noch
billig erftanden hatten, manche aber gingen langfam, als wenn
fie Etwas fuchten. Vielleicht die Weihnachtsfreude? Waren
fie einfam in der großen Stadt und verlaffen? Wer weiß es
... ich kannte fie nicht. Aber Alle gingen fie an dem Haufe
vorbei, wo der Weihnachtsjubel fo hell und rein eingekehrt
war, wie ich möchte, daß er Jedem befcheert würde. Und
was war es, genau befehen? — Ein kleiner Krabauter und
ein meffingener Mörfer.

Bei uns fah es noch nicht weihnachtlich aus, als ich
nach Haufe kam, denn es wurde auf den Doktor gewartet.
Aufgebaut hatten mein Karl und ich fchon am Nachmittage.
Emmi war fehr unruhig, das find Bräute ja auch meiftens,
wenn ihr Abgott in Sicht ift. Dann trat Onkel Fritz an;
nun wußte ich Befcheid, denn die offizielle Verlobungsfeier
hatte ich immer noch hinausgefchoben, und mit Onkel Fritz
verabredet, den Doktor an Heiligabend heimlich ins Haus
zu fchmuggeln. Wenn er aufgebaut werden follte, fo wollte
ich es beforgen, das war mein Amt. Ich ging unbemerkt
in das Befcheerungszimmer, in das Onkel Fritz den Doktor
eingelaffen hatte. Da ftand er wie ein Einbrecher in der
Nacht. Ich begrüßte ihn und er fagte mir guten Abend,
aber er fchien nicht recht zu wiffen, womit er fich entfchuldigen
follte. „Helfen Sie mir, den Baum anzünden," munterte ich
ihn auf, und gab ihm die Tändfticker. — Er benahm fich
fo anftellig dabei, daß ich fcherzend fagte: „Sie find zum
Familienvater wie geboren." Dann mußte er fich in einen
blumenbekränzten Lehnftuhl vor den Tifch hinfetzen, auf dem
der Baum ftand, und als ich ihn mir darauf anfah, machte
er fich ganz prachtvoll, beinahe fo reputirlich, wie ein
Kirchenrath.

Nun öffnete ich die Thür und überrafcht blickten fie
Alle auf den brennenden Baum und den Doktor. Das

hatten sie nicht erwartet. Emmi rief jedoch gleich: „Da ist
er!" und flog auf ihn zu, und wir freuten uns über die
beiden Menschenkinder, die sich die Hände gereicht hatten und
über die der Christbaum sein strahlendes Licht ergoß. In
ihren Augen erglänzte aber noch ein Helleres, Leuchtenderes
als der Kerzenschein! Und das war die Liebe. Mein Karl
ging auf ihn zu und bot ihm die Rechte, in welche der Doktor
einschlug. „Der erste Weihnachtsabend in unserer Familie,
die nun auch die ihrige ist, lieber Doktor," sagte mein Karl,
„möge seine milde Feier das Band noch fester knüpfen, das
uns vereint. Gemeinsam in Freude, gemeinsam in Leid. Wir
gehören zu einander!"

Ich wurde ganz gerührt, als mein Karl so sprach, aber
ich ließ nichts merken und sagte: „Nun laßt uns doch sehen,
was der Weihnachtsmann gebracht hat." Das war denn
Vielerlei. Der Doktor war sehr glücklich über seinen Auf-
bau, an dem mich jedoch eine heimlich von Onkel Fritz hin-
gelegte Gabe empörte, nämlich ein eleganter Skatblock mit
der Devise: ‚Wer giebt denn?' Mir hatte Onkel Fritz ein
Theaterstück bescheert, das den Titel: ‚Rezept gegen Schwieger-
mütter' trug und das ich gleich bei Seite that. Emmi bekam von ihm eine kleine Pferdebahn, worüber sie sich jedoch
keineswegs erzürnt stellte. Der Doktor hatte sich sehr an-
gegriffen und überraschte Emmi mit einer prachtvollen Kette
nebst Medaillon, in dem sich sein Portrait befand, so daß
ich ihm wegen seiner Verschwendung Vorwürfe machen mußte.
Er meinte aber, die Sachen behielten ja ihren Werth.

„Du kannst Dir keinen solideren Schwiegersohn wünschen,"
sagte Onkel Fritz mir im Vertrauen, „denn er mauert beim
Skat." — „Das ist mir unverständlich," entgegnete ich, „aber
ich weiß leider, daß er verschwendet, besonders an seinen Ge-
burtstagen." — „Wer hat das gesagt?" — „Du selbst." —
Fritz lachte laut auf. — „Die einzigen Unkosten, die er macht,
ist, daß er sich zur Feier des Tages die Haare schneiden läßt;
wir erzählen aber überall von seiner vermeintlichen Ueppig-
keit, damit er geneckt wird." — „Und ich auch?" fragte ich. —
„Du auch!" lachte er. — Ich lachte aber nicht mit. „Fritz,
das darf nicht wieder vorkommen," sagte ich, „allein schon
Emmi's wegen nicht. Bedenke, wenn sie die Achtung vor
ihrem Zukünftigen verlöre, denn nichts setzt den Menschen mehr

herab als Utzereien." — „Werde nur nicht sentimental, Wilhelmine, sondern thue, was Deines Amtes ist und rühre einen
Ordentlichen an ... ohne Punsch ist keine Verlobung rechts-
kräftig!" — —

Wir punschten so zu sagen mit Andacht. Onkel Fritz
ließ aber das Necken doch nicht, denn er sah öfters nach
der Uhr und rief jedesmal dem Doktor zu: „Wenn Du
noch einen Lachs fangen willst, wird es die höchste Eisen-
bahn!" Der Doktor aber meinte, er könnte ja nicht fort,
seine Braut hielte ihn fest an der Hand. — Wie hübsch es
klang, als er meine Tochter seine Braut nannte! Es ist
ja auch der größte Erfolg, den eine Mutter haben kann,
wenn alle Sorgen, alle Liebe, alle Erziehung und die vielen
Unkosten schließlich mit dem Brautkranze gekrönt werden.
Liebt der Doktor Emmi von ganzem Herzen, so wird er
gewiß den Karten entsagen und selbst das solideste Mauern
aufgeben. Ich werde nicht aufhören, an seiner Besserung zu
arbeiten.

Mein Karl hielt mir am andern Morgen vor, ich hätte
einen kleinen Zacken gehabt. „Karl," entgegnete ich ohne jede
Spur von Unmuth, „es war nicht einmal ein Spitz; nur die
Freude, ... die pure Freude!"

❦ ❦

Emmi's Trousseau.

Früher, als ich noch jung war, begnügten sich die Bräute
mit der Ausstattung: jetzt muß es aber ja ein Trousseau
sein. Im Grunde genommen ist ein Trousseau allerdings
nichts Anderes als das, was man sonst Aussteuer nannte,
nur mit dem Unterschiede, daß der Trousseau firlefanziger
ist und lange nicht so gediegen, wie das, was wir früher
mitbekamen: mehr Spitzen und Kanten und altdeutsche
Muster ... nur keine Haltbarkeit. Ich sagte mir jedoch:
„Wilhelmine, du richtest die Aussteuer nach alter solider
Weise ein. Der Doktor ist wohlgenährt und wiegt sein
Theil, der kann keine gebrechlichen Möbel gebrauchen, und
wenn die Betttücher nicht von erster Güte sind, müssen sie

in ein paar Jahren hin ſein. Der Chlorkalk frißt den modernen Hummel ja gleich kurz und klein.

Einige Tage nach der Verlobung theilten mir die jungen
Leute mit, daß ſie geſonnen ſeien, die Hochzeit nicht auf die
lange Bank zu ſchieben. „Hat das denn ſolche Eile?" fragte
ich. „Der Brautſtand iſt ſo ſehr lieblich," bemerkte ich dem
Doktor, „daß es unrecht iſt, ihn abzukürzen. Giebt er den
jungen Leuten nicht Muße, ſich recht von Herzen kennen zu
lernen? Giebt er dem Bräutigam nicht Gelegenheit, ſich
aufmerkſam gegen ſeine Braut zu erweiſen, und ſind nicht ſo
viele Vorbereitungen zu treffen, damit der neue Hausſtand
ſich ausnimmt, als wäre er direkt für den Laden gearbeitet?"
Der Doktor meinte jedoch, er für ſeine Perſon ſei gegen jedes
Gezerre und die Praxis ließe ihm keine Zeit zu überflüſſigem
Courſchneiden.

„Lieber Schwiegerſohn," ſagte ich darauf, „ſich angenehm
bei ſeinen Nebenmenſchen machen, iſt nie überflüſſig, zumal
wenn dieſelben in nähere verwandtſchaftliche Verhältniſſe zu
einander treten. Ich für mein Theil beanſpruche auch weiter
keine Rückſichten, als die, welche eine Schwiegermutter verlangen kann und muß, der das Glück ihrer Tochter auf der
Seele liegt." — Hierauf entgegnete der Doktor, daß er mich
ſehr ſchätze und mir gerne in allen billigen Dingen zuſtimme,
daß jedoch im Uebrigen ſein Wille den Ausſchlag gäbe.
Auch ihm läge daran, Emmi glücklich zu machen, aber nicht
nach den Vorſchriften Anderer und nicht auf Koſten ſeiner
perſönlichen Freiheit. — Mit den ‚Anderen' meinte er natürlich nur mich. Ich bezwang mich und ſagte: „Gut denn, ganz
wie Sie wollen, aber übereilt wird die Ausſteuer nicht. Dafür bin ich die Mutter."

Die Eile war mir ſehr verhaßt, aber geht heutzutage
nicht Alles im Galopp? Sonſt mußte man, wenn die Crocus
und Maiblumen blühen, iſt Frühjahr; jetzt werden die armen
Dinger gejagt und gequält, daß ſie ſchon um Weihnachten
im Gange ſind. Sonſt brach der Flieder erſt auf, wenn die
Nachtigallen gekommen waren; jetzt ſteht er ſchon im Januar
blühend hinter den Fenſtern der Blumenläden. Aber wie
ſieht er auch aus! Wie dürftig und gelb ſind ſeine Blätter,
wie mieſepeterig ſind ſeine Zweige, wie bettlägerig ſeine
Blüthen.

Und ganz so verhält es sich mit dem kurzen Brautstand. Sonst, wenn die Aussteuer angeschafft wurde, hatte man Zeit, Alles gründlich und vorsorglich zu überlegen. Jedes Stück, das genäht wurde, bekam sein Recht und wurde Einem lieb und vertraut, weil mancher Gedanke mit hineingenäht wurde, manche Hoffnung und viel Freude, wie sie nur einmal im Menschenherzen wohnt, nämlich während des Brautstandes. Ich weiß das noch recht gut von meiner eigenen Jugend her. Ach, wie war die Zeit schön!

Nun geht es, als wenn Jemand mit der Peitsche dahinter stände. Die Nähmaschine muß Alles zusammenrasseln, aber hat die Gefühl? Akkurat macht sie ihre Arbeit, das ist wahr, aber Liebe kann sie nicht in den Stoff hineinnähen, den sie mit Höllengeschwindigkeit durchprickelt. Denn Liebe will Zeit haben. Es mag daher ganz passend sein, die heutige Aussteuer Trousseau zu nennen.

Ich machte mich mit den Töchtern daran, so viel wie nur irgend möglich nach alter Manier herzustellen. Eine, die nicht weiß, wie viel Arbeit und Mühe ein Stück Leinenzeug kostet, geht nachher gewissenlos mit den guten Sachen um, und ehe man sich's versieht, sind die feinen Servietten Wischtücher.

Der Doktor wohnt sehr nett, aber es ist ein altes Haus, in dem er sich angesiedelt hat, und die Zimmer reichen nicht aus. Er braucht ein Wartezimmer und ein Sprechzimmer schon allein für sein Geschäft. Wo bleibt da die gute Stube? Hierüber mußte es ja zu Kämpfen kommen. Er meinte, wenn er nicht gerade Sprechstunde habe, könnte seine Frau sich in dem Sprech- und Studirzimmer es so bequem machen, wie sie wollte. Das wäre eine Zumuthung, warf ich ihm ein, es sei nothwendig, die obere Etage zuzunehmen. Hierauf sagte er, daß er durchaus keine Lust verspüre, sich für den Hauswirth abzuschinden. Die Etage liefe nicht weg, die könnte man später auch noch haben. — „Aber wo bleibt die gute Stube?" rief ich entsetzt. — „Was sollen wir mit einem Aufbewahrungsraum für Möbel?" fragte er. „Die guten Stuben, die alle Jubeljahre einmal gebraucht werden, sind für den Mittelstand ein dummer Luxus. Die Familie murkst in den Hinterzimmern herum, um nach vorn heraus ein Möbelmagazin zu haben, das

nur des Scheuern und Reinmachens wegen da iſt. Den Unſinn
mache ich nicht mit." — „Wenn Sie die Welt auf den Kopf
ſtellen wollen, ſo muß ich mich wohl fügen," antwortete ich
ſpitz, aber ich begehrte nicht weiter auf, weil das Standesamt
noch ſein Wort nicht geſprochen hatte. Im Stillen gelobte ich
mir, meinen Willen ſchon durchzuſetzen, wenn der Doktor nur
erſt dingfeſt gemacht worden ſei. Verlobungen ſind heutzutage
ja von einer Unſicherheit, daß man erſt aufathmen kann, wenn
Standesamt und Kirche ihre Schuldigkeit gethan haben. Ich
bin für Beide, denn doppelt hält beſſer.

Auch von einem Umzug wollte er nichts wiſſen. „Meine
Kundſchaft weiß, wo ſie mich findet," ſagte er. „Glauben
Sie mir, es iſt in Berlin ſchwer für einen jungen Arzt, ſich
Praxis zu verſchaffen, denn es fehlt nicht viel an fünfzehn-
hundert Aerzten." — „Dies iſt ja erſchreckend!" rief ich. „Und
Alle wollen exiſtiren. Kann es denn ſo viel Ungeſundheit geben,
daß Alle genug davon haben? Berlin iſt doch eigentlich
haarſträubend." — Als ich dieſe Konkurrenz erfahren hatte,
fiel es mir nicht ein, weiter mit dem Wohnungswechſel auf
ihn einzudringen. Man muß ja Gott danken, wenn er Leute
krank werden läßt, und es wäre geradezu ſündhaft, wenn der
Himmel mal ein Einſehen mit den Doktoren hat und für
Leidende ſorgt, den Patienten den Weg zu ihnen zu erſchweren.
— Neu hergerichtet muß die Wohnung jedoch werden, ſo
propper ſie auch iſt, denn wenn ein Junggeſelle auch noch ſo
nett horſtet, iſt es doch etwas Anderes, wenn eine Frau in
das Haus kommt. „Das Ameublement beſorgen wir, lieber
Doktor," ſagte ich, „einfach, aber gediegen, oder ſind Sie für
das modern Stilvolle?" Er meinte, die ſtilvollen Möbel wären
wohl mehr zum Anſehen, als zum Daraufſitzen, aber das Eßzimmer möchte er gern modern haben, wenn er ſonſt auch die
Bequemlichkeit der Alterthümelei vorzöge. Was die Betten
anbelangte, ſo wäre er für reelle Tiſchlerarbeit und gegen
alle neueren Surrogate. „Seien Sie nur unbeſorgt," erwiderte ich, „die Betten ſollen eine Wohnung für ſich werden.
Ich laſſe ſie eigens anfertigen, auf die gekaufte Waare iſt
ja kein Verlaß. In Bieſenthal bin ich auf einer Landpartie
mit Uebernachtung ſogar einmal mit einer nagelneuen Bett-
ſtelle niedergebrochen." Er bedauerte mich nachträglich und
hoffte von einer ſo erfahrenen Frau das Beſte in Betreff der

häuslichen Einrichtung, zumal er von Küchergeräth gar keine
Ahnung hätte.

„Wo aber stellen wir das Büffet hin?" fragte ich ihn,
als wir seine Wohnung auf die neue Einrichtung hin musterten,
„ich denke, wenn wir das eine Büchergestell auf den Boden
schaffen, so gewinnen wir einen passenden Platz dafür." —
„Wie kann ich mich von den Büchern trennen?" rief er. Ich
nahm eine von den alten Scharteken, um ihm zu zeigen, wie
viel Raum sie wegnehmen, und schlug sie dabei auf. „Doktor!"
rief ich, nachdem ich mich von meinem Entsetzen erholt hatte,
„wozu gebrauchen Sie Bücher, in denen Menschen mit ab-
gezogener Haut abgebildet sind? So viel ich weiß, zieht kein
Doktor den Leuten das Fell ab und Ihr Examen haben Sie
lange gemacht. Was sollen daher so gräßliche Bücher in
dem Zimmer, worin Emmi sich während Ihrer Abwesenheit aufhält? Bedenken Sie, wenn das Kind zufällig diesen
Band in die Hände bekäme, es könnte den Tod davon haben.
Die Doktorbücher müssen auf den Boden." — An solche
Bücher würde Emmi sich schon gewöhnen. — „Nie," sagte ich.
Er wurde ärgerlich und entgegnete heftig: „Das muß ich
besser wissen. Die Bücher gebrauche ich und sie bleiben hier
unten." — „Wie Sie wollen," sagte ich und nahm Hut und
Shawl. „Da habe ich eine nette Schlange an meinen Busen
gelegt," sagte ich zu mir selbst. „Aber nur Geduld, mein Herr
Doktor. Keine gute Stube und so abscheuliche Bücher in dem
Zimmer, das wäre ja zu allerliebst!" —

Und zu Hause saß Emmi glückstrahlend und nähte an
ihrem Trousseau. — „Wenn Du wüßtest, was Dich erwartet,
Du armes Kind," seufzte ich in mich hinein, „aber sei unbesorgt, Du hast eine Mutter, die ihr Junges wie eine auf-
gebrachte Löwin in Schutz nehmen wird. Sobald die Zeit nur
erst da ist, dann weiß ich, wohin die Bücher kommen!

Ich half Emmi, denn es gab noch viel zu schaffen.
„Mama," sagte sie, „solches Vergnügen habe ich noch nie an
einer Arbeit gehabt, als wie an dem himmlischen Trousseau."

❦ ❦

Der letzte Kaffee.

Als ich noch klein war, hatten wir in der Schule auch vom Moloch, aber ich konnte mich natürlich in meiner sechs- bis siebenjährigen Unschuld nicht in die Gefühle der Mütter hineinversetzen, die gezwungen waren, ihre lieben, kleinen, herzigen Engel einem mit Coaks geheizten eisernen Unthier auf die glühenden Arme zu legen, so viel Mühe der Herr Lehrer sich auch gab, uns den Abscheu vor falschen Neben- göttern beizubringen. Jetzt aber, da der Tag immer näher rückt, an dem ich als willenlose Brautmutter meine süße Emmi dem Doktor überliefern muß, fange ich allmälig an zu begreifen, was sich mit dem Moloch that. Freilich ver- sprechen die Bräutigame ja stets, ihre Zukünftige auf den Händen zu tragen; aber was sind das für Hände? — Molochsklauen!

Die Zustände werden mit jedem Tage opferhafter. Nicht allein die Vorbereitungen deuten mit schrecklicher Unabwend- barkeit auf jenen Moment der Trennung, an den Alles mahnt: die Aussteuer, das Herumgelaufe in den Geschäften, die Ein- richtung von der Wohnung des Doktors, und vor allen Dingen das Brautkleid, sondern auch die Abschiednehmerei von den harmlosen Freuden eines sanft dahinfließenden Mädchendaseins erwecken den wehmüthigen Gedanken: es wird anders, wer aber weiß, wie es wird?

Neulich hatten wir den letzten Leseabend bei Polizei- lieutenants. Diese Abende waren stets sehr hübsch und namentlich geistig bildend, denn wenn wir Alle um einen großen Tisch herum saßen und ein klassisches Stück mit vertheilten Rollen lasen, so empfanden wir stets die Größe unserer Dichterheroen und zwar viel besser, als wenn man sie auf der Bühne sieht, da doch, wie einstimmig aus den Kritiken hervorgeht, die Schauspieler nicht gehörig vom Geist der Klassizität durchdrungen sind. Natürlich waren die Herren total ausgeschlossen, weil sofort andere Interessen mit- spielen, sobald bunte Reihe gemacht wird, und das Ganze nachher auf ein improvisirtes Tanzvergnügen ausläuft. Ohne Herren dagegen spürt man nur das Walten des Genius und die Bildung strömt unverfälscht in die jugendlichen Gemüther. Wir älteren Damen übernahmen aus Vorsicht die Liebhaberrollen, und Alle waren der Meinung, daß ich die Luise Millerin in ‚Kabale und Liebe‘ ganz vortrefflich gelesen hätte. Die Polizeilieutenanten hatte den Ferdinand inne, und die Lady Milfort überschlugen wir, weil Schiller bei dieser Person doch zu wenig Rücksicht auf Lesekränzchen genommen hat. Waren wir mit dem Klassischen durch, dann wurde ein bischen nett gegessen, und man verabschiedete sich mit dem Bewußtsein, einen in jeder Beziehung genußreichen Abend verbracht zu haben. Wir haben allerdings ausgemacht, daß das Essen nur sehr einfach sein sollte, da doch das Geistige die Hauptsache und das Materielle die Nebensache ist, aber weil die Leseabende bei den verschiedenen Familien herumgingen, wollte die Eine es immer noch besser geben als die Andere, und so wurde denn zum Schluß der Saison, wenn die Letzten daran waren, mitunter ein wenig zu reichlich aufgetischt. Wir hatten bei der Polizeilieutenanten sogar zwei süße Speisen.

„Sie handeln gegen die ursprüngliche Verabredung, meine Liebe,“ sagte ich deshalb zur Polizeilieutenanten, als ich sah, wie sie sich angestrengt hatte. — „Es ist der letzte Leseabend, den Ihre Emmi mitmacht,“ antwortete sie, „da wollte ich ihr doch zeigen, wie lieb wir sie haben; sie ißt Chokoladenpudding mit Crème ja so gern.“ — „Siehst Du, Emmi,“ rief ich, „wie charmant die Frau Polizeilieutenanten es mit Dir meint. Hast Du Dich auch schon bei ihr bedankt, daß sie eigens um Deinetwillen den vorzüglichen Pudding bereitet hat?“ — Emmi wurde ganz gerührt und entgegnete, die Frau Polizeilieutenanten wäre immer so außerordentlich freundlich gegen sie gewesen, sie wüßte gar nicht, wie sie das wieder gut machen sollte. — „Behalten Sie uns nur in liebevollem Andenken,“ sagte diese, „die neuen Verhältnisse werden Sie nur zu leicht von Ihren alten Freunden trennen.“ — Wie recht die Frau hatte! Nun standen zwei der jungen Damen auf und holten einen in Seidenpapier eingewickelten Gegenstand aus der anderen Stube, den sie mit großer Feierlichkeit auf den Tisch stellten. Die ältere von den Beiden — es war Amanda Kuleke, für die Onkel Fritz einmal eine Zeitlang schwärmte — hielt darauf eine kleine Anrede, in der sie sagte, daß nun Spiel und Tanz

für Emmi bald vorbei fein werde. Doch wie auch die
Zukunft fich geftalten möge, was fie auch an dunklen und
heiteren Loofen in ihrem Füllhorn verberge, das Reich des
Idealen fei ihr geöffnet, diefes Reich habe Schiller auf-
gefchloffen, der an den Lefeabenden fo ganz der ihrige geworden fei. Zum Andenken an die dem Höheren geweiht
gewefenen Stunden widmeten die Freundinnen der fcheidenden
Freundin ein kleines Zeichen der Erinnerung. Hierbei nahm
fie das Seidenpapier von dem Gegenftand herunter. Es
war eine niedliche Büfte von Schiller'n, mit Grünfpan in
den Haaren, auf einem fchwarzen Poftamente, an dem fich
ein Thermometer befindet, fo daß diefes Gefchenk auch
praktifch auf dem Schreibtifche zu verwerthen ift. Dann
deklamirte fie noch die Verfe: ,Es prüfe, was fich ewig
bindet,' und ftürzte zum Schluß Emmi mit einem Kuß in
die Arme. Nun kamen die Anderen auch alle und küßten
Emmi und weinten dabei, und die war auch ganz auf-
gelöft.

Solche Scenen kamen in der letzten Zeit alle Augenblicke
vor, nicht allein in dem Lefekränzchen, fondern auch im ,Hol-
beinklub', wo die jungen Mädchen fich in altdeutfchen Stick-
muftern üben, in den ,Sonnabenden für englifche Konverfation'
und den vielen kleinen Unternehmungen, in welche die heutige
Jugend fich einläßt, um irgend eine Sache zu fördern, von
der wir zu unferer Zeit keine Ahnung hatten.

Dazu kamen nun die Befuche bei Bekannten, die ftets mit
einiger Wehmuth endigten, und deshalb macht das Kind
immer mehr den Eindruck eines Opfers, das feinen Gefpie-
linnen Lebewohl fagt und vor feinem traurigen Ende noch
einmal geliebkoft und bedauert wird. Das giebt den beften
Nerven einen Schubs.

Selbftverftändlich mußten wir uns revanchiren, denn
wir effen nicht bei anderen Leuten herum, ohne uns etwas
dagegen merken zu laffen, und deshalb fagte ich: „Emmi,
lade Deine fämmtlichen Freundinnen zu einem fplendiden
Kaffee ein; es ift der letzte, den ich Dir zu Ehren gebe."
Sie fragte, ob der Doktor auch gebeten würde. „Das wäre
noch fchöner!" rief ich. „Man kann doch nicht einem einzelnen
Herrn Zutritt zu einem Damen-Kaffee geftatten." — Wenn
der Doktor nicht käme, verzichtete fie überhaupt. Es wäre

zu reizend, wenn sie ihn ihren Freundinnen mal so recht zeigen
könnte, und es ginge ja ganz gut, wenn später die Brüder
und deren Freunde kämen, um ihre Schwestern abzuholen.
„Aber wenn einige nun keine Brüder haben, wie die Kulecke?"
— „Dann veranlassen wir Onkel Fritz, Herrn Kleines mitzubringen, der begleitet die Kulecke bis nach der Bülowstraße."
— „Du weißt doch, wie Herr Kleines ist." — „Amanda Kulecke wird ihn schon zurechtweisen, wenn er Redensarten wagt,
denn sie ist unbändig gescheut und sagt Jedem unverfroren
ihre Meinung."

„Das ist wahr, wenn sie nicht ein gar zu rechthaberisches
Wesen hätte, wäre Onkel Fritz vielleicht bei ihr 'reingeschliddert
und Du könntest sie jetzt Tante nennen."

Was half es, ich mußte nachgeben. Der letzte Kaffee
sollte keinen Schatten auf die paar Tage werfen, die das Kind
noch im Elternhause zu verleben hatte. Nein, das konnte ich
nicht über das Herz bringen.

Zu meiner Zeit war es Sitte, daß kurz vor dem Hoch-
zeitstage die Freundinnen der Braut zu ihr kamen und am
Brautkleide nähen halfen. Jede machte ein paar Stiche
an dem Besatz oder was sonst noch daran übrig gelassen
war, damit man doch die Liebe sehen konnte, und ich finde
diesen Gebrauch sehr hübsch, denn es knüpft sich dann an
dieses Festgewand der Gedanke, es sei von Freundinnenhand
bereitet, und der letzte Liebesdienst der anderen Gespielinnen,
aus deren Kreis die Eine scheidet, so sehr auch die alte gute
Sitte an die Vorbereitungen zu einem Opfer schmerzlich
erinnert. Als ich meinem Karl gegenüber diese meine Ansicht aussprach, machte er mir Vorwürfe und meinte, ich
wühlte viel zu viel in meinen Gefühlen, ich sollte nur dafür
sorgen, daß die kleine Festlichkeit recht lustig ausfiele. Aber
ein Vater ist nie eine Mutter und was weiß der überhaupt
vom Moloch? —

Ich muß gestehen, daß, als am Nachmittage die jungen
Mädchen alle versammelt waren, der Anblick der Gesellschaft ein überaus anmuthiger war. In der Mitte des
Zimmer, dem Fenster zugewandt, hatten sie einen Halb-
kreis aus Stühlen gebildet, auf denen Diejenigen saßen,
welche gerade an dem Brautkleid nähten, das weißschimmernd
wie eine zarte Wolke zwischen ihnen ausgebreitet lag. Die

Anderen hatten Platz genommen, wie sich die Gelegenheit
fand, und machten allerlei Handarbeit und plauderten nach
Herzenslust, ich immer mitten dazwischen mit der Kaffeekanne
und dem Kuchenteller. Wie ist es doch köstlich, so die heran-
blühende Jugend in lieblicher Eintracht bei einander zu sehen:
es wird einem so zu Muthe, als wenn man im Frühjahr in
den eben belaubten Wald geht und die Sonne auf die zarten
grünen Blätter scheint, unter denen die kleinen Vögel zwitschern
und singen. Ich vergaß ganz, daß ich schon in ein höheres
Register gekommen war, und neckte mich mit den jungen
Mädchen und scherzte und lachte mit ihnen, als wenn ich dazu
gehörte. Und wie zärtlich waren sie gegen Emmi. Eine hielt
sie meistens um die Taille gefaßt, manchmal auch zwei, und
küßten sie und blickten ihr so freundlich in die Augen, als
wären sie Schwestern. „Ganz wie die Turteltauben,“ dachte
ich bei mir, „und in eine so reizende Taubenschaar schießen
die Habichte hernieder und stören den Frieden.“ — Der
Doktor hatte allerdings eine schöne Nußtorte für die „Ar-
beiterinnen am Brautkleid“ geschickt, aber mir verklebt man
nicht die Augen mit Torten, ich sehe tiefer, ich merke sehr
wohl, daß er ein Egoist ist, denn sonst würde er mir nicht in
so vielen Dingen entgegen sein, die ich für des Kindes Wohl-
ergehen unabweisbar halte. Nicht einmal die Hochzeitsreise
will er machen, weil er seine Patienten nicht verlassen kann,
wie er sagt. — Flausen.

Als das Kleid fertig war, wurde Anprobe gehalten.
Nein, wie die Emmi entzückend aussah, als sie befangen und
doch strahlend und in freudiger Erregung in das Zimmer
trat, das war über alle Begriffe und kann höchstens gemalt
werden. Sie wagten sich Alle nicht dicht an sie heran, sondern
betrachteten sie mit stummer Bewunderung aus einiger Entfernung. Nur Betti schloß sie in ihre Arme und legte das
Haupt traurig an ihre Wange.

Ob sie an Bergfeldt's Emil dachte? Ich mochte nicht
danach fragen, aber wäre mir in diesem Augenblick irgend
Jemand von dieser Familie in den Wurf gekommen, dann
hätte es sicher ein Erlebniß gegeben.

Betti ist stark von Charakter. „Ist nicht mein Schwesterchen
süß?“ fragte sie die andern jungen Mädchen. Nun fing man
an, das Kleid zu loben und geradezu überirdisch zu finden.

Es war aber nicht das Kleid, das den überirdischen Eindruck machte, sondern Emmi, die es anhatte. Sie war so schön, wie alle die Anderen zusammengenommen, und eigentlich noch ein bischen hübscher.

Als es dämmerte, trat der Doktor an. Emmi, die das Brautkleid längst wieder abgelegt hatte, war selig, als sie Arm in Arm mit ihm bald nach dieser Gruppe von Freundinnen zog, bald nach jener, und ich muß sagen, daß der Doktor die Prüfung sehr wohl bestand, der er von so viel kritischen Mädchenaugen unterworfen wurde: man sah es ihnen Allen an, daß sie Nichts an ihm auszusetzen hatten. Nur die Kulecke sagte ganz laut, ein Doktor wäre nicht nach ihrem Geschmack, denn wenn die Patienten riefen, müßte er davon, und das wäre nur halber Kram.

Ich antwortete ihr darauf, es sei ein sehr edler Beruf, den Leidenden zu helfen, und immer besser, als Gift unter die Leute zu bringen. Da hatte sie es. Kuleckes haben nämlich eine Schnapsfabrik.

Nachher stellten sich Onkel Fritz, Herr Kleines und eine Reihe von jungen Leuten ein, die in einem brüderlichen oder vetterlichen Verhältnisse zu den Damen stehen. Bis zum Abendbrod wurden Gesellschaftsspiele gespielt, wobei der Doktor die meisten Pfänder bekam, weil er immer mit Emmi tuschelte und deshalb schlecht aufpaßte. Wie haben wir uns amüsirt, als er zu ganz wunderlichen Pfandeinlösungen verdonnert wurde, und wie schwitzte er, wenn er in den Brunnen fallen mußte und so lange auf den Knien lag, bis Emmi ihn erlöste. Es war zu spaßhaft. Herr Kleines, der stets Touren mit Küssen vorschlug, ward zuletzt gar nicht mehr gefragt. Er scheint wirklich manchmal nicht zu wissen, wo er sich befindet, so unterhaltend er auch sonst sein kann.

Nach dem Abendbrod ging der Tanz an. Onkel Fritz hatte Knallbonbons mit Papierkostümen besorgt und wußte es so einzurichten, daß der Doktor einen Hut in der Form eines großen Pantoffels bekam, worüber selbst mein Karl höchlichst vergnügt war. Der Doktor lachte auch und meinte, das sei nur äußerlich. Ich fürchte aber, er wird sich wenig gefallen lassen und wenn er das Kind unglücklich gemacht hat, ebenfalls sagen: das ist nur äußerlich. — Als Herrn

Kleines nachher beim Abschiednehmen der Auftrag ward,
mit Fräulein Kulecke nach der Bülowstraße zu zoddeln, die
doch eine gehörige Ecke von der Landsbergerstraße abliegt,
sah er sehr bekümmert aus, aber die Kulecke sagte: „Kommen
Sie nur, ich sorge schon dafür, daß Ihnen Niemand was
thut." Sie ist ja auch mindestens zwei Kopf größer, als Herr
Kleines.

Als Alle gegangen waren und die Töchter sich zur
Ruhe begeben hatten, blieben ich und mein Karl und Onkel
Fritz noch ein wenig sitzen. Mein Karl sagte, der Doktor
gefalle ihm von Tag zu Tag mehr, und ganz besonders
habe er sich heute über sein harmloses Benehmen in dem
Kreise der jungen Mädchen gefreut. — „Der und harmlos!"
rief ich. — „Ich begreife nicht, woher Deine Antipathie gegen
den Doktor kommt," entgegnete Onkel Fritz, „früher suchtest
Du ihn doch auf alle mögliche Weise dingfest zu machen."
— „Weil ich ihn nicht genau kannte," erwiderte ich, „laßt
den Moloch nur erst geheizt sein." — „Ich verstehe Dich
nicht, Wilhelmine, Du bist thöricht," sagte mein Karl. — „Ich
thöricht? O nein. Euch ist es am Ende gleichgiltig, wenn
ich geopfert werde und das Kind dazu. Erst wenn ich unter
der Erde liege, wird Euch einleuchten, was Ihr an mir gehabt habt. Dann werdet Ihr sehen, wie sich der Doktor die
Augen äußerlich mit Zwiebeln reibt und innerlich frohlockt.
Und damit gute Nacht. Ihr werdet früh genug erfahren,
wie es kommen wird."

�֍ �֍

Auf dem Bock.

Sie mögen wohl recht haben, wenn Sie mir erklären,
daß, wenn ich aus dem Leben der Hauptstadt schreiben will,
ich mich mehr um die Hauptstadt, als um meine Familien-
angelegenheiten kümmern möchte, da es gleichgiltig sei, was
sich in der Landsbergerstraße, und zumal in den vier Pfählen
von Buchholzens, zutrage, aber ich habe auch recht, wenn
ich behauptete, daß Manches geschrieben wird, was einem
zartbesaiteten Damenherzen unverständlich ist, wie z. B. der
Börsenbericht. Wir Damen kennen nur Eine Hausse und

Baiſſe: in der Jugendzeit den Wechſel zwiſchen glühender
Liebe und abkühlendem Schmollen, in den vernünftigeren
Jahren: Erzürnen und Wiedervertragen. Was wäre das
Leben auch ohne dies bischen Abwechslung? Eine Uhr ohne
Perpendikel.

Damit wollte ich jedoch nur andeuten, daß eben Alles ſeine
Berechtigung hat, Unangenehmes und Verletzendes natürlich
ausgenommen. Denn wenn Jemand einen Subſkriptionsball
beſchreibt, ſo ſchildert er das Liebliche, die dunklen Augen,
die entzückenden Reize, wie die Robe gerafft iſt und wie ſie
ausſieht, ob ſalmfarben oder goldigbräunlich, die Coiffüre und
die Parure, aber die Augenbrauenſchwärze zu Hauſe, das
ſeifige Waſchwaſſer in der Schüſſel, die ausgekämmten Haare,
die Schulden bei Gerſon und die Schelte, welche die Zofe beim
Ankleiden gekriegt hat, davon ſchweigt er.

So weit ich es vermag, will ich daher verſuchen, Ihre
Wünſche zu erfüllen und mich an die Hauptſtadt halten und
zwar nicht als Gattin und Mutter, ſondern als Schriftſtellerin,
die vor nichts zurückbebt. Auf dieſe Weiſe wird es Ihnen
erklärlich ſein, wie ich auf den Bock kam.

Als ich Ihren Brief erhalten hatte, war ich zuerſt wie
aus den Wolken geſunken und ſagte dann zu meinem
Manne: „Karl, die Literatur hat doch ſo ihren Haken, denn
was in aller Welt ſoll ich aus der Hauptſtadt darſtellen?
Die Stadtbahn? Die neue Mauer vom botaniſchen Garten?
Das elektriſche Licht in der Leipzigerſtraße? Das iſt zwar
Alles noch ziemlich neu und aktuell, wie ſie immer ſagen,
aber was weiß ich von dieſen Dingen?" — Mein Karl
half mir ſinnen. Nach einer Pauſe fragte er: „Was meinſt
Du zu der Granitſchale vor dem Muſeum?" — „Karl, die
Schale iſt ja ſchon ſo lange her." — „Oder zum Denkmal
vom alten Fritzen?" — „Das will ich mir überlegen." —
Ich ſann und ſann den ganzen Tag. Ich ging unter die
Linden und ſah mir das Denkmal genau durch das Opern-
glas an, aber nachher mußte ich meinem Karl doch ge-
ſtehen, daß es mit dem alten Fritzen nichts ſei, und ich nicht
wüßte, was ich über ihn ſchreiben ſollte. „Du glaubſt nicht,
wie furchtbar ſchwer die Hauptſtadt iſt," ſagte ich, „mein
Gehirn thut ſo weh, als hätte es ſich übermüde gelaufen!"
— „Warum quälſt Du Dich ab, Wilhelmine?" fragte mein

Karl zärtlich, „Du haſt ja nicht nöthig, über die Hauptſtadt
zu ſchreiben." — „Meinſt Du?" rief ich. „Was ſollte wohl
der Herr Redakteur von mir denken? Soll es wieder einmal heißen, die Damen haben wohl Talent, aber keine Fähig-
keiten? O nein, ich weiß, was ich mir und meinem Geſchlechte
ſchuldig bin: Morgen gehe ich wieder auf die Suche."

Am Abend kam Onkel Fritz. „Was iſt denn hier los?"
fragte er, als er mich und meinen Karl etwas einſilbig vor-
fand. — „Sie will ſchreiben und hat keinen Stoff," ſagte
mein Karl.

„Das iſt ja vortrefflich!" rief Onkel Fritz.

„Was iſt vortrefflich?" herrſchte ich ihn an. „Was
willſt Du damit ſagen? Willſt Du Deine leibliche Schweſter
beleidigen? Ich bitte Dich, was iſt vortrefflich?" — „Komm'
doch nur zu Dir, Wilhelm," lachte Onkel Fritz (er nennt
mich oft noch Wilhelm von der Kinderzeit her, als wir
beide Soldat ſpielten), „ich meine nämlich, wenn Du nichts
zu ſchreiben haſt, könnten wir morgen zuſammen auf den
Bock gehen, dann haſt Du ja Zeit. Das, meinte ich, ſei vortrefflich." — „Und Du glaubſt, ich ſoll dieſe lahme Ent-
ſchuldigung gelten laſſen?" — „Wilhelmine," fiel mein Karl
ein, „der Bock iſt am Ende hauptſtädtiſch, wenn er auch am
äußerſten Ende von Berlin liegt." — „Auf den Bock gehe ich
nicht." — „Krauſes kommen auch!" ſagte Onkel Fritz. — „Er
oder ſie?" — „Beide, ſie haben Hausbeſuch, dem ſie Berlin
zeigen wollen!" — „Hausbeſuch? Männlich oder weiblich?"
— „Weiblich." — „Jung oder alt?" — „Natürlich jung,
Wilhelmine!" — Aha, dachte ich, hier liegen Fußangeln,
wenn Onkel Fritz Dich Wilhelm nennt und mit auf ſeine
Fahrten mitnimmt, ſo iſt etwas Tieferes verborgen. Laut
ſagte ich darauf obenhin: „Ach ja, mein ſüßer Karl, Du haſt
vielleicht nicht unrecht, der Bock könnte doch Etwas für meine
Feder ſein, und wenn die Krauſen mit iſt, kann ich es wohl
wagen, hinzugehen."

Wir verabredeten, daß Onkel Fritz uns am nächſten Abend
gegen Fünfen abholen ſollte, und dann gingen wir zur rechten
Zeit ſchlafen. Ich fand die Ruhe ſehr ſchwer, denn der
Hausbeſuch bei Krauſes lag wie ein Nachtmarder auf mir.
Was kann bei Krauſes zu Beſuch kommen? Onkel Fritz iſt
im Stande, ſich wegzuwerfen. — —

Am andern Abend turnten wir nach dem Bock. Onkel Fritz nahm sehr gentiler Weise die Entrées für uns Dreie, und wir traten ein in das Lokal. Ein Glück, daß ich nicht nervös bin! Denken Sie sich zwei große Hallen, die wie ein Winkelmaß aufeinanderpassen, und uns Drei dort stehen, wo die beiden Enden zusammenstoßen und die Ecke bilden, so daß wir links die eine und rechts die andere Halle vor uns haben. Diese Hallen sind blitzblau von Tabaksqualm, oben voll von Gaskronen, unten voll von Menschen, also oben hell, in der Mitte graublau und unten schwarz. Aus jeder Halle dringt nun ein Getöse auf den ahnungslosen Ankömmling ein, daß er nicht weiß, ob er bleiben oder sofort wieder fliehen soll, und zwar so viel Lärm, als zwei Musikchöre und eine tobende Menschheit zusammen vollführen können. Welche singen, welche klopfen mit den Seideln, welche schlagen mit den Spazierstöcken auf den Tisch, welche schreien, aber still ist Keiner. Dies muß man sich von Tausenden von Menschen vorstellen. Es ist, als wäre die Hölle losgelassen. O du Grundgütiger, dachte ich, wärst du hier nur erst wieder weg.

Nun hieß es Krauses suchen. Onkel Fritz fand sie gleich heraus, obschon er sonst nicht groß um die Krausen giebt, und wir schlängelten uns an ihren Tisch heran. Ehe ich aber zur Stelle kam, brüllte mich irgend ein Pachulke fürchterlich mit den Worten an: „Wo ist Naufe?" und ließ dicht vor meinem Gesicht eine Puppe auf und nieder tanzen, die sie Naufe nennen und dort von den Hausirknaben kaufen. Dies empörte mich, aber ich durfte nichts sagen, sondern mußte freundlich lächeln, weil auf dem Bock nichts übel genommen wird, sondern Alles Brüderlichkeit und Schwesterlichkeit ist. O, was habe ich Alles gesehen!

Zum Glück schwieg die Musik in unserer Halle gerade, als wir Platz nahmen, während der Mordspektakel in der anderen noch fortdauerte, und so konnten wir uns denn begrüßen. Der Hausbesuch war richtig da und wurde mir als ein Fräulein Erika Lünne aus Lingen an der Ems vorgestellt. Mein erstes Urtheil war: Nicht übel; mein zweites: ein bischen viel Provinz, aber sauber, sehr sauber. Jedoch hat sie was? Soviel ich weiß, sind die Lünnes mit ihr, der Krausen, verwandt, und was die Krausen einbrachte, das war nicht

viel, und darauf würde ich doch sehen, daß sie einigermaßen
so viel hätte, wie Onkel Fritz, denn wovon sie in Lingen
brillant leben, damit können sie in Berlin noch keine großen
Sprünge machen.

Was mich jedoch verdroß, das war die Katzenfreundlich-
keit, mit der die Krausen Onkel Fritz unter die Nase ging.
Ich merkte ja gleich, worauf das abzielte, und daß sie die
Sache schon für ausgemacht hielt. Hätte sie sonst wohl immer
gefragt: „Nun, Erika, wie gefällt Dir Berlin? Du würdest
doch gewiß gerne in der Hauptstadt bleiben, wenn Dich Jemand hier fesselte?" Und was hatte sie dabei mit Onkel Fritz
anzustoßen?

Ich wollte ihr gerade bemerken, daß Onkel Fritz ohne
meine Einwilligung nicht wählen würde, als die Musik den
Bockwalzer zu spielen anfing. Da habe ich denn zum ersten
Male erlebt, was eigentlich Radau ist. Geschrieen und ge-
kriescht haben die Menschen, geklopft, getrampelt und ge-
gröhlt, aber immer mit der Musik im Takt. Einige tanzten
auch, oder thaten so, wobei die Damen bunte Papierkappen
aufhatten und die Herren kaputte Hüte.

Fräulein Erika sagte kein Wort, sondern sah erschreckt
auf das Gewoge und trank auch nicht von dem Biere, das
vor ihr stand. Onkel Fritz blickte von Zeit zu Zeit verstohlen
auf sie, obgleich er sonst that, als kümmerte er sich gar nicht
viel um ihre Gegenwart. Aber man muß ihn kennen!

Als er später meinem Karl vorschlug, einmal nachzusehen,
ob sie Bekannte finden würden, bemerkte ich, wie sie ihm mit
den Augen folgte und wie sie mit einem Male ganz verstört
aussehend wurde. Ich wandte mich um und sah nun, wie
einige von den Damen mit den Papiermützen nicht nur Onkel
Fritz sehr kameradschaftlich festzuhalten suchten, sondern auch
mit meinem Karl intim zu werden anfingen. Ich sprang auf
und drängte mich hin, aber als ich kam, ließen die Damen
ihre Puppen vor mir tanzen und riefen höhnend: „Wo ist
Nauke?"

„Karl, wir gehen!" — „Karl bleibt hier!" johlten die
Damen, „Karl ist zu nett!" — Ich entriß Einer den Nauke,
denn ich war so aufgebracht, daß ich nicht mehr wußte, was
ich that, aber nun ward der Lärm erst groß. Was geschah,
weiß ich nicht genau mehr; mir ist nur noch erinnerlich, daß

mein Karl meine Partei nahm, und daß dann die ganze
Menschheit in ein langsames Schieben gerieth und wir uns
schließlich im Kühlen befanden. Ein Glück, daß mein Karl
einen älteren Cylinder aufgesetzt hatte, um den neuen wäre
es zu schade gewesen.

„Wo ist Fritz?" schrie ich vor Wuth, „er hat uns auf
den Leim gelockt!" — Onkel Fritz kam. Statt sich zu entschuldigen, machte er mir Vorwürfe: „Wer auf den Bock gehe,
müsse die Gebräuche mitmachen." — „Wenn Eine meinen
Karl anrührt, hat sie es mit mir zu thun!" rief ich. — Ich
wäre kindisch. — „So? Gut denn. Lieber will ich kindisch
sein, als mich an den Ton gewöhnen, der dort herrscht. Deine
Zukünftige soll wohl Bildung auf dem Bock lernen? Gratulire!"

Nie habe ich Onkel Fritz so böse blickend gesehen, als
jetzt, da ich so gesprochen, aber er blieb ruhig. „Ich glaubte,
Du würdest Dich der Fremden annehmen, da Krauses so unvernünftig waren, mit ihr nach dem Bock zu gehen. Du
wußtest, daß ich das wünschte. Statt dessen benimmst Du Dich
unverständig wie immer." — „Was gehen mich Deine Lieb-
schaften an?" rief ich erbost, „aber das sage ich Dir, über
meine Schwelle kommt mir die Bockmamsell nicht." — Ich
merkte, wie Onkel Fritz die Hände ballte und vor Wuth
knirschte, jedoch er sagte nichts, sondern drehte sich kurz um
und ging in das Lokal zurück. Auch mein Karl schwieg, als
wir nach Hause strebten.

Mir war, als sei ich irgendwo aus einer Bodenluke gefallen, so rasch war Alles vor sich gegangen. Und dennoch
glaubte ich, während mein Karl und ich dem Ausgange zu-
schwebten, ich hätte Herrn Felix, der damals in Tegel den
kleinen Knaben aus dem See zog, gesehen und neben ihm eine
Dame mit einer rothen Papiermütze auf dem Kopfe.

War es nur Einbildung oder war es Herr Felix wirklich
gewesen?

Ich fragte meinen Karl, ob er ihn auch gesehen? Er
sagte: „Laß junge Leute ihre Wege gehen. Was kümmerst
Du Dich darum?" —

„Also er war es?"

„Beschwören kann und mag's ich nicht."

⁂

Hochzeit.

Warum kamen Sie nicht zur Hochzeit von meiner Jüngsten mit dem Doktor Wrenzchen? Vielleicht gerade ein Preß- prozeßchen, oder waren Sie schon eingeladen? Oder sind Sie nicht für Hochzeiten? Es war schade, daß Sie nicht da waren, denn ich bin überzeugt, Sie hätten sich amüsirt, wenn ich für meinen Theil auch nicht viel Vergnügen gehabt habe, denn eine Brautmutter amüsirt sich überhaupt nie. Sie lächelt wohl, sie sieht ungemein glücklich in dem neuen Bordeaux-Seidenkleide mit echten Kanten aus, sie sagt auch, daß sie sehr heiter ist, aber innerlich, da wachsen ihr Dornen und Disteln.

Wie viel Mühe hat man, ehe Alles so weit ist. Erst die neue Einrichtung für die jungen Leute. So etwas hat ja durchaus keine Schwierigkeiten, wenn er danach ist und eine sorgsame Schwiegermutter walten läßt, die doch nur sein Bestes will. Aber wenn er eigensinnig ist und stets mit- redet, sich gegen das Nothwendigste sträubt, weil er meint, ein Eßtisch für vierundzwanzig Personen sei Luxus und für ein Damenschreibbüreau sei kein Platz, so hat man bei jedem Stück seinen Aerger. Ich gebe ihm ja recht, daß seine jetzige Wohnung ein bischen stark mit den neuen Möbeln belastet wird, aber er muß doch an eine standesgemäße Etage für später denken, und das thut er mir zum Trotze nicht. Und keine gute Stube! Unerhört!

Das größte Zimmer hat als Schlafstube eingerichtet werden müssen, weil das hygienisch sei. Auch so eine unver- nünftige Neuerung. Wir sind doch auch groß geworden ohne Hygiene.

Nun, ich fügte mich, aber ich konnte doch nicht unter- lassen zu sagen: „Lieber Doktor, ich will nur wünschen, daß Sie mit ihren neumodischen Ansichten glücklich werden. Was meine Tochter anbetrifft, so weiß die, daß ihr das altmodische Elternhaus zu jeder Zeit offen steht, und sollte es Abends nach Elfen sein."

Hierauf murmelte er etwas mir Unverständliches. Ich glaube, es war sein Glück, daß er nur murmelte, denn Geduld ist ein Faß mit sehr dünnem Boden. Ferner hatte ich gehofft,

daß er sich doch noch zu einer Hochzeitsreise entschließen werde,
aber, als ich ihm sogar zu verstehen gab, daß selbst Köchinnen,
wenn sie Hochzeit machten, mindestens nach Bernau oder
Biesenthal gingen, ließ er sich auf nichts ein, sondern erklärte,
seine Praxis verböte ihm das Reisen, da er einen schwer-
kranken Patienten habe, den er nicht verlassen könne, und den
durchzubringen sein Stolz sei. Auch hierin mußte ich mich
fügen, wenn auch mit einiger Schroffheit.

Dann kamen die Einladungen zur Hochzeit. Wen sollte
man nehmen und wen nicht? Er hat seine Bekanntschaft und
wir haben die unsere. Wenn mein Karl nicht so vernünftig
gewesen wäre und gesagt hätte: „Lieber ein paar Einladungen
mehr, als Leute vor den Kopf stoßen," ich glaube, wir säßen
noch zu Gericht über Diesen und Jenen, und so gingen denn
seine elf medizinischen Freunde durch. Man braucht ja auch
Tänzer.

Natürlich waren Krauses ebenfalls gebeten. Sie, die
Krausen, kam am nächsten Tage heran und fragte, ob sie
ihren kleinen Eduard nicht mitbringen könnte, das Kind hätte
noch nie eine Hochzeit mitgemacht und freute sich so sehr darauf. Ich antwortete: „Meine Liebe, wir haben nur auf Erwachsene gerechnet, und wegen des einen Jungen können wir
doch keinen Musikantentisch etabliren."

Dies nahm sie allerdings krumm, aber seitdem ich aus
Tegel weiß, wie niederträchtig die Kröte ist — den Muck hat
er auch heimlich so gequält, daß sie ihn braten mußten,
um ihm ein angenehmeres Dasein zu verschaffen —, mag
ich den Schlingel nicht mehr leiden und ließ sie ungestört
den Mund schief ziehen. Dagegen gestattete ich ihr, den
Hausbesuch mitzunehmen, das Fräulein Erika aus Lingen
an der Ems, obwohl ich recht gut merkte, daß es auf Onkel
Frig abgesehen ist. Ich redete daher sehr ernst mit Onkel
Frig und sagte: „Es ist unmöglich, daß wir mit Krauses
in ein verwandtschaftliches Verhältniß treten, denn wir bekommen einen Doktor in die Familie, und deshalb merke
Dir: ‚Diese Haideblume blüht nicht für Dich.'" — Onkel
Frig entgegnete: „Habe nur keine Angst, Wilhelmine. So-
bald einmal eine Prinzessin durch Berlin reist, mache ich der
einen Antrag, die wird Dir hoffentlich gut genug sein!" —
Die Antwort war ausreichend für mich, denn wenn er patzig

wird, beabsichtigt er stets das Gegentheil von dem zu thun, was ich für richtig halte.

Es war mir daher sehr lieb, daß der Doktor auf jeglichen Polterabend verzichtete, denn die Krausen hätte diese Gelegenheit benutzt, die mit allen Reizen ausgestattete Haideblume Onkel Fritz unter die Augen zu führen. Vielleicht hätte er gar mit ihr zusammen gepoltert, sie meinetwegen als Ems-Nixe und er als Spree-Wassermann, und Herr Kleines wäre gewissenlos genug gewesen, ihnen das Gedicht dazu zu verfertigen. Zum Glück ward nichts daraus.

War es ein Wunder, daß ich unter all' diesen Sorgen sichtlich litt, so daß mein Karl sagte, er wünschte, die Hochzeit wäre nur erst vorüber, damit ich wieder in meine alte Verfassung käme? —

Der Hochzeitsmorgen brach denn auch richtig an: für viele, viele Menschen ein ganz gewöhnlicher Werkeltag, für mich ein Angsttag und für das Kind ein Festtag. Emmi war ganz Glück. Als sie mir guten Morgen bot und mich dabei so innig umarmte und küßte und wieder küßte und aus ihren Augen ein so seliges Vertrauen leuchtete, als sei die Zukunft ein heller lichter Tag und der Weg, den sie mit dem Doktor gehen sollte, ein sanfter Pfad, von dem kleine emsige Engel alles Ungemach hinweggeharkt hätten, da überkam mich auch der Gedanke, es könnte nichts anders als gut werden. Was aber sind Hoffnungen? Streuzucker für den Rhabarber des menschlichen Lebens.

Um ein Uhr kam der Doktor mit seinem Freunde, dem Doktor Faber, als Trauzeugen und holte Emmi nach dem Standesamte ab. Mein Karl und Onkel Fritz waren die anderen Zeugen und begleiteten sie. Ich für meine Person schloß mich nicht an, da ich Wichtiges zu thun hatte.

Sollte das Kind so ohne alle Poesie in das neue Leben treten? Nein, es mußte ein Ersatz für die ausfallende Hochzeitsreise geschaffen werden und der bestand darin, daß wir heimlich des Doktors Wohnung mit Blumen dekorirten. Diesen glücklichen Gedanken hatte Auguste Weigelt gehabt, und die Gute war mir nun behilflich, während das Kind von dem herzlosen Staate dem Doktor gerichtlich zugesprochen wurde, das Haus zu schmücken. Die Treppe faßten wir mit Guirlanden ein und ebenso die Thüren.

Das Wohnzimmer verwandelten wir in einen Blumengarten
und das Schlafzimmer in eine Art von Palmenhaus. Es
sah wundervoll aus, so daß Auguste meinte, noch nie etwas
Entzückenderes gesehen zu haben. Die Ueberzüge waren
ja auch wie frisch gefallener Schnee und leuchteten ordentlich durch die grünen Büsche, die pyramidenförmig vor den
Betten aufgebaut waren. „Wenn die Ampel brennt, muß
das Ganze einen Effekt machen, wie tausend und eine Nacht,"
sagte ich.

„Geradezu märchenhaft!" bestätigte Auguste, „wenn
die Töpfe nur nicht so dumpfig nach dem Gewächshause
röchen."

„Weißt Du was, Auguste," rief ich, „lauf rasch in einen
Parfümerieladen und hole Orangenblüthenessenz, damit be-
sprengen wir die Gewächse, und die Beiden glauben dann,
sie wären in Nizza, wenn sie hier so hereintreten. Ich weiß
von Italien her, wie sinnumschmeichelnd gerade Orangen-
duft ist."

Dies gefiel Augusten sehr; ich gab ihr eine Mark und sie
rannte davon.

Während sie fort war, überzeugte ich mich noch einmal
gründlich, daß es in dem Hause an nichts fehlte. Man
konnte es für einen Puppenschrank halten, so allerliebst war
Alles. Selbst für einen neuen Stiefelknecht war gesorgt; den
hatte Onkel Fritz gestiftet.

Auguste hatte sich geeilt, und wir übertünchten den Moder-
geruch rasch mit der Essenz und gingen ab, denn wir hatten
zu Hause ein kleines Frühstück, da die Trauung erst um vier
Uhr sein sollte, und das Hochzeitsmahl im Englischen Hause
um Fünfen.

Als wir ankamen, waren die Herren schon wieder
retour und hatten Hunger. Herr Doktor Faber sagte mir
einige liebenswürdige Worte und gratulirte, was ich ihm
um so höher aufnahm, als Onkel Fritz Emmi fortwährend
Frau Doktorin titulirte und die ganze Angelegenheit sehr
auf die leichte Schulter nahm. Emmi benahm sich keine
Idee anders als sonst, wenn der Doktor zu Besuch kam,
und doch war sie nun schon verheirathet. Doktor Wrenzchen
verhielt sich ziemlich still und das gefiel mir. Einmal mußte

er doch einsehen, welche Verantwortung er auf sich lud, als er anderer Leute Tochter zur Frau begehrte.

Das Frühstück verlief jedoch recht gemüthlich. Herr Dr. Paber brachte einen erquickenden Toast aus, wir stießen auf das Wohl des jungen Paares an und unterhielten uns, bis es Zeit war, an die Toilette zu gehen.

Zwischendurch wurden allerlei Hochzeitsgeschenke gebracht, manches Nützliche und auch manches Unbrauchbare, wie z. B. zwei Champagnerkühler, da Doktor Wrenzchen doch sehr gegen den selbstgekauften Sekt ist, von den elf Doktoren zwei sehr schöne silberne Armleuchter und von Herrn Kleines ein Bassin mit Goldfischen, die Emmi jedoch nicht ausstehen kann. Onkel Fritz rieth ihr, die Fische grün zu kochen und den Napf zum Aufbewahren von Backpflaumen zu benutzen. Von der Polizei-lieutenanten kam ein prachtvolles Brautbouquet aus Myrthen und Orangenblüthen, gerade als das Paar in die Braut-kutsche stieg.

Wie reizend sahen die Beiden in dem feinen Wagen aus! Emmi in dem weißen Kleide mit dem duftigen Schleier und dem grünen Kranze auf den goldblonden Haaren war so lieb-lich, wie eine Braut an ihrem Ehrentage nur sein kann, und der Doktor, so glatt und nagelneu von Kopf bis zu Fuß, nahm sich so weihevoll aus, wie ein frisch eingebundenes Ge-sangbuch. Man konnte wirklich nichts an ihnen tadeln; es saß Alles.

Dazu die Brautjungfern mit ihren Bouquets und die vielen anderen Damen in eleganter Toilette und die Herren im Ballanzuge... es war eine stille Pracht. So prunkhaft hatte ich mir das Ganze doch nicht vorgestellt. Die sämmt-liche Landsbergerstraße guckte aus dem Fenster, als wir nach der Kirche fuhren.

Wie nun die Beiden vor dem Altar standen, wurde mir sehr weich. Eine Mutter denkt doch auch an die Zukunft. Würde der Doktor auch wohl immer so gut zu ihr sein, wie mein Karl zu mir? Und was dann, wenn sie uneins würden und das Glück davonzöge? Was dann? Was dann?

Derselbe Pastor, der Emmi konfirmirt hatte, traute sie nun auch. Die Liebe hörte nimmer auf, sprach er, die wäre wie die Sonne, welche hell und klar aufgeht und unbeirrt

ihre Bahn wandelt. Und wenn auch Wolken sie bisweilen
verdunkelten, so bräche sie doch wieder siegreich hervor, bis
sie am Abend in mildem Feuer sanft verglühe. So sei die
Menschenliebe. Und noch herrlicher sei die Gottesliebe,
die nie vergehe, nie erlösche, wenn wir in Sorge und
Erdenkummer auch vermeinten, sie wäre verschwunden. Aber
wenn wir fest an sie glauben, so verläßt uns die tröstende
Hoffnung nicht, und Ungemach und Leid müssen der ewigen
Liebe weichen. — Dann ging er auf den Beruf des Arztes
ein, der ihn oft von der Gattin Seite riefe, daß sie darob
nicht unmuthig werde, sondern seine Wege segne, die ihn
zu Kranken und Leidenden führen. Und ihm sagte er,
daß Liebe nur mit Liebe vergolten werden könne, er solle
sie lieb und werth halten, die ihm von ganzem Herzen
vertraute und Vater und Mutter verließe, um ihm zu
folgen.

Als die Ringe gewechselt wurden und der Pastor ihre
Hände vereinigte, brach die Sonne seitlich durch das Fenster
und beleuchtete das Paar mit goldigem Scheine. Die Klänge
der Orgel brausten durch den weiten Kirchenraum, wie Fest-
jubel über Glück und Freude. Auch ich war einigermaßen
getröstet und dachte: „Der liebe Gott wird es schon
gut machen; im Uebrigen siehst du nach dem Rechten,
Wilhelmine."

Und nun ging das Gratuliren los. Es wurde viel ge-
küßt und handgeschüttelt; Sonnenschein und Orgelklang dazu.

Als wir abfahren wollten, kam Emmi und flüsterte eilig:
„Mama, sei so gut, nimm mein Bouquet und gieb mir das
Deine." — — „Warum das, Emmi?" — „Siehst Du denn
nicht, daß Orangenblüthen darin sind? — „Ja ... aber." —
„Du weißt doch, Mama, daß Franz sie nicht riechen kann, sie
machen ihm Kopfschmerzen!"

Ich stand noch wie versteinert, als die Brautkutsche schon
längst davon gefahren war. „Herr im Himmelsthrone," dachte
ich, „und wir haben den ganzen Palmengarten mit Orangenblüthenessenz besprengt. — Auguste," rief ich, „Auguste, wir
müssen lüften!" — — —

Wie ich eigentlich ins Englische Haus gekommen bin,
das weiß ich nicht mehr; ich riß immer in Gedanken die
Fenster in des Doktors Wohnung auf, zu Höherem konnte

fich mein Geist nicht auffchwingen. Und dann faßen wir
endlich bei Tifch und aßen und tranten. Es fchmeckte ihnen
Allen gut, und da es ziemlich warm war, fpülten fie auch
ordentlich nach, wie fich das auf einer fidelen Hochzeit gehört.
Ich allein tonnte mich der allgemeinen Fröhlichkeit nicht an-
fchließen und vermochte von den Gerichten immer nur ein
wenig zu koften, blos um zu wiffen, was die Leute gekocht
hatten. Satteffen indeffen war nicht.

Ich hatte ja einen vortrefflichen Platz. Der alte Herr
Wrenzchen führte mich zu Tifch und mein Karl des Doktors
Mutter. Sie ift fo fanft und gut und hält große Stücke auf
ihn. Manches erzählte fie mir von feiner Jugend, wie er fo
rafch durch das Gymnafium gekommen fei und immer die
beften Zeugniffe nach Haufe gebracht habe, wie er nachher
auf der Univerfität fo folide und fleißig gewefen und dabei
doch luftig und unverfroren. Das hörte ich fehr gerne, aber
im Stillen mußte ich mir fagen: was nützen die beften Schul-
zeugniffe und die tugendhaftefte Studenten-Solidität in der
Ehe? Da kommt es manchmal ganz anders.

Emmi und der Doktor machten fich reizend fchön nebeneinander hinter den großen Bouquets, die ihnen zu Ehren
auf die Tafel geftellt waren, aber fo oft ich hinfah, gab mir
das Blumenwerk jedesmal einen Stich durch das Herz, weil
es mich an die Orangenblütheneffenz erinnerte. Augufte, die
gute, hatte mir zwar die Verficherung gegeben, daß alle
Fenfter fperrangelweit aufftänden und der Geruch fchon faft
gänzlich abgezogen wäre, aber meine innere Unruhe wollte
doch nicht weichen. Ich hatte fchon die Idee, die ganzen
Grünigkeiten wieder vom Gärtner abholen zu laffen, aber das
ging nicht: was würde die Nachbarfchaft davon gedacht haben?
Außerdem waren fie für acht Tage gemiethet und im Voraus
bezahlt.

Sonft fah die Tafel wirklich entzückend aus. Allein
blos die elf Doktoren, denen man die höhere Bildung fchon
von ferne anmerkte, dazwifchen immer abwechfelnd eine
junge oder doch wenigftens eine jüngere Dame, dann der
Polizeilieutenant in der Sonntagsuniform, was unermeßlich
fchmückte, und alle die Anderen. Herr Weigelt hatte allerdings einen Frack von etwas fehr merkwürdigem Schnitt an,
und feinen weißen Shlips hatte Augufte ein bischen gar

zu blau gekriegt, weil sie die kleinen Sachen in der Wasch-
schüssel wäscht, aber er war so herzlich vergnügt und lächelte
immer so gut beiwege vor sich hin, daß es auf sein Aeußeres
gar nicht ankam. Er hatts ja auch nicht so dazu, wie
Andere.

Onkel Fritz dagegen war von Kopf bis zu Fuß elegant:
den Frack nach der neuesten Mode und die Lackstiefel zum
ersten Male an. Wegen meiner oder wegen des jungen
Paares hätte er sich ganz gewiß nicht in Unkosten gestürzt,
aber um in den Augen seiner Tischnachbarin etwas vorzustellen, mußte er sich natürlich nobel machen. Und sie, die
Erika, that bereits, als wären die Verlobungskarten schon
heimlich gedruckt. Wenn Jemand an das Glas klopfte, um
eine Rede zu halten, überfiel mich jedesmal die tödtliche Angst:
„Jetzt wird das freudige Ereigniß publik gemacht!" und der
Bissen im Munde ward mir zu Galle.

Und eine andere Verlobung, die ich so gerne gesehen
hätte, kam nicht zu Stande. Ausdrücklich hatte ich Herrn
Felix durch ein längeres Schreiben eingeladen, aber trotzdem
lehnte er ab. Was soll das heißen? Ist es ihm peinlich,
daß wir ihn neulich auf dem Bock in nicht gerade der besten
Gesellschaft trafen? Warum soll ein junger Mann den Bock
nicht einmal besuchen? Wir waren ja auch da! Als ich Betti
Herrn Felix' Absage mittheilte, sprach sie zwar kein Wort,
aber sie ward blaß, ganz blaß, wie eine Sterbende, daß ich
fürchterlich erschrak. Gleich darauf war sie jedoch wieder
ruhig und versuchte zu lächeln. Dann ging sie auf ihr Zimmer
und kramte in ihren Schubladen, und als sie wieder herunter-
kam, that sie, als sei Alles beim Alten. Was kann da blos
passirt sein? Er wird mich doch nicht verachten, weil ich das
Lokal damals ohne meinen Willen verließ?

Ich hatte ihr Herrn Kleines als Tischnachbarn gegeben
und sie schien sich auch ganz gut mit ihm zu unterhalten.
Später erzählte sie mir, sie hätte nur die Hälfte von seinen
Witzen verstanden, einige davon wären ihr unfaßbar gewesen
und die anderen hätte er mit dem Essen hinuntergeschluckt.
Es giebt ja Leute, die gleichzeitig den Mund voll haben und
erzählen.

Sehr schöne Toaste wurden ausgebracht: ernste und

heitere und ſolche, die gar keine wurden, weil die Redner
immer anderswo hinkamen, als worauf ſie hinauswollten.
Dr. Paber ſprach im Namen ſeiner Kollegen und wünſchte,
daß der Doktor über ſein neues Glück die alten Freunde,
namentlich ihre gemüthlichen, wiſſenſchaftlichen Abende nicht
vergeſſen möchte. — Und der Doktor antwortete. Er ver-
ſprach, die alte Freundſchaft von dem Gymnaſium und von
der Univerſität her ſtets hoch zu halten; ſeine Frau werde
gewiß damit einverſtanden ſein, daß er im Verein mit Kollegen die Wiſſenſchaft pflege. — Und das verkündete er kalt-
blütig vor allen Hochzeitsgäſten. Die Wiſſenſchaft kenne ich
doch: — Skat heißt ſie. Aber das ſind die Folgen vom Gymnaſium und der Univerſität. Machen die guten Zeugniſſe
Emmi glücklich, wenn er ins Wirthshaus geht und ſie allein
zu Hauſe ſitzen muß? Niemals.

Zwiſchendurch wurden Tafellieder geſungen, die eigens
zu dieſem Zwecke verfertigt waren. Dem Gebildeten macht
ja das Dichten auch durchaus keine Schwierigkeiten, wenn
er nur die Zeit dazu hat. Ein Lied jedoch, das Herr
Kleines auf die Brautjungfern zu verfaſſen ſich unterfangen
hatte, war geradezu unglaublich. Die jungen Damen, welche
mit meinen Töchtern verkehren, ſind ſammt und ſonders aus
wohlerzogenen Familien und denen hatte er zugemuthet, zu
ſingen:

> Schönheit iſt gemacht zu lieben,
> Ernſte Stirne ziemt ihr nicht;
> Ihren Hang zu ſanften Trieben,
> Sollen Mädchen nie verſchieben,
> Wenn die Jugend Roſen bricht.

Zum Glück ließ ſich das Gereimſel nach keiner Melodie
ſingen, und als daher mein Karl aufſtand und verkündete:
wir wollten lieber aufhören, da das Lied zu ſchwer ſei, fiel
mir ein reeller Mühlſtein vom Herzen. Nach Tiſch habe ich
aber Herrn Kleines meine Meinung geſagt und ihm erklärt,
er könne für die öffentlichen Blätter ſo viel dichten, wie er
wollte, für Familien wäre jedoch ſeine Poeſie ungeeignet.

Ich war froh, als das Tafeln ein Ende hatte, und Onkel
Fritzens Verlobung nicht mehr in Szene geſetzt werden konnte.
Während abgeräumt wurde, tranken wir im Nebenſaal Kaffee,
und dann ging der Ball an.

Dr. Wrenzchen und Emmi eröffneten ihn, dann folgten
die elf Doktoren mit den Brautjungfern und einigen jüngeren
Damen, was Onkel Fritz als Feſtordner ſo arrangirt hatte,
weil er, wie er ſagte, gerne einmal ein Dutzend tanzende
Doktoren hinter einander ſehen wollte. Es war auch
einzig.

Wir Aelteren nahmen natürlich auch Theil an dem Rei-
gen. Mein Karl und ich tanzten in Erinnerung an unſeren
eigenen Hochzeitstag einen Wehmuthswalzer. „Karl,“ ſagte
ich, „wir ſind beide ein bischen kompleter als damals.“ —
„Aber noch ebenſo glücklich,“ antwortete er. — Ich ſchwieg.
Konnte ich ihn an all' meinem Kummer betheiligen? Nein,
das wäre grauſam geweſen. Ueberdies iſt das Weib ja zum
Leiden und Dulden geboren.

Man mußte jedoch den elf Doktoren laſſen, daß ſie das
Feſt entſchieden verherrlichten. Je weiter die Zeit rückte, um
ſo mehr packten ſie den gewohnten Ernſt ihres Berufes ein
und gaben ſich dem Vergnügen hin, als wären ſie wieder fröhliche Studenten. Und wie mußten ſie die Damen zu unterhalten! Nun, ein Studirter verſteht ja auch mehr als vom
Wetter und vom Theater, und gute Tänzer waren ſie Alle.
Ich habe mit jedem einen Pflichttanz durchgemacht.

Als es ſchon ziemlich in die Nacht hineinging, wollte der
Doktor aufbrechen. „Emmi amüſirt ſich ſo prächtig,“ ſagte
ich und bat ihn, noch zu bleiben, wenigſtens den Kotillon
über. Jede Minute Lüftung war ja ein Gewinn. Er gab
auch nach.

Nun war aber das Malheur mit Herrn Weigelt. Er
kann ja Nichts vertragen, das iſt wahr, aber warum mußte
er auch noch tanzen und das immer mit den niedlichſten
jungen Damen? Da kam es denn, daß er mit Polizeilieutenants Mila nicht ſchlecht hinſchlug, worüber dieſer ihn zur
Rede ſtellte. Das wollte er ſich nicht gefallen laſſen, ſondern erging ſich in Redensarten und tanzte ruhig weiter.
Als er nachher aber zärtlich gegen die Erika werden wollte,
griff Onkel Fritz ihn und brachte ihn nach dem Herrenzimmer,
wo es gediegenen Rothwein, Bowle und Hofbräu gab.
Was ſie da mit dem Unglückswurm aufgeſtellt haben, weiß
ich nicht: genug, er befand ſich in einem kläglichen Zuſtande,
als Auguſte mich angſterfüllt heranholte. Da ſaß er ganz

zerklüftet und nannte ſich einen Rabenvater, der ſein Kind zu
Hauſe ließe und Orgien feierte. Sie ſollten ihn nur gleich begraben, und ob Auguſte ihm verzeihen könnte? Gottlob
waren ja elf Doktoren da. Der eine rieth Eis an, der andere
ſchwarzen Kaffee, der dritte Hofbräu, der vierte Salmiakgeiſt,
der fünfte verſchrieb ſchon Etwas. Aber Herr Weigelt ließ
Keinen an ſich kommen. In ihrer Verzweiflung ſchleppte
Auguſte meinen Schwiegerſohn herbei, und zu dem hatte er
Vertrauen; aber ſobald der Doktor wieder gehen wollte,
wimmerte er und bat ihn, zu bleiben, und hielt ihn feſt. Und
es war mittlerweile die höchſte Zeit, daß das junge Paar ver-
ſchwand, denn einzelne Gäſte machten ſich ſchon auf den Heim-
weg. Was war da zu thun?

Aber wozu iſt mein Schwiegerſohn Arzt, und wozu waren
noch elf andere da? „Hat keiner von den Kollegen eine
Morphiumſpritze bei ſich?" fragte er. Zum Glück kam ein
halbes Dutzend zum Vorſchein. Da wurde Herr Weigelt denn
gepiekt, und nach zehn Minuten hatten ſie ihn ſo total betäubt,
daß er, von mehreren Doktoren begleitet, wie ein hilfloſes
Packet per Droſchke nach Hauſe transportirt werden konnte.
Es muß ein ſchrecklicher Anblick ſein, wenn ſie Jemand ſo gebracht bringen.

Als das junge Paar das Feſt verließ, graute der
Morgen ſchon; ſie waren ſo ziemlich die Letzten. — Mein
Karl meinte, es ſei eine luſtige Hochzeit geweſen, als er ſich
auf die rechte Seite legte. Luſtig? O ja, für andere Leute,
nur nicht für mich. Ich ſah noch die Sonne aufgehen,
ehe ich in eine Art von Betäubung fiel, die jedoch nicht
lange dauerte, denn die Sorge jagte mich frühzeitig wieder
auf. — — —

Am andern Morgen, um gegen Neune, machte ich mich
auf den Weg nach Emmi. Es war mir unmöglich, länger
im Hauſe zu bleiben, denn ich hatte das Gefühl, als ſei irgend
etwas Gräßliches paſſirt. Und ſo war es denn ja auch. —
Meine Ahnungen haben mich noch nie betrogen.

Als ich klingelte, und die Magd mir öffnete, merkte
ich gleich, daß nicht Alles richtig ſei, denn als ich fragte:
„Iſt die Herrſchaft ſchon zu ſprechen?" erhielt ich ein lang-
gedehntes „O ja!" zur Antwort, „Frau Doktorin ſind oben."
— Alſo allein. Ich hinauf. Der Schreck, als ich das

Kind sah. Du meine Güte! Auf dem neuen Sopha saß
sie noch im Ballkleid und weinte, daß einem das Herz
brechen konnte. „Kind, Emmi!" rief ich, „was ist Dir?"
— „Ach, Mama, ich bin das unglücklichste Geschöpf der
Welt!" — „Nanu? Hat er Dich gar geschlagen?" —
„Wer?" — „Wer anders, als Dein Mann, dieser Heuchler!"
— „Mama, kein Wort über Franz, er ist die Güte selbst.
Du beleidigst mich, wenn Du ihn beleidigst." — Das sagte
sie ganz energisch und hörte auf zu weinen. — „Aber Kind,
was ist denn los?" — „Du bist schuld, Du allein," rief
sie. — „Da hört's doch auf!" rief ich. „Ich? Schuld?
Woran denn? Ist das der Dank dafür, daß ich Eurer Haus
so poetisch schmückte?" — „Du hast gewiß nichts Böses
gewollt," entgegnete Emmi vorwurfsvoll, „aber warum
hast Du Alles mit Orangenblüthen begossen?" — „Wieso
denn? Was sagte er?" — „Als wir ankamen, freute er
sich sehr über die Blumen auf der Treppe, dann faßte er
mich an der Hand und führte mich ins Wohnzimmer.
„Dies ist unser Heim," sagte er, „mein liebes kleines Weib.
Mit uns ist das Glück über die Schwelle getreten; daß wir
es halten, dafür wollen wir sorgen!" — Er zog mich an sich
und küßte mich. „Wo kommen nur die vermaledeiten
Orangen her?" fragte er mit einem Male. — Wir suchten
aber wir entdeckten keine. Da zuletzt fand er denn heraus,
daß die Palmen im Schlafzimmer so strenge dufteten." —
„Schalt er?" — „Nein, er sagte nur, Deine Mutter hat es
freilich gut gemeint, aber die Gewächse müssen hinaus."
— „Da rieft Ihr das Mädchen?" — „Bewahre, was sollte
die? Wir hätten uns ja vor ihr genirt. Ich faßte mit an,
und wir schleppten die Töpfe auf den Korridor. Das war
sehr scherzhaft, und wir lachten viel dabei. Als wir damit
fertig waren, und er sagte, es sei nett, eine Frau zu haben,
die sich vor der Arbeit nicht scheute, da — — —" — „Na
und da?" — „Da klingelte es, und er mußte fort zu seinem
Patienten, der so schwer krank ist." — „Nun daran bin ich
doch nicht schuld?" — „Ich komme so bald als möglich
wieder," sagte er. — „Ich warte," rief ich ihm nach. „Und ich
wartete, und er kam nicht. Ich ging auf und ab. — Er
kam nicht. Ich sah aus dem Fenster seiner Arbeitsstube.
Er kam nicht. Ich setzte mich nieder. Er kam immer noch

nicht. Ich fing an zu weinen, aber ich hielt an mich und dachte an die schönen Worte, die der Pastor über Franzen's Beruf gesagt hatte. Ich nahm mir auch vor, eine richtige Doktorin zu werden, aber es wurde mir übermenschlich schwer. Um auf andere Gedanken zu kommen, nahm ich ein Buch, nur um drin zu blättern." — „Eins von seinen Büchern?" — „Das große da. Als ich es aufschlug, erblickte ich einen zerfetzten Menschen. Ich schrie laut auf." — „Und ich sagte ihm doch, er sollte die alten ekelhaften Bücher nach dem Boden schaffen!" — „Nun fing ich an, mich zu graulen. So ganz allein bei den Büchern, o, wie war mir zu Muthe." — „Du armes Kind. Dies ist schauderhaft." — „Um halb sieben schickte er nach seinen Instrumenten und ließ sagen, er müßte operiren, wenn es so weit sei. Und nun ist er noch nicht wieder zurück!" — Sie brach von Neuem in Thränen aus.

Nach längerer Zeit gelang es mir jedoch, sie zu beruhigen. Ich half ihr Morgentoilette machen und überredete sie, sich ein wenig niederzulegen. Das that sie denn, und da Jugend ihren Schlaf haben will, schlummerte sie bald ein.

Als sie schlief, schlich ich mich hinaus und untersuchte den Klingelzug von der Nachtglocke. Es war ein ganz gewöhnlicher Draht. „Was willst Du den Doktor noch erst abwarten?" sagte ich. „Es giebt ja doch nur eine Szene wegen der verabsäumten Hochzeitsreise und der abscheulichen Bücher. Geh' lieber deiner Wege, Wilhelmine!"

Ehe ich aber ging, holte ich eine Scheere aus Emmi's Nähtisch und knipste den Draht unten an der Hausthür mitten durch.

„So," sagte ich, „nun laß sie läuten!"

Nach der Hochzeit.

Man mag es machen, wie man will, seinen Aerger und seine Nackenschläge bekommt man doch, die werden einem förmlich angeboren.

Daß die Polizeilieutenanten es in einer Gesellschaft für sehr dickthuerisch gehalten hat, daß wir die Hochzeit im Englischen Hause gaben, will ich ihr gerne verzeihen, denn unter uns gesagt: sie stammt aus kleinlichen Verhältnissen, aber daß sie gesagt hat, in der Bowle wäre mehr Selterwasser als Champagner gewesen, das ist eine Verleumdung. Es war Alles vom ersten Ende, denn wenn ich etwas gebe, dann gebe ich es gut. Ich kann ihr jeden Tag die Rechnungen zeigen. Außerdem möchte ich wissen, ob wir die elf Doktoren so vergnügt mit Selterwasser gekriegt hätten?

Aber das ist das Wenigste; den größten Aerger hat mir die Krausen bereitet, und noch größeren Onkel Fritz.

Ich hatte der Krausen abgeschlagen, ihren kleinen Eduard mitzubringen, da Hochzeiten keineswegs für Kinder sind. Aber um ihr zu zeigen, daß ich durchaus nicht so sei, bat ich sie, den kleinen Eduard am folgenden Tage zu uns zu schicken, da sollte er denn Kuchen haben und allerlei gute Sachen, die vom Frühstück übrig geblieben waren.

Hätte sie Takt besessen, so würde sie gesagt haben: „Ich danke Ihnen sehr für die Freundlichkeit, aber einen Tag nach der Hochzeit kann ich Ihnen den Jungen doch wohl nicht zumuthen." — Aber Gott bewahre!

Also Eduard trat an. Da Betti nicht die geringste Lust hatte, sich mit ihm zu beschäftigen, so mußte ich mich mit ihm abgeben, und da Knaben in seinem Alter schluckgierig sind wie die jungen Wölfe, sorgte ich denn dafür, daß er Etwas zu präpeln bekam.

Er ließ sich auch gut schmecken, was ihm vorgesetzt wurde, Chokolade und Torte und einen ganzen Teller voll kleinem Gebäck, von dem wir noch öfters hätten gut haben können. Als er damit fertig war, fragte ich: „Soll Tante Dir noch eine schöne große Stulle schneiden!" — „Nein," sagte er, „Stullen mag ich nicht." — „Soll Tante Dir noch

eine Taſſe Chokolade einſchenken?" — „Du biſt ja gar nicht
meine Tante," lachte er. — „Du haſt mich doch ſonſt immer
Tante genannt." — „Ja, als ich noch klein war," entgegnete
er. „Mama hat mir verboten, zu All und Jeder Tante zu
ſagen; das thun nur ganz gräßlich kleine dumme Kinder.
Aber ......" — Er ſchwieg plötzlich. Halt, dachte ich,
hier ſitzt es, und fragte lächelnd weiter: „Nun, aber?" —
„Du könnteſt ja meine Tante werden, wenn Hochzeit wird.
Dann komme ich auch mit." — „Hochzeit? Mit wem denn?"
Er lachte. „Nun, Eduardchen, ſag' doch. Mit wem?" —
„Ach, wie Du dumm biſt; das weißt Du nicht einmal?" —
„So ſag' doch: ich verrathe nichts." — „Ach, wie Du neugierig biſt. Nun kriegſt Du es gar nicht zu wiſſen." — Und
dabei grinſte die Kröte mich ſo infam an, daß es mir in den
Fingern kribbelte — aber, ‚Gewehr in Ruh' beherrſchte ich
mich, denn nun wollte ich auf den Grund ſehen, ob ſie Onkel
Fritz wirklich verkuppelt hatten, einen ſo hübſchen gebildeten
Mann in den beſten Jahren, der die ausgezeichnetſten Partien
machen kann? Ich danke. — „Eduardchen," fragte ich,
„magſt Du gern Himbeergelee?" — „Du giebſt mir ja doch
keins." — „Gewiß." — „Aber ich ſage doch nichts." Wäre
ich meinen natürlichen Empfindungen gefolgt, ſo hätte ich den
Jungen jetzt an die freie Atmoſphäre geſetzt, und das wäre
auch wohl das einzig Richtige geweſen, aber in meiner Ver-
blendung ſtand ich jedoch auf und holte das Himbeereingemachte.
Es war ſo wie ſo überjährig.

„Sag' einmal," fing ich darauf ſo ganz verloren an,
„Onkel Fritz kommt wohl oft bei Euch zu Beſuch? — „Neulich war er erſt da." — „Blieb er lange?" — „Das weiß
ich nicht." — „Ihr freut Euch wohl ſehr, wenn er kommt?"
— „Ach nein, er iſt immer ſo unangenehm gegen mich." —
„Das muß er nicht. Aber Papa freut ſich wohl über
ſeinen Beſuch?" — „Papa freut ſich, wenn Mama es haben
will." — „Und Tante Erika, was ſagt die dazu?" — „Die
muß immer ihr beſtes Kleid anziehen." — „Du haſt Tante
Erika wohl ſehr lieb?" — „O ja, wenn ich mit zur Hochzeit
komme." — „Dafür will ich ſchon ſorgen, daß Du mitkommſt."
— „Das glaub' ich nicht, ſonſt hätte ich diesmal mitdürfen.
Mama hat aber geſagt, Du wollteſt nicht." — „Ihr ſprecht
wohl ſchon viel von der Hochzeit?" — „Das weiß ich

nicht." — Nun hatte er sein Gelee von dem Teller bereits abgeleckt.

„Das weißt Du recht gut. Aber sage Deiner Mama nur: erstens dächte Onkel Fritz gar nicht daran, sich zu verheirathen, und zweitens thäte sie unrecht, von Hochzeiten zu quatschen, die nie sein werden. Onkel Fritz ist liebenswürdig gegen jede Dame, ohne daß gleich von Heirathen die Rede ist. Und nun glaube ich, bist Du satt und kannst nach Hause gehen."

Ich war ordentlich erleichtert, als die Range das Haus verlassen hatte. Nicht einmal bedanken that er sich; aber das kann man bei einer Erziehung auch nicht verlangen, wo der Vater eine Null ist und die Mutter sich Alles von dem Jungen gefallen läßt.

Es dauerte keine halbe Stunde, als die Krausen angetrabt kam. Allein schon wie sie an der Klingel riß: man hätte glauben können, Berlin sollte untergehen.

Sie käme nur auf einen Augenblick, sagte sie. Aber sie müßte sich aussprechen. „Bitte," sagte ich, „nehmen Sie Platz." — Und nun ging es los. Sie hätte immer große Stücke auf mich gehalten, aber das fände sie nicht hübsch, daß ich die Kinder anderer Leute einlüde, um sie auszufragen, wie es in anderer Leute Familien herginge. Was in ihrem Hause passirte, das könnte Jedermann wissen, aber durch ihren Knaben ließe sie sich keine guten Rathschläge geben. Ich ließ sie ausreden, denn gegen an konnte ich doch nicht; ihr gingen ja die Sprechwerkzeuge wie eine Zahnbürste im Munde. „Meine beste Frau Krausen," sagte ich dann, „es fällt Niemand ein, anderen Leuten Vorschriften zu machen, aber sie können es mir nicht verdenken, wenn ich nicht wünsche, daß man meinen jüngeren Bruder mit irgend einer Beliebigen verheirathet." — Davon wäre gar keine Rede und mir könnte es gleich sein, welches Kleid ihr Hausbesuch anzöge. Darüber brauchte ich mich nicht aufzuhalten.

Wer das gethan hätte? „Nun Sie, meine Liebe, mein Eduard hat mir Alles wieder erzählt, das Kind hat ein so wunderbares Gedächtniß." — Dann hätte das Kind geflunkert. — Wie ich so etwas sagen könnte. — „Er hat von dem Kleid erzählt!" rief ich erbost. „nicht ich." — Das

unschuldige Kind, so etwas fiele ihm ja gar nicht ein. —
„Habe ich denn etwa gelogen?" — „Bewahre, das sage ich
ja nicht ... Aber Sie haben dem Kinde Himbeergelee gegeben und es ausgehorcht, und ihm, was weiß ich Alles erzählt, und nun sitzt meine Cousine da und ist grenzenlos herunter. Sie haben das arme Mädchen mit Ihrem Bruder
Fritz ins Gerede gebracht ... jetzt ist es seine Ehrenpflicht,
sie zu heirathen.

Ich war wie erschlagen. Ich mußte ein paar Mal Athem
holen, ehe ich einen Ton reden konnte. „Was? Ich? Nein,
meine Beste, Sie wollen diese Partie. Sie haben darauf zu-
gestrebt." — „Denke nicht daran!" — „Woher weiß Ihr
Eduard denn Bescheid?" — „Der Himmel mag wissen, was
Sie Alles aus dem harmlosen Kinde herausgefragt haben."
— „Aber er sagte doch, daß er mit zur Hochzeit kommen
sollte, wenn Erika und Onkel Fritz...."

„So?" — Dies So war so lang wie die Chausseestraße mit
der Müllerstraße daran. „Da sind Sie irr', meine Beste. Das
Kind wollte so gerne auf Emmi's Hochzeit, aber da Sie es
durchaus nicht zugaben, trösteten wir den Kleinen und sagten,
er sollte mit, wenn Tante Erika Hochzeit gäbe." — „So? und
mit wem, wenn ich fragen darf?" — „Mit wem? das war
ja ganz gleich, wenn Eduard sich nur zufrieden gab. Namen
sind gar nicht genannt worden. Haben Sie dem Kinde vielleicht irgend einen Namen auf die Zunge gelegt? Wir sind
viel zu vorsichtig in solchen Dingen."

„Aber Eduard sagte, er wüßte Alles, er wollte nur nichts
sagen...." — „Kennen Sie die Kinder denn nicht besser?
Wie oft sagen die kleinen Seelen aus Scherz: ich weiß Etwas,
was Du nicht weißt, und hinterher wissen sie wirklich
nichts. Eduard ist ja immer so spaßhaft. Nein, meine Beste,
auf Kinderreden kann man nichts geben, und Sie hätten
deshalb nicht nöthig gehabt, mir durch den Kleinen gute
Lehren sagen zu lassen. Und was meine Cousine betrifft,
so wird Ihr Herr Bruder gewiß ehrenwerth handeln.
Darüber spreche ich mit ihm." — Und süß lächelnd ging sie
wieder.

Soll ich nun noch den Aufstand erzählen, den ich am
selbigen Abend mit Onkel Fritz hatte? Die Krausen war
bei ihm gewesen — extra zu ihm gerannt — und er kam

13

in der gehörigen Verfassung an. Aeußerlich schien er ziemlich
ruhig, aber die Augenbrauen saßen ihm dicht aneinander; er
grollte innerlich nicht schlecht. „Was meinst Du nun, Wilhelmine," fragte er, „wenn ich jetzt gleich auf der Stelle meinen
Antrag mache? Ich habe ihr die Cour geschnitten, das gestehe ich gerne zu, allein mich in keiner Beziehung gebunden;
aber nun liegt die Sache anders." — „Also, Du findest sie
passabel?" — „Mehr als das, aber zum Heirathen war ich
keineswegs entschlossen." — „Und nun?" — „Die Krause sagt,
daß sie über das Geschwätz untröstlich ist. Sie ist gekränkt,
Wilhelmine, sie leidet. Kann ich das mit ansehen?" — „Hast
Du denn das gesehen?" — „Nein, die Krause sagt es." —
„Die lügt!" — „Wilhelmine!" — „O, vertheidige sie nur.
Die ganze Familie lügt; sie, der abscheuliche Junge, der Vater
... nein, der nicht, der ist ein Nachtwächter." — „Erika
auch?" — „Fritz, thu' mir den Gefallen und rede nicht so
familiär von ihr. Bedenke Deine Zukunft. Sie hat keinen
Groschen."

„Ich verdiene mehr, als sie und ich gebrauchen werden."
— „Fritz! Du denkst doch nicht im Ernste an die ... die ..."
— „Kein Wort weiter, Wilhelmine. Ich bin selbstständig und
thue, was ich will. Adje!"

Er ging.

Am anderen Tage erwartete ich eine Anzeige von Onkel
Fritzens Verlobung, statt dessen erfuhr ich, daß die betreffende
Erika Knall und Fall in ihre Heimath zurückgereist sei. Wer
soll daraus klug werden? Frage ich Onkel Fritz darnach, so
sagt er kalt lächelnd: „Gieb mir erst Himbeergelee, dann sollst
Du Alles wissen." — Diesen Winter arrangire ich Liebhaber-
theater, und dann werde ich es schon so einrichten, daß er das
Haidekraut vergißt.

Wie gesagt, man kommt nicht aus den Sorgen heraus,
weder vor, noch nach der Hochzeit.

❦ ❦

Die erste Gesellschaft.

Es ist ja ganz natürlich, daß jung verheirathete Leute, wenn sie sich erst ein wenig ausgesprochen haben, daran denken, einen geselligen Kreis zu etabliren, damit etwas Abwechselung in das Einerlei des Daseins gelangt, das meistens ziemlich immer dieselbe Guitarre ist. Wozu hat man auch die neue Einrichtung, den Ausziehtisch, das komplete Service mit Zwiebelmuster, das feine Gedeck und die zwölf Renaissancestühle mit echten gothischen Lehnen, wenn man sie den Leuten nicht zeigen kann? Der Doktor und Emmi können doch nicht allein auf dem Dutzend Stühle herumrutschen, ganz abgesehen davon, daß es wahre Marterbänke sind, die man noch drei Tage hernach im Kreuz verspürt, wegen ihren steilen Lehnen. Aber Er wollte sie ja so haben.

Ich bin durchaus nicht ruhmredig, aber ich kann wohl sagen, daß Emmi eine Erziehung genossen hat, die sich sehen lassen kann. In der Schule das Ideale, wie die Klassiker, Botanik und Zeichnen, bei einer verwittweten Regierungsräthin die feinen Handarbeiten und im Hause das Praktische, und mir däucht, die Bouletten, wie Emmi sie bei mir gelernt hat, braucht der Doktor keineswegs eine ungeeignete Nahrung zu nennen. Mein Karl ißt sie stets sehr gerne und Brot muß hinein.

Das Gesellschaftgeben ist jedoch eine längere Erfahrungssache, und deshalb hielt ich es für meine Pflicht, dem Kinde mit Rath und That zur Seite zu stehen, denn wenn dem Doktor die Meinung Anderer auch gleichgiltig ist, mir kann es nicht passen, wenn es nachher heißt, die Gesellschaft hätte keinen Schick gehabt. So etwas fällt immer auf die Mutter zurück.

Zuerst war zu bedenken, wer Alles eingeladen werden sollte. Wir kamen dabei auf zweiundzwanzig Nothwendige, aber dies ging nicht an, weil nur zwölf Stühle vorhanden sind, weshalb getrennt werden mußte. Der Doktor sagte, er wollte die Bekanntschaft in zwei Garnituren eintheilen, in eine jüngere und eine ältere, und mit der jüngeren Garnitur den Anfang machen. Das hieß mit anderen Worten: „Verehrte Schwiegermama, für Sie wird nicht mitgekocht.“ —

Ich erwiderte mit dem Rest des mir zu Gebote stehenden Lächelns: „Ganz, wie Ihnen beliebt, wir brauchen dann nicht so viele Umstände zu machen.“ — Er entgegnete, es fiele ihm nicht ein, zu knausern, einen anständigen Happen-Pappen müsse es geben, das sei man in Berliner Bürger-kreisen gewöhnt. Ueber die Verhältnisse hinaus wollte er jedoch auch nicht gehen. — „Was denn zum Beispiel?“ fragte ich. — „Krebse,“ sagte er, „die sind noch prachtvoll und sehr billig, weil die meisten Leute glauben, die Krebs-zeit wäre mit dem August vorbei; Micha läßt mir die besten aussuchen, da wir befreundet mit einander sind.“ — „Gut,“ erwiderte ich, „also von den billigen Krebsen. Und dann?“ — „Gans,“ meinte Emmi. — „Eine Gans ist zu theuer und verschlägt nicht genug,“ sagte der Doktor, „Kalbskeule thut mehr aus, namentlich wenn reichlich Sauce und Kartoffeln dabei gegeben werden.“ — „Kartoffeln in Massen sind sehr unfein,“ wagte ich zu bemerken. — „Wem sie nicht fein genug sind, der braucht sie nicht zu essen,“ sagte der Doktor. — „Und die süße Speise?“ fragte ich. — „Irgend so ein Brei von Reismehl,“ bestimmte der Doktor, „damit kommt man am weitesten.“ — „Warum nicht lieber gleich Plötzenseeer blaue Grütze?“ rief ich, diesen Vorschlag mit einem leichten Anflug von Scherz abweisend. — „Das kann ja Jeder machen, wie er will,“ erwiderte der Doktor. — Man wird eben in dem Hause nicht verstanden.

Als ich heimkam, fragte mein Mann mich nach dem Re-sultat der vorbereitenden Sitzung. „Karl,“ sagte ich, „es wird nahrhaft zugehen, aber den Reismehlkleister werde ich schon hintertreiben. Blamiren soll meine Tochter sich nicht.“ —

Emmi, das ahnungslose liebe Wesen, war überglücklich in dem Gedanken, ihre erste Gesellschaft zu geben, und zeigte sich deshalb mit Allem einverstanden, was Er beorderte, denn als ich ihr sagte, daß wenigstens eine Torte heran müßte, antwortete sie, daß sie schon eine Probe gekocht habe, die ihr Mann vorzüglich gefunden hätte, zumal der große Topf voll höchstens auf achtzig Pfennige zu stehen käme. — „Hast Du denn die Eier mitgerechnet?“ Es ginge auch ohne Eier, meinte sie. Ich konnte nichts mehr ändern.

Mit wahren Sorgen erwartete ich daher den Tag der Gesellschaft. Mein Karl und ich und Betti waren geladen;

so viel Anstandsgefühl hatte der Doktor doch gehabt, die Angehörigen seiner Frau nicht zu übergehen. Dann hatten sie noch Weigelts gebeten, Herrn Dr. Paber, Affeffor Lehmann mit Frau, Herrn Kleines und Fräulein Kulecke. Das Dutzend Stühle war ausgerechnet befetzt.

„Was in aller Welt wollt Ihr mit Weigelts," fragte ich Emmi, als wir am Nachmittage gemeinschaftlich den Tisch deckten. — „Er ist zwar ein bischen Trompeter," antwortete sie, „aber Franz meint, er spielte ganz gut Skat." — „Skat?" rief ich entsetzt. — „Nun ja doch," sagte Emmi, „es werden gerade zwei Partien komplet." — „Und was sollen die Damen anfangen, wenn die Herren Nichts hören und sehen, als ihr verwahrlostes Spiel?" — „Dafür ist die Kulecken gebeten, die wird uns etwas deklamiren, denn sie hat ein ungemeines Organ." — „Wie ein Feldwebel," fügte ich bitter hinzu. —

Um Achten kamen die ersten, das heißt wir Buchholzens hatten uns etwas früher eingefunden, um im Nothfalle die Honneurs zu machen. Es ließ sich nicht leugnen: die Wohnung nahm sich blendend aus.

Alles neu und propper, Grünes vor den Fenstern, ein Blumenkörbchen auf dem Sophatisch, die Lampen hell und freundlich, und Emmi, halbschüchtern wie eine junge See, wartete auf ihre Gäste.

Weigelts kamen ziemlich unfein mit dem Glockenschlag. Emmi begrüßte Auguste herzlich, und Herr Weigelt sagte, er wüßte die Ehre sehr zu schätzen, daß man Auguste und ihn eingeladen hätte. Natürlich hatte er wieder einen Shlips um, wie ihn kein Mensch mehr trägt. Dann kam die Kulecken, die mit ihrer Baßstimme die Wohnung außerordentlich poetisch fand, hernach trat Dr. Paber an, der, gebildet, wie er immer ist, einige sehr verbindliche Worte für mich hatte und mich vom letzten Male her, daß wir uns sahen, überraschend verjüngt und geistig frisch fand.

Affeffor Lehmann, einer von Seinen intimen Freunden, hatte sich, obgleich die anderen im Ueberrock waren, in einen Frack gezwängt, der den Doktor zu einigen Witzen veranlaßte, worüber Herr Lehmann noch verlegener wurde, als er schon beim Eintritt war. Die Frau sagte auch nicht viel.

Herr Kleines war der Letzte und hatte sich ein Paar

rothbraune Handschuhe über die Finger gezogen, daß er aussah, als hätte er eben Blutwurst gemacht; der Himmel mag
wissen, welcher Gesellschaftsklasse er mit solchen Aeußerlich-
keiten imponiren will?

„So," sagte ich zu Emmi, „nun wollen wir die Krebse
aufsetzen, die jüngere Garnitur ist ja beisammen. Bleibe Du
nur bei den Gästen —."

„Sind das die Krebse alle?" fragte ich das Mädchen
in der Küche. — „Ja wohl, Madame!" — „Die langen
nicht." — „Es giebt ja noch Braten und Speise." — „Wo
ist die Speise?" — „Drin in der Kammer." — Ich nahm
ein Licht und ging in die Kammer. — Richtig, da standen
drei Schüsseln mit dem Brei. Ich probirte — keine Kraft
und kein Saft; man hätte ebensogut die Zunge zum Fenster
hinaushängen können. „Nun," dachte ich, „es ist ja Sein
Wille."

Als ich kopfschüttelnd die drei Unglücksnäpfe ansah, hörte
ich etwas krabbeln und surschen. „Was mag das sein?"
fragte ich mich und leuchtete in der Kammer herum. Das
Geräusch kam aus einem Korbe unter dem Tisch. Was war
drin, als ich den Deckel abnahm? Krebse, und was für welche,
wahre Riesen.

„Da sind ja noch welche!" rief ich entrüstet, „und Sie
sagen, es wären keine mehr da?" — „Laß' Madame die
man stehen, die hat der Herr selbst für morgen ausgesucht.
Die ißt er allein zum Frühstück!" — „Erst kommen die
Gäste," erwiderte ich und wollte die eben entdeckten Krebse
in den Kessel werfen, aber die freche Person stellte sich vor
den Feuerherd und schrie: „An den Herd lasse ich Niemand
'ran, und wenn es dem Deubel seine Schwiegermutter wäre!"
— „Das wollen wir sehen," entgegnete ich, und ging Emmi
holen. Es war Er, der aus dieser Person sprach, das
merkte ich nur zu gut, aber diese Partei durfte nicht recht
behalten, Emmi mußte mir beistehen. Emmi folgte mir
willig, als ich sie herausrief. „Kind," sagte ich, als wir
auf dem Flur waren, „Euer Mädchen hat mich eben tödtlich
beleidigt; entweder sie bittet mich fußfällig um Verzeihung,
oder ich verlasse Euer Haus auf der Stelle." — „Aber,
Mama, was ist denn geschehen?" — Ich erzählte ihr, was
vorgefallen war. „Gewiß hast Du angefangen, Mama." —

„Was? Du stellst Dich auf die Seite dieser Kreatur?" —
„Sie hat sich noch nie etwas zu Schulden kommen lassen." —
„Du kündigst ihr sofort." — „Unmöglich; sie ist so tüchtig und
wir sind so zufrieden mit ihr." — „Also Du opferst Deine
eigene Mutter dieser respektwidrigen Person? Gut!" —

In diesem Augenblick kam der Doktor heraus, dem die
Krebse schon zu lange ausblieben. Und dabei waren sie
noch nicht einmal im Kessel. „Herr Doktor," sagte ich mit
Würde, „Sie werden nicht dulden, daß man mich in Ihrem
Hause beleidigt." — „J, wo werd' ich?" entgegnete er.
„Kommen Sie nur rein in die gute Stube. Ihnen soll kein
Mensch etwas thun." — Ob er glaubte, daß ein Scherz eng-
lisches Pflaster für die Wunden sei, die das ausgeborene
Scheusal von Köchin mir geschlagen hatte? Ich hielt es für
meine Pflicht, ihm Alles genau auseinander zu setzen, wie
ich die Krebse hätte rascheln gehört, und wie die impertinente
Person wissentlich gelogen hätte, wie ich das Recht gehabt
hätte, entrüstet zu sein, wie sie sich vor den Herd gestellt
hätte und mit welch pöbelhaften Ausdrücken sie sich gegen
mich benommen. Und was sagte Er? „Das ist ja nur
äußerlich, Schwiegermamachen. Seien Sie kein Frosch und
kommen Sie herein." — „Nein," rief ich, „entweder die
Person geht, oder ich!" — Emmi stand rathlos, der Doktor
suchte sie zu trösten, und aus der Küche vernahm man, wie
der Koch-Drache mit der Kohlenschippe und dem Geschirr
herumwarf, als seien dort unklug gewordene Wilde zu
Gange. „Da hören Sie, wie sie tobt," rief ich, „und
so etwas dulden Sie in Ihrem Hause? Das ist ja eine
nette Zucht."

Nun kam mein Karl, um zu sehen, wo wir blieben.
„Die Uhr ist schon nach Neune," rief er, „wir sind Alle sehr
hungrig." Ich erzählte ihm, was passirt war, was die
Köchin gesagt hatte, was Emmi sagte, was der Doktor
sagte und was ich sagte. „Hier ist meines Bleibens nicht
länger," schloß ich. — Mein Karl überlegte einen Moment.
„Wilhelmine," sagte er dann ruhig, „verdirb den jungen
Leuten nicht die erste Gesellschaft. Mische Dich nicht in
ihre Angelegenheiten; Du weißt doch, als wir jung verheirathet waren, ging auch nicht Alles am Schnürchen, wie
nachher später. Es sind lauter gute Freunde da, die weniger

darauf sehen, daß Alles vollkommen ist, als daß man gerne
giebt —." — „Und sich die größten Krebse für den andern
Tag zurücklegt," rief ich. — „Wilhelmine, wir sind hier zu
Gast. Ich bitte Dich, sei liebenswürdig." — Er nahm mich
unter den Arm und führte mich zu der Gesellschaft. Emmi
ging in die Küche.

In der Gesellschaft herrschte ein Ton, wie bei einem Be-
gräbniß, selbst die Späße, welche Herr Kleines zum Besten gab,
fanden nur Anstandsbeifall. Laut gelacht hat außer ihm Niemand darüber. Natürlich waren alle überhungrig, denn Leute
wie Weigelts sparen am Mittagbrod, wenn sie auf den Abend
eingeladen worden sind. Es war daher wie eine Erlösung,
als Emmi sagte, es sei angerichtet.

Der Doktor führte die Assessorin Lehmann, der Assessor
die Weigelten, Herr Kleines meine Betti, mein Karl die Emmi,
Herr Weigelt die Kulecken und Dr. Paber mich.

Die paar Krebse waren bald geliefert. Emmi aß einen
und ich dankte überhaupt, damit doch einige für die Gäste
nachblieben. Der Doktor aber hielt sich daran und bemerkte,
sie wären trefflich von Salz.

„Es sind wohl die allerletzten der Saison, Franz?" fragte
Dr. Paber, als er auf mein Nöthigen noch einen Krebs aus
der Schüssel nahm, die ja so gut wie leer auf den Tisch gekommen war. — „Nun ja, mein guter Paber," antwortete
der Doktor, „so viele giebt es natürlich nicht mehr wie im
Sommer. Aber man überladet sich nicht und kann auch noch
von dem folgenden essen."

„Gesünder ist es," bestätigte Dr. Paber. — „O," sagte
ich, „es giebt Leute, die zum Frühstück ein ganzes Schock essen."
Dies bezweifelten sowohl Dr. Paber als Emmi's Gemahl. —
Ich wußte aber, was ich wußte. — Heuchler!

Dann kam die Kalbskeule; Emmi hätte Ihm sagen
müssen, daß wir Alle uns garnichts daraus machen, wenn sie
auch Sein Magenelixir ist. Sie war besser als ich erwartet
hatte, nur die Sauce war zu reichlich und zu dünne. Und
solche Köchin behält man! Dr. Paber brachte den ersten
Toast aus, nachdem der Doktor, wie das so Mode ist, seine
Gäste willkommen geheißen hatte. Dr. Paber spricht sehr
gut, aber er war doch nicht genau unterrichtet, denn er
wünschte dem jungen Hause Glück und Frieden, wie bisher.

Auf das Glück stieß ich mit an, denn ich bin keine Rabenmutter, aber über den Frieden mußte ich innerlich ein Hohngelächter aufschlagen. Friede mit einem solchen Trampel von Mädchen in der Küche! Lächerbar!

Herr Kleines hielt darauf eine gereimte Tischrede, Jeder kriegte seinen Vers. Auf mich hatte er gedichtet: „Schwieger- mütter sind oft Fluchholz — ausgenommen ist die Buchholz." Sie lachten Alle darüber, nur Herr Weigelt nicht und ich nicht. Er nicht, weil er den Mund gerade voll Kartoffeln hatte, und ich nicht, weil ich mich verletzt fühlte, denn Fluchholz ist kein deutsches Wort und nur eine Marlice, die der Reim mit sich bringt. Ist aber die Poesie dazu da, den Nebenmenschen Un- annehmlichkeiten zu bereiten? That Lessing je so etwas? O nein, er war tolerant! Wenn Herr Kleines hingegangen wäre, die Rieke in der Küche anzusingen, mir wäre es recht gewesen, die hätte ihm schon festen Dichterlohn ausgezahlt. Ich aber schwieg und litt.

Daß mir in dieser Stimmung der Reismehlpamp erst recht nicht mundete, das wird begreiflich sein. Herr Kleines aber aß davon, wie ein deutscher Dichter, dem der Hungerriemen abgenommen worden ist, wie Herr Dr. Paber treffend be- merkte, dessen männliche Geschmacksorgane sich auch gegen diesen libberigen Kinderbrei sträubten. „Die Speise schmeckt wie das Nichts, aus dem die Welt geschaffen wurde," sagte ich. — „Ganz derselben Ansicht," entgegnete er, „nur wagte ich sie nicht zu äußern." — Ueberhaupt muß ich sagen, Herr Dr. Paber beobachtet sehr gut und ist hochgebildet, und wenn Betti Eindruck auf ihn machte, ich würde ihn, wenn auch nicht gerade ermuthigen, so doch auch nicht mit Hindernissen ab- schrecken. Wer nun noch nicht satt war, der konnte sich an Butterbrod und bereits davoneilenden Kuhkäse halten. So sehr die Geruchsnerven Anderer auch davon beleidigt werden, so arg ist Er darnach.

Wie Alles, so nahm auch das Mahl ein Ende... nur die Speise nicht, die hätte noch für 'ne Bauernhochzeit gereicht, wo sie bekanntlich drei Tage essen.

Nach Tisch setzten die Herren sich an die Spieltische und wir Damen blieben unter uns. Die Assessorin Lehmann war mittlerweile aufgethaut und erzählte allerlei allerliebste kleine Schnurren und verstand so niedliche Legespiele mit

Zündhölzchen, worüber man ſich den Kopf ordentlich zer-
brechen mußte, daß wir uns recht nett amüſirten. „Wie
traurig,“ dachte ich, „daß ich dies Haus ſpäter nur als Beſuch betreten kann, ohne abzunehmen, nur im Fluge, ganz wie
zufällig.“

Die Herren ſpielten eifrig und tranken Patzenhofer Bier
dazu. Wenn ſämmtlich ausgetrunken war, machten ſie eine
General-Einſchenk-Pauſe, wie Dr. Paber ſcherzend bemerkte,
damit nicht ſo viel Zeit vergeudet würde. Eine ſolche Pauſe
benutzte nun Fräulein Kulecke, die längſt eiferſüchtig auf die
fidele kleine Aſſeſſorin geworden war, um auch den Herren
ihre Deklamation zukommen zu laſſen.

Sie ſich alſo in die Thür zwiſchen den beiden Zimmern
hingeſtellt und los! Wir bekamen alle Gänſehäute, ſo wie wir
daſaßen. Sie hatte nämlich ein Stück vor, in dem Anfangs
der junge Krieger fällt, der dann ſpäter bluttriefend Nachts
als Geiſt ankommt und ſeiner Braut ſagt, wenn ſie noch mehr
blutige Thränen weinte, dann müßte er in ſeinem Sarge im
Blut ſchwimmen und rettungslos darin erſaufen. Herr
Kleines hatte ſich raſch einen von ſeinen rothbraunen Hand-
ſchuhen angezogen und griff, ohne daß die Kulecke es ſehen
konnte, mit der Blutwurſthand um die Thüreinfaſſung,
worüber Auguſte Weigelt aſchgrau vor Schreck wurde, zumal
die Kulecke mit ihrem Baß die Grabesſtimme ſchauderhaft
natürlich nachmachen konnte. Die Herren ſpendeten leb-
haften, aber kurzen Beifall und ſetzten ſich dann raſch wieder
zum Spiel.

Die Munterkeit der kleinen Aſſeſſorin war jedoch gründlichſt
hinwegdeklamirt und die unſerige desgleichen, wenn ich für
meine Perſon überhaupt von Munterkeit reden konnte, ſo daß
wir unſerm Schöpfer dankten, als die letzten Spiele angeſagt
wurden. Der Doktor hatte gewonnen und gab Emmi ſeinen
Gewinn, wie er ſtets thut, den ſie dann in einen Spartopf
für zukünftige Ausgaben ſteckt. Dadurch will er ſie natürlich
nur liebevoll ſtimmen, wenn er Abends bis Mitternacht bei
ſeinen Skatbrüdern hockt. Wäre ich in Emmi's Stelle, — — —
doch wozu guten Rath geben, man will mich in dieſem Hauſe
ja doch nur los ſein.

Um gegen Zwei gingen wir Alle. Das Mädchen ſtand
mit dem Licht an der Hausthür, um die Trinkgeldſteuer für

das Gehabte einzukaſſiren. Ich ſchritt erhaben an dieſer
Küchen-Walküre vorbei, ohne ihr auch nur einen Blick zuzu-
werfen. Sie ſoll ſchon erfahren, was es heißt, ſich gegen die
Mutter aufzulehnen, wenn die Tochter ihre erſte Geſellſchaft
giebt. Das wäre noch ſchöner!

* *

Onkel Fritzens Weihnachten.

Sie werden ſich gewiß gewundert haben, daß Onkel Fritz
nicht mit auf der erſten Geſellſchaft beim Doktor war, da die
Beiden ſonſt doch durch den Kitt der Spießgenoſſenſchaft am
Skattiſch eng mit einander verbunden ſind, aber es hatte ſeine
guten Gründe, warum er keine Krebſe abbekam. Onkel Fritz
war nämlich verreiſt.

Bei einem Kaufmann fällt es nicht auf, wenn er auf die
Reiſe geht, namentlich nicht, wenn wieder Weihnacht in Sicht
iſt und den Kunden außerhalb das Neueſte vorgelegt werden
muß, was in Berlin ſchon ſeit vorigem Jahre auf den über-
wundenen Standpunkt geſetzt wurde. Berlin muß jetzt alles
ſtilvoll haben, weshalb Leute, die es können, ſich eigens einen
Architekten halten, den ſie zu Rathe ziehen, bevor ſie irgend
ein Stück Dings kaufen, worauf dieſer in ſeinen Kunſt-
büchern nachſchlägt. Ich bin blos neugierig, wann es wohl
Mode ſein wird, daß die Familienväter ſtatt des Hausrockes
einen eiſernen Harniſch anziehen, damit ſie zu den Möbeln
paſſen? Und wo ſoll der Kaufmann mit den Waaren bleiben,
die keinen Stil abgekriegt haben? Hinaus damit nach aus-
wärts, wo die Kunſtpflege noch nicht in Saat geſchoſſen iſt
und die Leute ſich ohne Spucknäpfe aus Cuivrepoli behelfen. Onkel Fritzens Reiſe war daher durchaus nichts
Ungewöhnliches. Im Gegentheil, der Eifer für ſein Geſchäft
konnte nur ſympathiſch berühren, denn Thätigkeit iſt das
beſte Mittel gegen Unbeſonnenheit. Man kann ſich aber auch
täuſchen.

Ich hoffte, daß die Erika-Angelegenheit ein für allemal
erledigt ſei. Die Krauſen wollte die Verlobung Onkel Fritzens
mit ihrer Verwandten allerdings erzwingen, aber als ſie den
Beiden den Heirathsrevolver auf die Bruſt ſetzte, reiſte Erika

tief gekränkt in ihre Heimath ab, was ich ihr sehr hoch an-
rechnete. Onkel Fritz schien auch damit zufrieden zu sein,
denn er ließ sich nichts merken. Und doch war nicht Alles in
Ordnung, wie ich bald erfahren sollte.

Als Onkel Fritz nämlich retour kam, war er wie um-
gewandelt, so daß mein Karl vermuthete, er hätte große Verluste gehabt. Wie sich aber herausstellte, waren nicht blos
die Gelder prompt eingegangen, sondern er hatte auch noch
brillante Aufträge mitgebracht. Wie sollte man sich daher
sein bedripptes Wesen erklären? „Karl," sagte ich zu meinem
Mann, „Du sollst sehen, es ist die Liebe. Frage ihn nur
unter der Hand, wo er überall gewesen ist, das Uebrige
will ich schon besorgen." — Mein Karl antwortete, er mische
sich nicht in die Privatangelegenheiten Anderer, worauf ich
nicht umhin konnte, zu erwidern, daß es die Pflicht jedes
Menschen sei, das Wohl seines Nächsten zu beobachten.
Er meinte aber, Onkel Fritz würde kratzbürstig, wenn er
spürte, daß man ihn aushorchen wollte. Hierin mußte ich
ihm leider Recht geben. Mir kam aber ein schlauer Gedanke.
„Du gehst einfach zur Krausen," sagte ich mir, „und kannst
bei dieser Gelegenheit den neuen Winterumhang anziehen.
Das ärgert sie und wenn ihr der Neid zu Kopf steigt, kramt
sie alle Bosheit aus, die sie in sich hat. Passirt ist Etwas
und zwar nichts Gutes. Wenn sie's weiß, kommt sie schon
heraus damit."

Ich also zur Krausen, so wenig Geneigtheit ich auch
für sie hegte. Anfangs ließ sie sich nichts merken, aber ich
brachte die Sprache nach und nach auf Onkel Fritz, daß
sein Geschäft außerordentlich im Schwung sei, und er ans
Heirathen denken müsse. Es könne ihm ja auch gar nicht
fehlen, er wäre überall willkommen. „So?" sagte sie. „Es
gäbe vielleicht doch Familien, die anderer Meinung wären."
— Dann wüßte sie mehr als ich. — Das thäte sie auch, ob
er mir den Korb denn nicht gezeigt hätte, mit dem er von
der Reise zurückgekehrt sei? — „Sie irren sich, meine Liebe,"
antwortete ich. — „O nein, fragen Sie ihn nur selbst, was
Erika's Eltern und Verwandte von ihm denken. Es ist ja
ein wahres Glück, daß das Mädchen keinen unüberlegten
Schritt gethan hat, als es hier zu Besuch war." — Ich
erwiderte, Onkel Fritz hätte es mit der kleinen unbedeuten-

den Person niemals ernst gemeint. — „Was wollte er denn
in Lingen?" fuhr sie triumphirend heraus. — „Er hat überall
Geschäfte," antwortete ich. — Nun mußte ich genug und
kürzte meine Visite rasch ab, aber ich lud die Krausen nicht
ein, mich bald einmal zu besuchen.

Am nächsten Sonntag aß Onkel Fritz bei uns zu Mittag.
Als mein Karl sich zurückgezogen hatte, um die Augen ein
bischen zu wärmen, und Betti mit ihrer Weihnachtsarbeit
zu Polizeilieutenants gegangen war, blieb ich mit Fritz allein.
Er fing jedoch nicht an und ich mochte auch nicht mit dem
ersten Wort heraus. Er las die Zeitung und ich that, als
wenn ich zum Fenster hinaussah und die Uhr tickte dazu.
Aber als ich bemerkte, daß er die Annoncen schon zum zweiten
Male wieder anfing, konnte ich den peinlichen Zustand nicht
länger ertragen. „Sag mir doch, Fritz," fing ich an, „was
hast Du eigentlich? Du weißt doch, daß Du mir Alles an-
vertrauen kannst. Was soll Dein Drucksen und Wrucksen?"
— „Ich bin verstimmt," antwortete er, „es wird sich schon
wieder geben." — „Warum bist Du verstimmt? — — —
Du schweigst? — — Was ist Dir in Lingen passirt?" —
Er sprang auf. — „Was weißt Du von Lingen?" rief er
heftig. — „Blos was die Krausen mir erzählt hat." — „Die
Krausen ist eine alte Klatschliese." — „Das weiß ich. Aber
wie kommt sie dazu, mir zu sagen, sie hätten Dich dort gründ-
lichst abfallen lassen?"

Onkel Fritz ging eine Weile hastig im Zimmer auf und
ab. Dann blieb er plötzlich vor mir stehen und fragte: „Und
wenn sie die Wahrheit gesagt hätte?" — „Das wäre mir un-
begreiflich," erwiderte ich.

„Weil Du nicht weißt, was Provinzphilister sind," antwortete er. Und nun beichtete er ordentlich und vernünftig.
Er hatte seinen Verdruß zu lange allein getragen, er mußte
sich aussprechen.

Es war ihm unmöglich gewesen, die Erika zu vergessen,
und so hatte er sich denn nach Lingen aufgemacht, um sich
ihrer Familie vorzustellen und das Jawort zu holen. Man
hatte ihn natürlich sehr freundlich aufgenommen, denn wenn
ein junger Mann bei einer wildfremden Familie antritt, in
der sich eine verheirathbare Tochter befindet, weiß doch Jeder
gleich Wieso und Warum? Er hatte aber nur gethan als

wenn er der Geschäfte wegen gekommen wäre, und sich erlaubt, den Alten zur Table d'hote einzuladen. Wie Onkel Fritz nun einmal ist, hatte er über das Essen räsonnirt und namentlich auf den Wein gescholten, worauf der Alte ihn fragte, er wäre wohl ziemlich verwöhnt? — Das gerade nicht, aber sein ordentliches Glas Wein müßte er bei Tische haben. Der Alte sei darauf ziemlich schweigsam geworden und hätte ihn immer schief von der Seite angesehen.

„Gewiß konnte er Dein Dickethun nicht leiden," bemerkte ich. — „Möglich, aber trotzdem lud er mich wieder zum Abend zu sich ein. In der Zwischenzeit suchte ich das Lokal auf, wo es dort das beste Bier giebt, denn was sollte ich in dem Neste anfangen?" — „Und kamst angeheitert zu ihm?" — „Bewahre. Die Stammgäste am Nebentisch erzählten sich Anekdoten, die schon vor Alter eine Glatze hatten, daß ich bald heulend floh. Ich machte mich daher früher zum Besuch auf, als vielleicht nothwendig war. Wie ich nun in das Haus trat, hörte ich Mordsgeschrei." — „Was war denn los?" — „Erika's jüngste Geschwister mußten gerade Wurmsamen einnehmen, und den mochten sie wohl nicht. Es ist noch ein ganzes Nest voll Kinder da. In kleinen Städten scheint Kindtaufe das größte Vergnügen zu sein, das sie kennen. Auch eine Großmutter entwickelte sich, die mit einem Löffel vor den Kleinen stand und sie knuffte, wenn sie nicht schlucken wollten. Ich wollte schon Leine ziehen, weil ich solche Art Schinderei nicht sehen kann, als der Alte herankam und mir einen Spaziergang vorschlug, weil die Damen noch nicht auf meinen Empfang vorbereitet seien. Ich also mit ihm los zur Stadt hinaus. Landschaftliche Schönheiten nur für Einheimische vorhanden. Als wir eine Stunde gegangen waren, fragte ich, ob das Wirthshaus noch nicht käme? Du weißt, Wilhelmine, trockene Spaziergänge kann ich nicht ausstehen. Am andern Ende vom Wege muß immer ein Lokal liegen, sonst danke ich für das Herumlaufen in der Natur." — „Und was antwortete er?" — „Nichts!" — „Und wie war es nachher am Abend?" — „Zum Umkommen. Eine Flasche Wein wurde spendirt. Davon tranken er und ich und die Großmutter, die sich Zucker hineinrührte." — „Und wie war Erika?" — „Blümerant. Sie wußte nicht, ob sie sprechen sollte oder nicht." — „Und wovon spracht Ihr?" — „Daß Berlin schrecklich verderbt sei, wie man immer in den Zeitungen lese. Die Großmutter meinte, es würden wohl jeden Tag einige auf der Straße todtgeschlagen, und Treue und Glauben sollte es ja gar nicht mehr geben. Sie dankte Ihrem Herrgott, daß sie nie nach diesem Sündenpfuhl gekommen sei. Da müßte ja Jeder an seiner Seele Schaden nehmen, krächzte sie." — „Das ließest Du Dir doch nicht gefallen?" — „Ich antwortete, Fräulein Erika würde das wohl besser wissen." — „O ja," höhnte die Großmutter, „Erika hat uns erzählt, wie sie auf dem Bock war. Wir kennen Berlin viel genauer, als Sie glauben; wir sind hier solide und mäßig, und haben deswegen alle Achtung vor den Berlinern. Ja, das haben wir. Es ist ja Alles ungesund da, sogar die Kinder müssen vom Magistrat ins Bad geschickt werden, weil die gewissenlosen Eltern sie vernachlässigen. Das haben wir nicht nöthig, wir sorgen zur rechten Zeit dafür, daß sie bekommen, was nothwendig ist." — Das hatte ich allerdings mit meinen eigenen Augen gesehen; die bloße Erinnerung daran machte mir Soodbrennen. Ich drückte mich deshalb rechtzeitig und nahm noch im Hotel einen Nachttrunk, um den Gedanken an den Wurmsamen und den übrigen kleinstädtischen Familienmuff loszuwerden."

„Fritz, so viel merke ich bereits; die Großmutter war gegen Dich." — „Alle mit einander," rief er. „Als ich am anderen Tage den Alten fragte, ob er mir seine Tochter geben wollte, sagte er, es thäte ihm leid, aber nach Allem, was er in Lingen über mich erfahren hätte, glaubte er nicht, daß ich sein Kind glücklich machen würde, da ich das Wirthshaus und gutes Leben doch wohl einer geordneten soliden Häuslichkeit vorzöge. Der Esel!"

Ich schwieg, um nicht wie ein unbarmherziger Samariter Salz und Pfeffer in seine frisch aufgerissenen Wunden zu streuen. Nach einer Weile sagte ich: „Fritz, die Leute kennen Berliner Art und Weise nicht, weil die Zeitungen nur immer das Miserable schreiben und selten Gutes und Löbliches, aber wenn Du vernünftig gewesen wärest, hättest Du weniger Durst produzirt." — „Es war ja nicht der Rede werth." — „Für Leute, die nie etwas trinken, schon mehr als genug. Doch woher kommt das? Von Deinem

Ruder- und Kegelklub." — „Wilhelmine, ich verbitte mir
jede Bemerkung über Dinge, die Du nicht kennst." — „Auch
gut," erwiderte ich, „Du bist aufgeregt ... aber Du kannst
nicht leugnen, daß mit der Kegelkugel schon manches Glück
aus der Welt getrudelt worden ist." — „Wenns lauter Pudel
waren, magst Du recht haben," sagte er spöttisch. — „Hast
Du Erika noch gesprochen?" — „Die ist ebenso, wie die
Andern. Sie hat Furcht vor der Großmutter. Gott weiß,
was die ihr eingegeben hat." — „Und nun ist Alles aus
zwischen Euch?" — „Das scheint so." — „Fritz, wer weiß,
ob es nicht ein großes Glück ist, daß es so kam." — „Glück?
Du weißt nicht, wie lieb ich das Mädchen hatte. Nun ver-
heirathe ich mich nie und nimmer." — „Unsinn, es wird
Dir noch über, in den Kneipen zu sitzen und im Senftopf
zu rühren, bis die Anderen kommen und das Skatspiel los-
geht. Denk' an mich." — „Du redest, wie Du es verstehst,"
sagte er; „wenn ich auch mit Spreewasser getauft bin, so bin
ich doch nicht damit großgezogen." — Und nun ging er.

Im Grunde genommen that er mir sehr leid. Er war
nicht mehr der alte lustige Onkel Fritz; es mußte ihm nahe
gegangen sein. Und es wurmte mich, daß die Krausen recht
behielt. Aber Schuld ist das Rudern und Kegeln doch. Wenn
man bedenkt, daß die jungen Leute sich auf dem Wasser einen
Appetit heranarbeiten, den sie hinterher stillen müssen, damit
sie bei siegreichen Kräften bleiben, so kann es ja gar nicht
anders kommen. Der Restaurateur muß ihnen so reichlich
geben, daß es kaum auf eine Speisekarte geht, und damit der
auf seine Kosten kommt, fühlen sie sich verpflichtet, theure
Weine zu trinken. Und das thun sie auch, denn anständig
sind sie. Das wissen die Großmütter aber nicht; ich habe
auch noch nie eine rudernde Großmutter gesehen.

Onkel Fritz hat uns schon öfter in sein Mittagsstamm-
lokal eingeladen, und ich kann nicht anders sagen, als: die
jungen Leute sind sehr nett. Im Benehmen gebildet, gar
nicht wie sonst Bootsleute, ohne seemännische Ausdrücke, nur
mit gesegnetem Appetit und genauer Kenntniß der Wein-
karte. Dies letztere war Onkel Fritzens Verderben auf der
Brautfahrt. Ich glaube aber, wenn Fritzens Freund King
an seiner Stelle gewesen wäre, dann hätten sie sich noch
heftiger gewundert, denn Fritz ist eigentlich nur Amateur,

wogegen King, wie mir erzählt wurde, selbst im Schlafe rudert, wenn er lebhaft träumt, und darum schon Morgens um sechs mit Durst aufwacht. Den hätte die Großmutter kennen lernen müssen . . . das hätte ich ihr gegönnt!

Thatsächlich ärgerte mich Onkel Fritzens Abfall jedoch sehr: lieber die Erika, als gar keine. Ganz derselben Ansicht war mein Karl, der auch gerne gesehen hätte, wenn Onkel Fritz endlich unter dem Pantoffel angelangt wäre, denn mein Ab-gott von Mann hat in den Jahren das häusliche Glück an meiner Seite schätzen gelernt. —

Ich habe schon manchen Weihnachten erlebt und mich jedesmal gefreut, wenn er vor der Thür stand und Einlaß begehrte, diesmal aber sehnte ich ihn nicht gerade herbei. Aber was hilft das Sträuben gegen den Kalender? Nichts. Und so kam der heilige Abend heran. Wir konnten unmöglich so vergnügt sein wie sonst, uns fehlte der alte frohe Onkel Fritz. Ein Jeder merkte ihm ja an, daß er sich zwingen mußte, vergnügt zu sein, und das that mir in der Seele weh und meinem Karl. Emmi und der Doktor, die auch bei uns waren, kümmerten sich nur um sich selbst, er scheint noch verliebter zu sein, als er es als Bräutigam war, wenigstens äußerlich, und Emmi hat, außer für ihn, für Niemand Sinn. Betti mochte wohl ahnen, daß Onkel Fritz einen stillen Kummer mit sich herumtrug, denn sie that ihr Mög-lichstes, ihm Freundlichkeiten zu erweisen, was sonst gar nicht ihre Sache ist, denn sie wird immer verschlossener und ein-silbiger. Ich sah aber, wie ihr das Auge feucht wurde, wenn er ihr dankend zunickte. Das arme Mädchen ist ja auch nicht glücklich.

Ich wünschte daher innerlich, der Abend möchte nur erst herum sein, und hieß daher die Köchin sich beeilen.

Noch ehe die Karpfen gar waren, kam aber Jemand und das war einer von Stephan seinen mit einem Schreibe-brief an Onkel Fritz. Als der den Poststempel erblickte, überkam es ihn wie ein Schreck, er sah ihn an und wieder an. Dann eilte er in das andere Zimmer, um den Brief zu öffnen; ich wollte hintendrein, aber mein Karl hielt mich am Rock fest. Erst nach einiger Zeit ließ er mich frei und nun ging ich nach Onkel Fritz. Der saß auf einem Stuhl neben dem Tisch und hielt in der Hand einen kleinen Zweig,

auf den das volle Licht der Lampe fiel. Es war ein Zweig-
lein Haidekraut.

Ich trat leiſe zu ihm und legte ſanft meine Hand auf
ſeine Schulter — da brach er in Thränen aus.

Ich ließ ihn gewähren. Eine ganze Weile, denn ich ſah,
wie es ihn hatte und er vergebens mit aller Gewalt kämpfte,
der kräftige Mann gegen das ſchwache Herz in der Bruſt.
„Wilhelm,“ ſagte er dann, und ein luſtiges Lächeln flog über
ſeine Züge, „Wilhelm, trotz der Großmutter!“

Und nun war es wieder der alte Onkel Fritz. — Ein
köſtlicher Weihnachten!

* * *

Wird Onkel Fritz das Glück finden, das ihm das Zweig-
lein Haidekraut verkündete? Wird der Doktor mit der Zeit
ein Muſterſchwiegerſohn werden? Wie wird es Betti ergehen,
wird die Firma einſt „Buchholz und Sohn“ heißen? Und
Bergfeldt's Emil, wird er nie bereuen, ſich verkauft zu haben?
Was wird aus dem kleinen Krauſe?

Das Alles wird die Zeit durch Frau Wilhelminens
Feder offenbaren, die Zeit, welche nicht nur das goldene
Runenſeil der Großen und Hohen durch ihre Hände gleiten
läßt, ſondern auch das Hausgeſpinſt unſerer Freunde aus der
Landsbergerſtraße.